A VIDA NA CIDADE: COMO ESTUDAR

How to Study Public Life
Copyright © 2013 Jan Gehl e Birgitte Svarre

EQUIPE DO PROJETO:
Camilla Richter-Friis van Deurs, capa e design gráfico
Annie Matan, assistente de projeto
Kristian Skaarup, assistente de projeto
Emmy Laura Perez Fjalland, estagiário
Johan Stoustrup, estagiário
Janne Bjørsted, estagiário
Tradução para o Inglês: Karen Ann Steenhard

Esse projeto foi realizado como projeto de pesquisa sob os auspícios da Gehl Architects Urban Quality Consultants, Copenhague.
O projeto foi viabilizado com apoio financeiro de Realdania, Copenhague.

Palavras-chave: Pesquisa-ação, estudos de área, mapeamento comportamental, método do diário, GPS, modernismo, atividade de pedestres, âmbito do pedestre, foto-documentação, acompanhamento, responsabilidade social, atividade estacionária, laboratório de simulação, sustentabilidade, fotografia com lapso de tempo, rastreamento, política urbana.

EQUIPE DE REALIZAÇÃO
J. Guinsburg, supervisão editorial
Anita Di Marco e Anita Natividade, tradução
Adriano C.A. e Souza, edição de texto
Luiz Henrique Soares, revisão
Luiz Henrique Soares e Elen Durando, produção textual
Ricardo W. Neves, Sergio Kon, Lia N. Marques, produção

CIP-Brasil. Catalogação na Publicação
Sindicato Nacional dos Editores de Livros, RJ

G271v

Gehl, Jan
    Vida nas cidades : como estudar / Jan Gehl, Birgitte Svarre ; tradução Anita Di Marco. - 1. ed. - São Paulo : Perspectiva, 2018.
184 p. : il. ; 28 cm.

    Tradução de: How to study the public life
    ISBN 9788527311199

    1. Arquitetura moderna - Séc. XXI. I. Svarre, Birgitte. II. Marco, Anita Di. III. Título.

18-47059   CDD: 709.4
                                             CDU: 72.036(09)

10/01/2018 10/01/2018

1ª edição - 1ª reimpressão
Direitos reservados em língua portuguesa à
EDITORA PERSPECTIVA LTDA.
Av. Brigadeiro Luís Antônio, 3025
01401-000 São Paulo SP Brasil
Telefax: (11) 3885-8388
www.editoraperspectiva.com.br
2018

A VIDA NA CIDADE: COMO ESTUDAR

Jan Gehl e Birgitte Svarre

Sumário

	PRÓLOGO, por George Ferguson	VII
	PREFÁCIO	VIII
1	ESPAÇO PÚBLICO, VIDA NA CIDADE: UMA INTERAÇÃO	1
2	QUEM, O QUÊ, ONDE?	9
3	CONTAGEM, MAPEAMENTO, RASTREAMENTO E OUTRAS FERRAMENTAS	21
4	ESTUDOS DE VIDA NA CIDADE A PARTIR DE UMA PERSPECTIVA HISTÓRICA	37
5	COMO FOI FEITO: NOTAS DE PESQUISA	81
6	ESTUDOS DE VIDA NA CIDADE NA PRÁTICA	123
7	ESTUDOS DE VIDA NA CIDADE E POLÍTICA URBANA	149
	NOTAS	162
	BIBLIOGRAFIA	169
	CRÉDITOS DAS ILUSTRAÇÕES E DAS FOTOS	173

Prólogo, por George Ferguson

Jan Gehl devotou sua vida aos estudos sobre os espaços públicos, que se desenvolvem desde a década de 1960. Foi nessa ocasião que eu, ainda jovem estudante de arquitetura, tomei conhecimento de seu trabalho. Seu entendimento é o de construir cidades adequadas para as pessoas. Ele e seus colegas, incluindo Birgitte Svarre, têm escrito muito sobre o tema e dado consultorias a cidades, empreendedores, organizações não governamentais e governos.

Este livro descreve os bastidores de seu trabalho e revela a variedade de ferramentas possíveis de serem utilizadas nos estudos da vida pública. Uma compreensão adequada dessa aplicação é essencial para todos os envolvidos na questão do urbanismo e quaisquer outros responsáveis pela qualidade de vida de nossas cidades.

Conforme mais pessoas vão para as cidades, a qualidade da vida urbana aumenta de importância tanto nas agendas políticas globais como nas locais. As cidades são plataformas onde assuntos urgentes, como questões ambientais e climáticas, a crescente população urbana, mudanças demográficas e desafios sociais e de saúde precisam ser abordados.

As cidades competem para atrair cidadãos e investimentos. Tal competição não deveria se concentrar na qualidade de vida, na experiência de viver, trabalhar e visitar cidades, em vez de focar aspectos superficiais representados pelo prédio mais alto, pelos maiores espaços ou pelos monumentos mais espetaculares?

Os exemplos deste fascinante livro, vindos de Melbourne, Copenhague, Nova York e outros lugares, ilustram como, ao se compreender o comportamento das pessoas e pesquisar e documentar a vida na cidade, de forma sistemática, nossa ênfase pode mudar. Grandes mudanças podem ocorrer usando-se os estudos de vida e atividade no espaço público como uma dessas ferramentas políticas. Pense em cinco anos atrás: ninguém poderia sonhar em transformar a Times Square numa praça para pedestres no lugar de um espaço para trânsito. Os estudos sobre a vida na cidade foram uma parte essencial do processo que permitiu que isso se realizasse de forma tão bem-sucedida.

Ver e aprender" é o lema subjacente a esta obra: passeie pela cidade, veja como funciona, use seu bom senso, use todos os seus sentidos e depois pergunte se essa é a cidade que queremos no século XXI. A vida urbana é complexa, mas com ferramentas simples e pesquisas sistemáticas torna-se mais compreensível. Quando tivermos uma imagem mais clara da situação da vida na cidade, ou mesmo começarmos a focar na vida, e não só em prédios individuais ou detalhes técnicos, poderemos fazer perguntas mais adequadas sobre o que queremos – e então os estudos sobre a vida na cidade poderão tornar-se uma ferramenta política de mudança.

Esse tipo de estudo representa uma abordagem interdisciplinar ao planejamento e construção de cidades, na qual o trabalho nunca acaba, sempre se pode ter uma segunda visão, aprender e ajustar – sempre colocando as pessoas em primeiro lugar. Essa é a essência do bom urbanismo.

George Ferguson, CBE, PPRIBA
Prefeito da cidade de Bristol (2012-2016),
Reino Unido.

Prefácio

Estudos da vida na cidade são simples e diretos. A ideia básica é que os observadores andem pela área enquanto dão uma boa olhada. A observação é a chave e os meios são simples e baratos. Registrar as observações em um sistema fornece informações interessantes sobre a interação entre vida pública e espaço público.

Este livro é sobre como estudar a interação entre vida e atividade na cidade e espaço público. Esse tipo de estudo sistemático começou seriamente na década de 1960, quando vários pesquisadores e jornalistas, em diferentes continentes, criticavam o planejamento urbano da época por ter esquecido da vida na cidade.

Engenheiros de transporte lidavam com o tráfego de veículos; paisagistas tratavam de parques e áreas verdes; arquitetos projetavam edifícios; e urbanistas viam o quadro geral. O projeto e a estrutura recebiam bastante atenção, mas a vivência pública e a interação entre vida e espaço eram negligenciadas. Será que era porque não seriam necessárias? Será que as pessoas realmente só queriam moradia e cidades que funcionassem como máquinas? Não vinham somente de profissionais as críticas de que as recém-construídas áreas residenciais eram carentes de vitalidade. O público, em geral, criticava fortemente as áreas residenciais modernas, novíssimas, em que as principais características eram luz, ar e conveniência.

O campo acadêmico abrangendo os estudos da vida na cidade, descrito aqui, tenta trazer conhecimentos sobre o comportamento humano no ambiente construído em termos equiparáveis ao conhecimento sobre edifícios e sistemas de transporte, por exemplo. O objetivo original é o mesmo ainda hoje: recuperar a vida na cidade como uma importante dimensão do planejamento.

Apesar de o conceito de vida na cidade parecer banal se comparado aos sistemas de transporte mais complexos, não é uma tarefa simples revigorá-lo. Isso vale para cidades onde a vivência pública foi espremida quase ao ponto da inexistência, assim como para cidades com abundante vida de pedestres, mas em uma economia deprimida que impede a criação de condições básicas para um ambiente adequado para caminhadas e pedaladas.

É preciso vontade política e liderança para abordar a questão da vida na cidade. Estudos da área podem servir como ferramenta importante para melhorar os espaços urbanos ao qualificar o objetivo de se criar cidades mais amistosas para as pessoas. Os estudos podem ser usados como base de dados no processo de tomada de decisões, como parte de um planejamento geral ou em projetos individuais como ruas, praças e parques.

A vida é imprevisível, complexa e efêmera. Então, como se pode planejar como a vida irá se desenrolar em nossas cidades? Bem, claro, não é possível pré-programar a interação entre experiência e atividade pública e espaço em detalhes, mas estudos direcionados podem fornecer um entendimento básico sobre o que funciona e o que não funciona e, assim, sugerir soluções qualificadas.

O livro está fundamentado no trabalho, de quase cinquenta anos de Jan Gehl, examinando a inter-relação entre vida na cidade e espaço público. Ele aperfeiçoou seu interesse nesse assunto como pesquisador e professor da Escola de Arquitetura da Academia Real de Belas Artes da Dinamarca em Copenhague e, na prática, na empresa Gehl Arquitects, da qual é sócio-fundador. Assim, muitos dos exemplos do livro vêm do seu trabalho. A outra autora do livro, Birgitte Svarre, obteve sua formação como pesquisadora no Centro de Pesquisas sobre o Espaço Público da Escola de Arquitetura da Academia Real de Belas Artes da Dinamarca, criado em 2003 sob liderança de Jan Gehl. Birgitte Svarre tem mestrado em cultura moderna e comunicação cultural e assim continua a tradição de interdisciplinaridade que caracteriza o campo de estudos sobre a vida na cidade.

Nesta obra, temos dois objetivos: queremos inspirar as pessoas, em geral, a levar a vida na cidade a sério em todas as fases do planejamento e da construção, e queremos fornecer ferramentas e inspiração vindas de exemplos específicos de como a vida na cidade pode ser estudada de forma simples e barata.

Esperamos que essa obra inspire os leitores a mergulhar na cidade e a estudar a interação entre o espaço urbano e a vida urbana para adquirir mais conhecimento e qualificar o trabalho em relação às condições de vida nas cidades. O livro enfoca ferramentas e processos, não resultados. Nesse sentido, as ferramentas – ou métodos, se preferir – não devem ser vistos como algo além de formas diferentes de estudar a interação entre vida urbana e espaço urbano. São oferecidas como uma inspiração, assim como um desafio, para desenvolvê-las ainda mais, sempre adaptadas às condições locais.

O primeiro capítulo traz uma introdução geral ao estudo da vida na cidade. O capítulo 2 apresenta várias questões básicas nesse campo de estudos. O capítulo 3 fornece uma visão geral das ferramentas usadas para estudar a interação entre espaço público e vida. O capítulo 4 resume a história social e a origem acadêmica dos estudos da vida na cidade. Pessoas-chave e temas atuais amarram e dão unidade a esse campo. O capítulo 5 contém vários relatos sobre as linhas de frente da pesquisa com várias visões sobre os estudos sobre o tópico. Estudos anteriores são enfatizados, porque os métodos foram desenvolvidos para descrever as considerações sobre seu uso e posterior desenvolvimento.

O capítulo 6 analisa exemplos da prática, os assim chamados estudos do espaço público-vida na cidade, desenvolvidos por Jan Gehl e, posteriormente, pela empresa Gehl Architects e usados, de modo sistemático, desde o fim dos anos de 1960 em várias localidades diferentes: cidades grandes, pequenas e médias, localizadas no Norte, no Sul, no Leste e no Oeste. Assim, hoje há um grande volume de material de onde extrair conclusões.

O capítulo 7 reconta a história do uso dos estudos sobre a vida na cidade em Copenhague, como ferramenta política. Em conclusão, os estudos sobre a atividade pública são colocados numa perspectiva histórica, social e acadêmica – em relação à pesquisa e à prática.

Apesar de ser um esforço colaborativo entre dois autores, este livro não seria possível sem os demais membros da equipe: Camilla Richter-Friis van Deurs, responsável pelo design gráfico e diagramação; Annie Matan, Kristian Skaarup, Emmy Laura Perez Fjallan, Johan Stoustrup and Janne Bjørsted, pelos vários tipos de apoio motivado e qualificado. Mais uma vez, foi um prazer trabalhar com Karen Steenhard na tradução deste título para o inglês.

Nossos sinceros agradecimentos à Gehl Architects pelo espaço de trabalho, assistência e ambiente inspirador – e um particular agradecimento aos muitos colegas, sócios e outros amigos da empresa que ajudaram com fotos e como parceiros de debate. Agradecimentos especiais a Lars Gemzoe, a Tom Nielsen pela leitura construtiva dos rascunhos e à Island Press, Heather Boyer em especial, assim como à editora dinamarquesa Bogværket.

Agradecemos à Realdania pelo apoio à ideia do projeto e pela assistência financeira para ajudar a fazer acontecer.

Jan Gehl e Birgitte Svarre
Copenhague, maio de 2013.

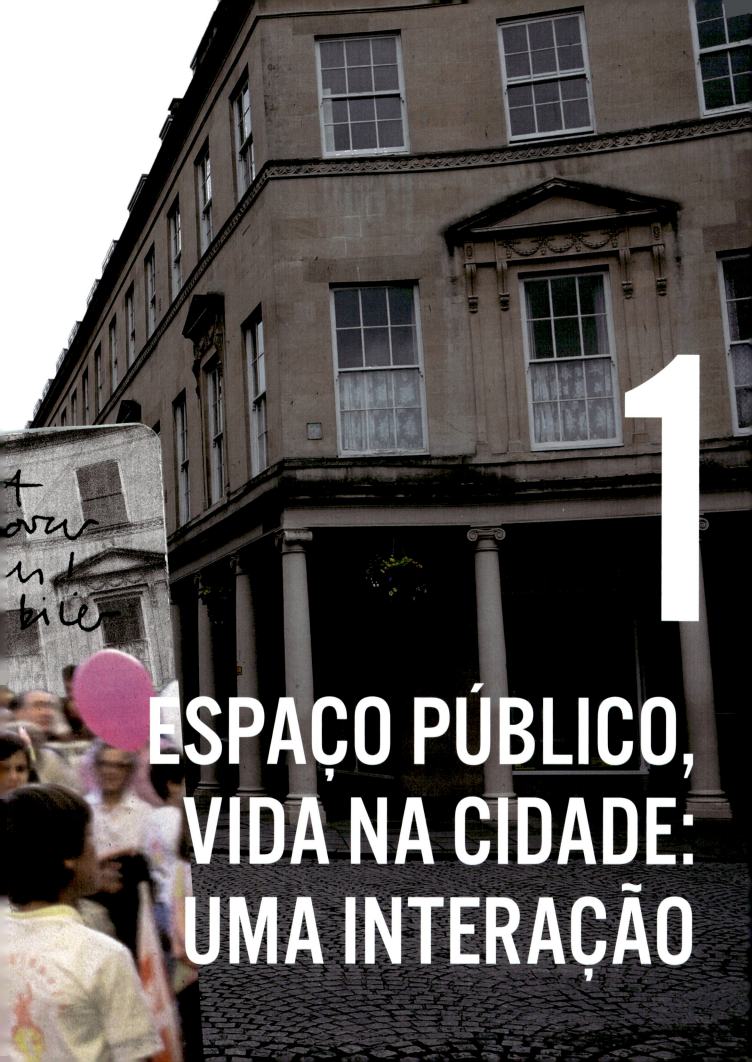

1
ESPAÇO PÚBLICO, VIDA NA CIDADE: UMA INTERAÇÃO

Como o tempo, a vida é difícil de prever. Mesmo assim, os meteorologistas desenvolveram métodos para permitir que se façam previsões do tempo e, no decorrer dos anos, esses métodos tornaram-se tão refinados que elas têm maior exatidão e alcance. Os métodos descritos nesta obra também tratam de prever fenômenos em fluxo constante, mas o foco aqui é em como a vida se desenrola no espaço urbano. Assim como na previsão do tempo, isso não significa que qualquer um possa desenvolver um método garantido para prever como as pessoas vão usar um determinado espaço urbano. Durante anos, coletou-se grande volume de dados relativos à interação da vida e do espaço na cidade e, assim como o conhecimento dos meteorologistas sobre o tempo, esses dados podem proporcionar maior entendimento sobre a vida na cidade e prever como ela irá, presumivelmente, se desenrolar numa dada estrutura.

Este livro descreve os métodos desenvolvidos durante os últimos cinquenta anos para estudar a interação entre a vida na cidade e o espaço público. São ferramentas que nos ajudam a entender como usamos o espaço público para que o tornemos melhor e mais funcional. A observação é a chave para a maior parte dos estudos aqui apresentados.

Foi necessário desenvolver, quase que do zero, ferramentas especiais para se observar as pessoas porque o uso que elas fazem das cidades tem sido negligenciado, ao passo que conceitos abstratos, grandes estruturas, desafios de tráfego e outros assuntos amorfos têm dominado o planejamento urbano.

Espaço Público e Vida na Cidade – Uma Boa Conversa

A boa arquitetura garante a boa interação entre o espaço público e a vida na cidade. Embora arquitetos e urbanistas lidem sempre com o espaço, o outro lado da moeda, as atividades desenvolvidas, vem sendo esquecida. Talvez isso ocorra porque é muito mais fácil *trabalhar com* e se *comunicar sobre* forma e espaço, ao passo que a vida é efêmera e, portanto, difícil de descrever.

A vida na cidade muda constantemente no decorrer de um dia, semana ou mês, que dirá no decorrer de anos. Além disso, projeto, gênero, idade, recursos financeiros, cultura e muitos outros fatores determinam como usar ou não usar o espaço público. Há muitas e excelentes razões para que seja difícil incorporar a natureza diversificada da vida na cidade na arquitetura e no urbanismo. Entretanto, é essencial para criarmos um ambiente que valha a pena para bilhões de pessoas que, diariamente, circulam entre edifícios nas cidades em todo o mundo.

Nesse contexto, o espaço público é entendido como ruas, becos, edifícios, praças, frades (obstáculos verticais delimitantes) ou balizas, tudo o que possa ser considerado parte do ambiente construído. A vida na cidade também deve ser entendida, no sentido mais amplo, como tudo o que acontece entre as edificações, na ida e na volta da escola, nos terraços, com as pessoas sentadas, em pé, caminhando, pedalando etc. É tudo o que podemos observar quando saímos à rua – bem mais do que um teatro de rua e a vida dos cafés. Entretanto, não queremos que se entenda vida urbana como o bem-estar psicológico da cidade. Na verdade, é a vida complexa e versátil que se desenrola no espaço público. Não faz diferença se nosso ponto de partida é Copenhague, Daca, Cidade do México ou uma pequena cidade da Austrália Ocidental. O essencial é a inter-relação entre vida e espaço em todos os seus aspectos.

As Ferramentas Que Faltam

No início dos anos 1960, vozes críticas começaram a indicar que havia algo muito errado com muitos dos novos bairros que estavam sendo construídos, em números inéditos, durante esse período de rápido crescimento urbano. Algo estava faltando, alguma coisa difícil de definir, mas que se expressava em conceitos como cidades-dormitório e empobrecimento cultural. A vida entre os edifícios havia sido esquecida, deixada de lado em função dos automóveis, da visão em larga escala e dos processos excessivamente racionalizados e especializados. Entre os críticos da época estavam Jane Jacobs e William H. Whyte em Nova York, Christopher Alexander em Berkeley e um dos autores deste livro, Jan Gehl em Copenhague.

A vida na cidade e o espaço público, historicamente, foram tratados como uma unidade coesa. As cidades medievais cresciam aos poucos, conforme as necessidades, em contraste com o ritmo rápido do planejamento em larga escala do modernismo.

Essas cidades cresceram gradualmente por centenas de anos, enraizadas em longos períodos de experiência e em uma percepção intuitiva da escala e dos sentidos humanos. O crescimento orgânico das cidades medievais envolvia uma tradição construtiva baseada em várias gerações de experiência em como criar cidades com uma boa relação funcional entre vida e espaço. Esse conhecimento, porém, se perdeu em alguma parte do processo de industrialização e modernização, o que levou a ambientes urbanos disfuncionais para o segmento importante, porém ignorado, da atividade urbana realizada a pé. É claro que a sociedade mudou desde a Idade Média. A solução não é recriar cidades pré-modernas, mas desenvolver ferramen as contemporâneas que possam ser aplicadas analiticamente para, mais uma vez, forjar uma aliança entre vida e espaço nas cidade.

Os Contornos de um Campo Acadêmico

Os pioneiros do projeto ambiental dos anos 1960 efetuaram os passos básicos necessários para melhor entender o conceito efêmero de vida na cidade e sua interação com o espaço público e as edificações. Seu método era estudar os espaços públicos e as cidades existentes, em geral pré-industriais, para obter conhecimentos basilares sobre como usar e se deslocar pelas cidades.

Várias obras publicadas desde 1960 até meados dos anos 1980 ainda são consideradas textos fundamentais para os estudos da vida na cidade[1]. Apesar de os métodos descritos terem sido posteriormente refinados e novos interesses e tecnologias terem surgido, os princípios e métodos básicos foram desenvolvidos naquele período.

Até meados dos anos 1980, esse trabalho foi efetuado principalmente por instituições acadêmicas. Entretanto, ao final daquela década, estava claro que as análises e princípios referentes à vida na cidade e ao espaço público deveriam ser convertidos em ferramentas que pudessem ser usadas, diretamente, na prática do planejamento urbano. Urbanistas e políticos queriam melhorar as condições das pessoas para terem alguma vantagem na competição entre as cidades. Tornou-se um objetivo estratégico criar cidades sedutoras para as pessoas e atrair residentes, turistas, investimentos e empregados para preencher novos empregos na sociedade do conhecimento. Para atingir esse objetivo era preciso entender as necessidades e comportamento das pessoas nas cidades.

Por volta do ano 2000, nos campos da arquitetura e do planejamento urbano, começou-se a considerar óbvio que o trabalho com a vida na cidade era crucial. Muitas experiências amargas mostraram que uma vida urbana vibrante pode não acontecer por si só. Isso é particularmente observável em cidades altamente desenvolvidas economicamente porque, além dos trabalhadores que se deslocam, as pessoas não estão mais nas ruas pela necessidade de trabalhar, vender mercadorias, realizar tarefas, etc.

Entretanto, cidades menos viáveis do ponto de vista econômico também são impactadas, já que o volume de trânsito motorizado, que cresce em ritmo acelerado, e a infraestrutura necessária para dar vazão ao fluxo de veículos cria obstáculos para os pedestres, além de poluição sonora e do ar. O centro da questão é fazer com que um grande volume de vida fetiva funcione nos espaços públicos, de forma a permitir que a vida diária ocorra em condições decentes e seja parceira de uma estrutura física e não sua adversária.

Observações na Cidade

A observação direta é a ferramenta básica para o tipo de estudos sobre a vida na cidade descritos neste livro. Como regra geral, os usuários não estão ativamente envolvidos, no sentido de serem questionados, em vez disso são observados, suas atividades e comportamentos são mapeados para melhor se compreender suas necessidades e como o espaço urbano é usado. As observações diretas ajudam a entender por que alguns espaços são usados e outros não.

Estudar o comportamento das pessoas no espaço público pode ser comparado a estudar e estruturar outras formas de organismos vivos. Poderiam ser células ou animais: contar quantos há no total, como e quão rápido se movem em várias condições e, em geral, descrever como se comportam com base na observação sistemática. O comportamento

"Por favor, observe com cuidado as cidades reais. Enquanto você está olhando, pode também pode ouvir, demorar-se e pensar no que está vendo."[2]

Jane Jacobs

das pessoas é documentado, analisado e interpretado, mas não no microscópio. As observações são conduzidas a olho nu e, ocasionalmente, com câmeras ou outros equipamentos para aproximar uma situação ou congelar um momento e avaliar a ocorrência mais de perto. A meta é apurar o olhar do observador.

Um autor literário que se esmerava em descrever a vida comum, conforme esta se desenrolava no espaço público, foi o francês Georges Perec[3]. Em *Espèces d'espaces* (Espécies de Espaços, 1974), Perec instruía seus leitores a ver o que era negligenciado na cidade[4]. Ele os encorajava a praticar e, às vezes, tomar notas do que viam, de preferência usando algum sistema.

Perec escreveu que, se não notar nada, é porque você não aprendeu a observar. "Tente mais devagar, quase tolamente. Force-se a anotar o que não é interessante, o mais banal, comum, pálido ou sem graça."[5] A vida na cidade pode parecer banal e fugaz e, portanto, segundo Perec, o observador deve olhar e levar o tempo necessário para realmente ver a normalidade se desenrolando no espaço público.

Em *Morte e Vida de Grandes Cidades* (1961) Jane Jacobs escreveu no prefácio às suas descrições da vida na cidade, recolhidas principalmente em seu bairro no Greenwich Village em Manhattan: "As cenas que ilustram este livro tratam de nós. Para ilustrações, por favor, observe com cuidado as cidades reais. Enquanto você está olhando, pode também ouvir, demorar-se e pensar no que está vendo."[6] Segundo Jacobs, quando se está na cidade deve-se dar tempo para refletir sobre o que se está sentindo – observe-se: usando todos os seus sentidos. Por certo, o sentido da visão é chave para observar, mas isso não significa fechar os outros sentidos. Ao contrário, significa focar nossa atenção e perceber o ambiente que percorremos, cotidianamente, de forma quase inconsciente.

Segundo o dicionário online *Macmillan*, observar significa "olhar e estudar alguém ou algo com cuidado e atenção para descobrir algo"[7]. E olhar com cuidado e atenção é exatamente o que é preciso para extrair conhecimento útil de cenas comuns. Qualquer pessoa que se decida a observar a vida na cidade logo vai perceber que é preciso ser sistemático para obter conhecimento útil da complexa confusão da vida no espaço público. Talvez, a pessoa que está sendo observada esteja, de fato, cumprindo uma tarefa, mas leva um tempo para observar outras pessoas no caminho, ou vislumbrar um protesto na rua que se torna envolvente.

Em geral, o observador deve ser tão neutro como a proverbial "mosca na parede" – o jogador que fica no banco e não o titular, um não participante invisível que absorve o quadro geral, sem tomar parte no evento. Um observador pode desempenhar vários papéis dependendo do tipo do estudo. O papel do escrevente, daquele que registra, por exemplo, contando unidades, onde a precisão é a função mais importante. O observador pode também ter um papel de avaliador, classificando as pessoas por idade, por exemplo. Aqui a capacidade de avaliar é a função mais importante. Ou o papel do que registra pode ser analítico, mantendo um diário detalhado com uma percepção sobre as nuances, um olhar treinado e a percepção experiente de qual tipo de informação é relevante.

É possível treinar seu olhar na arte da observação. Sem dúvida, há uma diferença entre o olhar de um profissional e de um leigo, mas em princípio, todos podem observar a vida na cidade. Os principiantes precisaram afiar suas habilidades, ver o mundo com novos olhos e usar as ferramentas, adequadamente, ao passo que o olhar treinado, profissional, pode perceber novas conexões. Entretanto, há grandes diferenças no nível com que os observadores irão entender os aspectos formais. Para que também possam interpretar, precisariam de um treinamento espacial.

Homem ou Máquina

Em sua revolta contra o planejamento abstrato do modernismo, pioneiros do estudo da vida urbana tais como Jane Jacobs, William Whyte e Jan Gehl estimularam as pessoas a ver a interação entre a vida da cidade e espaço com seus próprios olhos, já que isso traz maior compreensão. Cremos que esse ainda é o ponto inicial crítico para ir à cidade e observar, usando os próprios sentidos, o bom senso e técnicas de registro simples, com papel e caneta, que é o motivo de insistirmos nesses métodos manuais.

Ao usar tais métodos, o observador é o fator humano, para o bem ou para o mal. Soluções técnicas como vigilância com câmeras de vídeo ou dispositivos com GPS (Sistema de Posicionamento Global) podem servir como soluções mais objetivas. Deve-se decidir o grau de precisão necessária e a forma de conhecimento desejada. A diferença-chave é que o registro humano sempre oferece mais do que fatos frios. Quando as pessoas fazem a contagem, por exemplo, elas podem acrescentar outras informações sobre o local, que podem ter influência decisiva na interpretação. Muitas vezes, os observadores trazem material extra, usando seus sentidos e o bom senso. Um contador automático de bicicletas é colocado numa ciclovia para contar os ciclistas que passam. Um dia quase nenhum ciclista é registrado. O que o observador humano pode ver é uma van estacionada na ciclovia a poucos metros do contador automático, de modo que, naquele dia, os ciclistas desviam do contador. Sem dúvida, o registrador humano conta as bicicletas do mesmo jeito, anotando as condições e tirando uma foto, enquanto o contador automático apenas registra o baixo número de ciclistas.

Considerações Éticas

Ao se coletar dados sobre comportamento humano, é sempre importante ponderar como e onde é preciso fazer considerações éticas. Os dados devem ser anônimos.

A legislação varia conforme o país. As observações são, muitas vezes, acompanhadas por fotografias. Na Dinamarca, é legal fotografar desde que as fotos sejam feitas em locais de "livre acesso". Em outras palavras, não se pode entrar em propriedade privada sem permissão, mas pode-se tirar uma foto de alguém que está no recuo frontal ou jardim de sua casa, se essa pessoa puder ser vista a olho nu de uma via pública. As regras têm o duplo objetivo de proteger indivíduos da invasão de privacidade e proteger a liberdade de jornalistas e outros de recolher informações livremente[8].

Série de fotos de Strøget, a principal rua de pedestres de Copenhague, ilustrando o que Jane Jacobs chama de "balé das calçadas"[9]. O balé é apresentado em cenas curtas, nas quais a vida se desenrola como uma dança no espaço público. O exemplo oposto mostra um pequeno balé envolvendo um banco na área central de Copenhague. O estudo das nuances no uso dos bancos origina-se de um artigo de Jan Gehl, "People on Foot", de 1968[10]. O diálogo sob as fotos foi, originalmente, escrito em dinamarquês por Jan Gehl junto com Mark von Wodtke, que era parte do grupo que realizou o primeiro grande estudo sobre a vida na cidade de Copenhague, em 1968.

Como se usa um banco? *Jan Gehl, People on Foot, Arkitekten n. 20, 1968*[11] – *Mark Von Vodtke*

Aqui está um banco

A+B: "Ótimo, vamos nos sentar"

A+B: "… para eu fumar meu cachimbo" (o homem ao fundo ainda aguarda)

C: "Ah, um assento livre na ponta. Vou pegar este."

A+B: "Bom, hora de ir embora."

C: "Ah, esse é um bom lugar para sentar."

C: "Aí vêm dois aprendizes com tinta nas calças. Acho que já fiquei bastante aqui."

D+E: "Uau, você deu uma olhada nela?" Aí está um banco vazio.

F: "Ah, um banco vazio. Será que tem

algum vermelho sobrando?"

G: "Aqui está bom. Vou sentar aqui na outra ponta. Mas o que é isso? Tinta fresca! – Bom, não vou me sentar aí."

F: "Então, ele não queria mesmo se sentar, acho que vou ficar aqui sozinho… (o pequeno ainda está esperando pacientemente no carrinho.)"

2 QUEM, O QUÊ, ONDE?

É preciso fazer perguntas sistematicamente e dividir as diversas pessoas e atividades em subcategorias para chegar-se a um conhecimento específico e útil sobre a complexa interação entre a vida e a forma no espaço público. Este capítulo apresenta várias questões gerais do estudo: quantos, quem, onde, o quê, quanto tempo? Exemplificamos mostrando como cada questão básica foi estudada em vários contextos.

A lista de perguntas que podem ser feitas sobre a interação entre vida e forma é, essencialmente, interminável. As perguntas elencadas no parágrafo à esquerda são as mais básicas e, sem dúvida, podem ser combinadas de várias formas. Quando se pergunta onde as pessoas ficam, em geral, é relevante perguntar quem são, quanto tempo estão lá ou alguma outra combinação dessas questões.

Não é possível elaborar uma lista de perguntas fixas que possam ser feitas em todas as áreas ou cidades. Cada cidade é singular e os observadores devem usar seus olhos, outros sentidos e muito bom senso. O mais importante é que o contexto e o local determinem os métodos e as ferramentas e, no geral, como e quando o estudo deve ser conduzido.

Entretanto, o que há de comum em todos os locais e situações é que, enquanto os observadores focam em um grupo de pessoas ou tipo de atividade, ou de algum outro modo fixam sua atenção na diversidade de atividades, grupos, tendências, etc., torna-se claríssimo que a perspectiva é complexa, com sobreposições e não é fácil de se estudar. Diferentes tipos de atividades estão entrelaçados: recreação e atividades com algum propósito ocorrem lado a lado. Pode-se falar de cadeias de eventos – e de uma mudança contínua. Precisamente porque a interação entre vida e espaço é tão complexa e difícil de apreender, pode ser útil fazer perguntas básicas de modo insistente, jornalístico e reiterado.

Focar a atenção em quem, o quê, onde e em outras perguntas básicas pode fornecer um conhecimento geral sobre o comportamento no espaço público e um conhecimento especial sobre uma questão específica na prática. O estudo dessas perguntas-chave pode criar uma documentação e um entendimento sobre certo padrão de atividade ou um conhecimento concreto sobre quem vai onde, ou não vai, em um dado lugar. Assim, essas questões elementares podem ser usadas na prática, assim como para propósitos mais básicos de pesquisa.

Uma vez que começarmos a observar a vida urbana e sua interação com o entorno, mesmo a esquina mais comum pode nos proporcionar um conhecimento interessante sobre a inter-relação entre vida urbana e forma – em qualquer lugar do mundo. Podemos sistematizar nossas observações através de perguntas básicas como quem, o quê e onde.
À Esquerda: Córdoba, Argentina, onde o arquiteto Miguel Angel Roca formulou uma estratégia holística para uma política urbana arquitetônica e social, em 1979-1980[1].

New Road, Brighton, Inglaterra

Quantas pessoas estão andando e quantas estão paradas? Na New Road, em Brighton, um estudo de via pública ajudou a determinar o uso antes e depois das melhorias realizadas. O número de pedestres subiu 62% após a rua ser convertida numa rua com prioridade para pedestres, em 2006. O número de atividades estacionárias aumentou em 600%[2].

Esse tipo de contagem – antes e depois – quantifica o quanto a iniciativa é usada. Em Brighton, os números documentam que a New Road mudou de *status*, deixou de ser rua de passagem para ser um destino. Estatísticas como essa podem ser usadas como um bom argumento para priorizar outros projetos para pedestres, tanto locais como gerais.

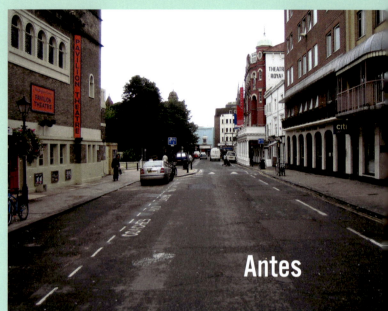

Antes

Depois

Pergunta 1. Quantos?

Fazer uma avaliação qualitativa contando *quantas* pessoas fazem algo possibilita medir o que poderia, de outro modo, parecer algo efêmero: a vida urbana. Quase todas as cidades têm um departamento de trânsito e dados precisos sobre quantos carros circulam por suas principais artérias, enquanto departamentos para "pedestres e para a vida na cidade" são quase desconhecidos, assim como a contagem de pessoas.

A contagem fornece dados quantitativos que podem ser usados para qualificar projetos e como argumentos, de uma forma ou de outra, nos processos decisórios. Medições inquestionáveis podem, muitas vezes, servir como argumentos convincentes.

Para os estudos sobre a vida na cidade é fundamental começar com a pergunta *quantos*. Em princípio, tudo deve ser contado, mas o que é mais frequentemente registrado é *quantas* pessoas estão se deslocando (fluxo de pedestres) e *quantos* permanecem em um lugar (atividade estacionária).

A questão de *quantos*, ou *quão poucos*, aparece em vários tipos de estudos da vida na cidade, assim como "antes e depois" de projetos de melhoria urbana. Se soubermos *quantas* pessoas ficam numa praça e, então, fizermos melhoramentos na praça e, novamente, contarmos o número de pessoas, podemos avaliar o sucesso do projeto de renovação. Se o objetivo era fazer com que mais pessoas ficassem na praça, contar *quantas estão lá,* usando a mesma metodologia em dias comparáveis, vai revelar rapidamente o grau de sucesso ou fracasso. Em geral, um número grande de contagens deve ser feito para se comparar diferentes horários do dia, dias e estações diferentes.

Um número isolado raramente é interessante. É importante que os resultados sejam comparados. Portanto, é essencial registrar de modo preciso e comparável. Condições fatuais como tempo e hora do dia, também, devem ser anotados de forma precisa e consistente para que estudos semelhantes possam ser realizados em data posterior.

Pergunta 2. Quem?

Entendemos a coleta de informações sobre o comportamento das pessoas no espaço público como a pedra fundamental dos estudos sobre a vida na cidade. Quando dizemos "pessoas" queremos dizer grupos muito diferentes de pessoas medidos por vários parâmetros. No mais das vezes, é importante ser mais específico sobre exatamente *quem* usa os vários espaços públicos. Quando o registro pode ser feito no nível individual, às vezes, é mais significativo investigar categorias mais amplas tais como gênero e idade.

Um conhecimento básico sobre o comportamento de vários grupos de pessoas pode ser usado para planejar formas mais precisas de atender às necessidades de mulheres, crianças, idosos ou deficientes, por exemplo. Enfatizamos aqui esses grupos porque, com frequência, eles são negligenciados[3].

A questão geral sobre gênero e idade pode ser registrada por observação, dando margem, naturalmente, a certo grau de inexatidão ao se fazer uma avaliação subjetiva de um grupo etário. É difícil ou impossível categorizar pessoas com relação a emprego ou situação econômica, por exemplo, com base somente na observação.

Parque Bryant, Nova York

O Parque Bryant fica no meio de Manhattan, entre a Times Square e a estação Grand Central Terminal. Um possível indicador sobre a segurança do parque é a presença de um número suficiente de mulheres. Todos os dias entre 1h00 e 6h00 da tarde, o guarda do parque caminha, sistematicamente, por ali e registra em dois contadores o número de homens e mulheres, nessa ordem. Ele também anota as condições do tempo e a temperatura[4].

No Parque Bryant, a divisão ideal por gênero é da ordem de 52% de mulheres e 48% de homens. Se a porcentagem de mulheres cair, pode ser um sinal de que a segurança do parque piorou. As condições do tempo, porém, também têm seu papel, já que os dados do parque mostram que o número de mulheres aumenta com tempo mais quente[5].

Pergunta 3. Onde?

Urbanistas e arquitetos podem projetar o espaço público com base em *onde* se espera que as pessoas permaneçam ou para onde se desloquem. Entretanto, muitos caminhos, através de lindos gramados, marcados a pé, comprovam o fato de que as pessoas nem sempre agem como se espera. Para encorajar que uma multidão de pedestres flua de modo harmônico e ainda criar as melhores condições para atrair as pessoas a usar o espaço público, é essencial ter conhecimento básico e específico de *para onde* as pessoas vão e *onde* ficam em espaços individuais. Estudos de movimento e de permanência podem ajudar a descobrir barreiras e identificar onde podem ser posicionados os caminhos e os locais de permanência para pedestres.

Se a área do estudo for um espaço urbano limitado, às vezes, é importante estudar onde as pessoas ficam: nos espaços de transição, no meio, ou distribuídas homogeneamente? Em zonas públicas, semipúblicas ou privadas? A pergunta *onde* permite que os observadores se aproximem mais de um posicionamento relevante à função ou de elementos tais como mobiliário, portões de jardins, entradas, portas, frades etc.

Se a área do estudo for um bairro ou distrito, pode ser pertinente determinar *onde* as pessoas e as atividades se reúnem, ou se dispersam, em maior ou menor grau. Quando se fala da cidade, isso pode significar o registro ou a localização de várias funções, atividades, direção de fluxo de pedestres e locais preferidos para permanência.

Gråbrødre Torv, Copenhague

O microclima, o clima local de um lugar específico, pode impactar fortemente a permanência das pessoas. Se as pessoas estiverem caminhando do ponto A para o ponto B, podem suportar vento, sol e sombra, em condições abaixo do ideal, mas para atividades de permanência, é preciso haver melhores condições climáticas no local.

A foto, tirada na primavera na Gråbrødre Torv (praça dos Frades Cinzentos), em Copenhague, mostra claramente a importância do clima na permanência das pessoas num determinado espaço. No clima frio do norte da Europa, as pessoas querem um lugar ao sol. Ela também ilustra como as árvores servem como ponto focal, como muitas pessoas usam bancos e o fato de que as pessoas mantêm certa distância social entre si. Percebe-se também que pessoas atraem mais pessoas.

A pergunta *onde* pode se referir a onde as pessoas se situam em relação umas às outras, a edificações e espaços urbanos ou às condições climáticas. Se tentarmos fotografar o mesmo lugar num dia encoberto ou à noite, o local onde as pessoas ficam provavelmente será muito diferente.

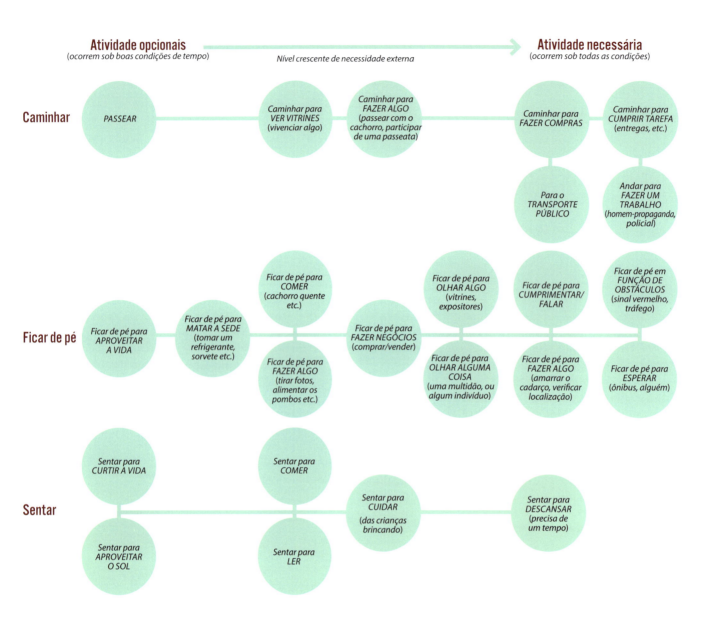

Jan Gehl, People on Foot, Arkitekten, n. 20, 1968[6]

Atividades Necessárias e Opcionais

Esta ilustração de atividades necessárias e opcionais é de "People on Foot", de Jan Gehl, publicado na revista *Arkitekten* de 1968. Foi parte de um primeiro grande estudo sobre a correlação entre espaço público e vida na cidade.

Essa primeira categorização de atividades é parte do trabalho básico de Gehl para descrever a vida nos espaços urbanos. Posteriormente, as categorias gerais de atividade opcionais e necessárias foram descritas, numa perspectiva histórica, em *New City Life*[7].

No decorrer do século XX, menos atividades necessárias passaram a acontecer no espaço público. Se a ilustração das atividades fosse feita em 2012, incluiria novas atividades, como falar ao celular – andando, de pé e sentado –; fumar em espaço público, devido à mudança na legislação de consumo de cigarro; e muitos tipos de exercício. E o tipo de atividade iria variar muito conforme o local.

Pergunta 4. O Quê?

Mapear *o que* acontece no espaço urbano dá informações específicas sobre os tipos de atividade na área, tais como a permanência, atividades comerciais ou físicas e os requisitos que essas várias atividades impõem sobre o ambiente físico. Esse dado pode ser importante para lojistas, e urbanistas com a função de projetar o espaço urbano e, mais em geral ou politicamente, em relação a um dado tema, como saúde ou segurança.

Em termos mais amplos, as atividades básicas no espaço público são caminhar, ficar em pé, sentar e jogar ou brincar. A lista é quase infinita. É mais significativo anotar vários tipos de atividade simultaneamente. Entretanto, é importante encontrar categorias mais adequadas ao registro de vários eventos. Embora as atividades também possam ser anotadas de forma menos sistemática, ser sistemático pode apurar sua percepção geral.

Em geral, as atividades no espaço público podem ser divididas em duas categorias: necessárias e opcionais. Atividades necessárias incluem fazer compras, caminhar para um ponto de ônibus ou dele vir, ou trabalhar como guarda de estacionamento, policial ou carteiro. Atividades opcionais incluem passear ou correr, sentar-se num degrau de escada, cadeira ou banco para descansar, ler o jornal ou simplesmente apreciar a vida sentado ou caminhando. Atividades necessárias para uns podem ser opcionais para outros.

Numa perspectiva histórica, o uso do espaço público tem evoluído, gradativamente, de atividades motivadas, sobretudo, pela necessidade para aquelas de natureza mais opcional[8].

Atividades sociais podem ocorrer em torno de atividades necessárias ou opcionais e ser condicionadas pela presença de outros: pessoas no mesmo espaço, passando umas pelas outras ou olhando umas para as outras em conexão com alguma atividade. Entre os exemplos estão crianças brincando; cumprimentos e conversas; atividades em comum; e a atividade social mais disseminada de todas: o contato passivo na forma de observar e ouvir outras pessoas[9].

Para os estudos sobre a vida na cidade, é importante definir e registrar atividades sociais que apoiem a função do espaço público como local de encontro. É aqui que as pessoas encontram outras que vivem no mesmo bairro, comunidade ou cidade. Encontrar outros pode ser estimulante e interessante e, de forma mais ampla, ter um impacto profundo na compreensão das pessoas sobre seu contexto de vida.

Pode-se diferenciar entre atividades sociais com pessoas conhecidas e encontros com estranhos na rua. Apesar de ser menos comum falar com estranhos, é mais fácil começar uma conversa com pessoas que estão paradas nas proximidades, mesmo desconhecidas, se elas experimentarem algo juntas no espaço comum. William H. Whyte usa o termo "triangulação" para definir o cenário onde duas pessoas que não se conhecem começam a conversar devido a um evento externo. O estímulo pode ser um artista de rua ou um objeto, como uma escultura. Ou pode ser alguma condição inesperada, como uma chuva de granizo no verão; a falta de eletricidade; um incêndio em um prédio nas proximidades; ou qualquer outra coisa que estimule pessoas desconhecidas a começarem uma conversa[10].

Domingo de manhã na rua Swanston, em Melbourne na Austrália

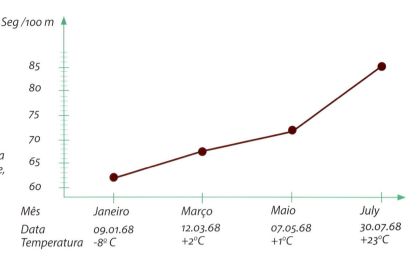

Velocidade média de pedestres, selecionados ao acaso, ao longo de cem metros. Quatro registros foram feitos na Strøget, a rua de pedestres de Copenhague, em janeiro, março, maio e julho, respectivamente.

As fotografias e legendas vêm de um artigo de Jan Gehl, People on Foot, Arkitekten, 1968[11]

O homem mais rápido: 100 metros em 48 segundos

Um comboio precisa andar na velocidade de seu membro mais lento.

O homem mais lento: 100 metros em 137 segundos.

A Que Velocidade as Pessoas Andam?

O estudo de 1968 acima abrange quatro registros de velocidade média de pedestres cobrindo um trecho de cem metros de uma rua de pedestres em Copenhague. A rua, de 1,1 km de comprimento, pode ser percorrida em doze minutos, mas na prática, a velocidade é influenciada pelo tempo, pela idade, mobilidade, afazeres e se o pedestre está só ou é parte de um grupo.

Um segmento significativo de pedestres foi acompanhado por um trecho de cem metros e sua velocidade registrada em segundos. O gráfico mostra claramente a tendência a andar, mais lentamente, nos dias mais quentes.

Na imagem, vemos como pessoas diferentes caminham em velocidades diferentes: "pedestres sozinhos caminham mais rapidamente do que pessoas em grupo. Homens sozinhos são os mais rápidos: cem metros em 48 segundos, com adolescentes e mulheres caminhando um pouco mais devagar. Depois vêm os grupos que, como qualquer comboio, são forçados a caminhar na velocidade do participante mais lento. O tempo mais lento (137 seg/100m) foi registrado por um policial em patrulha."[12]

Pergunta 5. Quanto Tempo?

A velocidade do caminhar e o tempo gasto parado podem trazer informações sobre a qualidade da estrutura física. Muitas vezes, as pessoas andam mais devagar e ficam mais tempo nos locais, dependendo da qualidade e das distrações oferecidas.

O registro da atividade humana em relação ao ambiente físico apresenta vários problemas especiais, primeiro e principalmente, porque a questão envolve processos – cadeias de eventos – submetidos a mudanças contínuas. Um momento não é como o anterior ou como o seguinte. Ao contrário do que ocorre com a avaliação de edifícios, por exemplo, o tempo é um fator importante em estudos de atividades.

A dimensão temporal é essencial para compreender a vida nos espaços públicos, o que faz de *quanto tempo* uma pergunta-chave. Além do passar dos dias, semanas e meses, o estudo individual também se preocupa com o *quanto tempo* uma pessoa leva para cobrir uma certa distância, *quanto tempo* ela fica em determinado lugar e *quanto tempo* uma atividade dura.

As respostas para tais questões são importantes para se descobrir por quanto tempo estaremos dispostos a caminhar para utilizar o transporte público, ou para determinar quais atividades contribuem para caracterizar o nível de toda a atividade, por exemplo.

O conhecimento básico sobre *quanto tempo* duram as várias atividades pode qualificar o trabalho de orientar determinados espaços públicos para atrair as pessoas para períodos mais longos de permanência, enquanto permite que outros espaços tenham um caráter mais transitório. Em alguns pontos, é desejável que as pessoas se apressem o máximo possível para dar lugar a outras.

Estudos sobre a duração de várias atividades podem ilustrar, de forma mais precisa, quanto tempo é gasto em atividades específicas. Por exemplo, não leva muito tempo para ir e vir de um carro estacionado numa rua residencial, e esvaziar uma caixa de correio leva só um pouco mais de tempo, ao passo que atividades como jardinagem ou brincadeiras de criança podem levar bem mais tempo[13]. Obviamente, estabelecer números para a relação entre atividades de curta e longa duração pode trazer novas informações. Além disso, o tempo gasto pelos indivíduos é, muitas vezes, facilmente influenciado por um cuidadoso processo de planejamento e projeto.

Como regra geral, não são necessárias iniciativas grandes e dispendiosas para estimular as pessoas a permanecer num lugar por mais tempo. Entretanto, se isso acontecer, um apelo pode influir significativamente na percepção sobre se o local é vibrante e vale uma parada ou se é melhor se dirigir tão depressa quanto possível para algo melhor.

3

CONTAGEM, MAPEAMENTO, RASTREAMENTO E OUTRAS FERRAMENTAS

Este capítulo descreve as diversas ferramentas usadas para sistematizar e registrar observações diretas da interação entre o espaço público e a vida na cidade. Alguns casos de observações indiretas serão mencionados, tais como o uso de câmeras ou outros dispositivos tecnológicos, para registrar ou procurar vestígios de atividade humana.

Independentemente das ferramentas selecionadas, sempre é necessário considerar o propósito e a oportunidade do estudo. Neste capítulo tratamos, de modo sucinto, das questões gerais e descrevemos as ferramentas básicas para registro. É claro que existem outras ferramentas, mas aqui mostramos aquelas que os autores em geral consideram as mais importantes, com base em suas próprias experiências.

Propósito do Estudo e Escolha da Ferramenta

Propósito, orçamento, tempo e condições locais determinam qual será a ferramenta selecionada para um dado estudo. Os resultados serão usados como base para uma decisão política ou haverá necessidade de estatísticas rápidas do tipo "antes-e-depois" para medir o efeito de um projeto? A coleta de informações específicas faz parte do projeto de uma obra ou o estudo é parte de uma pesquisa mais ampla para obter informações básicas ao longo do tempo e além das delimitações geográficas?

A escolha das ferramentas depende de saber se a área estudada é um espaço público delimitado, uma rua, um bairro ou toda uma cidade. Mesmo para uma área delimitada, é preciso considerar o contexto holístico do estudo, incluindo os aspectos físicos, culturais e climáticos locais. Raramente basta uma única ferramenta. Em geral é preciso combinar vários tipos de investigação.

A Escolha dos Dias – Vento e Clima

O propósito do estudo e as condições locais determinam os pontos relevantes, no tempo, para o registro. Se a área de estudo tem vida noturna agitada, as horas logo antes e depois da meia-noite são significativas. Numa área residencial, talvez seja relevante apenas registrar dados até o início da noite. O registro em um parquinho infantil pode ser encerrado à tarde. Há grande diferença entre os dias úteis e finais de semana e, em geral, os padrões mudam nos dias que antecedem feriados.

Como o tempo bom propicia as melhores condições para a vida na cidade ao ar livre, os registros são comumente feitos em dias com o melhor tempo possível para a época do ano. É claro que diferenças regionais são grandes, mas para estudos da vida e ativdade no espaço público, o critério é qual tipo de clima propicia as melhores condições para a vida ao ar livre, em especial para a permanência. As condições do tempo são particularmente sensíveis para registrar as situações de permanência num lugar, porque mesmo quando o tempo ruim melhora as pessoas não se sentam em bancos molhados e se houver indícios de que a chuva vai voltar, a maior parte das pessoas reluta em se sentar. Se o tempo não permite mais a permanência em espaços públicos no decorrer de um dia de registro, é preciso adiar o resto da pesquisa para um dia com tempo melhor. Em geral, não há problema em combinar registros feitos em dois meios dias, como se fosse um estudo de dia todo.

Os registros podem ser interrompidos por outros fatores além das condições do tempo. Um grupo grande de torcedores indo a um jogo ou uma manifestação pode alterar significativamente os padrões de movimentação.

Os resultados dos registros sempre serão uma verdade alterada, porque, como se espera, nada é inteiramente previsível. É a imprevisibilidade que transforma as cidades em locais onde se pode passar horas olhando outras pessoas; é a imprevisibilidade que torna tão difícil capturar a variação maravilhosa dos ritmos urbanos. A impulsividade das cidades aumenta a necessidade de um observador experimentar pessoalmente e notar os fatores que influenciam a vida urbana. Aqui está uma das principais diferenças entre usar pessoas como registradores em vez de ferramentas e máquinas automáticas.

Métodos de Registro Manuais ou Automáticos

As ferramentas de observação descritas são primariamente manuais e, em grande parte, podem ser substituídas por métodos automáticos. Nos anos 1960, 1970 e 1980, a maioria dos estudos foi conduzida manualmente, mas novas soluções tecnológicas podem registrar números e movimentos de modo remoto. O registro automático possibilita processar grandes quantidades de dados. Não é preciso o mesmo número de pesquisadores para realizar as observações, mas é preciso investir em equipamentos, assim como em mão de obra para processar os dados coletados. Portanto, a escolha do método manual ou automático depende, muitas vezes, do tamanho do estudo e do preço do equipamento. Tais equipamentos ou não são muito comuns ou estão em estágio inicial de desenvolvimento, o que torna ainda mais importante considerar vantagens e desvantagens. No entanto, é provável que os registros automáticos venham a ter, futuramente, um papel mais destacado nos estudos sobre a atividades no espaço público das cidades.

Além disso, muitas vezes, os registros automatizados precisam ser complementados por uma cuidadosa avaliação dos dados coletados, o que pode levar tanto tempo quanto a observação direta.

Ferramentas Simples Quase Gratuitas

Todas as ferramentas para o estudo sobre a vida na cidade foram desenvolvidas por uma razão pragmática: melhorar as condições das cidades para as pessoas, tornando-as visíveis, e reunir informações para qualificar essa tarefa. Também é importante que as ferramentas funcionem na prática; elas podem ser adaptadas a uma tarefa específica e, normalmente, são desenvolvidas para atender ao desenvolvimento profissional, social e tecnológico comum.

Em geral, as ferramentas são simples e imediatas e, assim, os estudos podem ser efetuados com um orçamento modesto. A maior parte requer apenas caneta, papel e talvez um contador e um cronômetro. Isso significa que pessoas sem especialização podem realizar os estudos sem grandes gastos com ferramentas, que também podem ser usadas para estudos maiores ou menores.

Observação e bom senso são pontos-chave de todos os estudos. Como as ferramentas são auxiliares para coletar e sistematizar informações, depois da escolha, é importante adaptar aquelas relevantes ao propósito do estudo.

Para comparar os resultados em um mesmo estudo ou com estudos posteriores, seja no mesmo ponto ou em outro lugar, é essencial fazer registros precisos e comparáveis. Também é importante observar cuidadosamente as condições climáticas e a hora do dia, dia da semana e do mês para, *a posteriori*, realizar estudos semelhantes.

Contagem

A contagem é uma ferramenta bastante usada nos estudos sobre a atividade pública nas cidades. Em princípio, tudo pode ser contado, o que fornece dados para comparações antes e depois, entre diferentes áreas geográficas e ao longo do tempo.

Mapeamento

Atividades, pessoas, locais de permanência e muito mais podem ser plotados, ou seja, desenhados como símbolos numa planta da área de estudo para marcar o número, o tipo de atividades e onde ocorrem. Isso também é chamado de *mapeamento comportamental*.

Traçado

Os movimentos das pessoas dentro ou através de um espaço limitado podem ser desenhados como linhas de movimento num mapa da área estudada.

Rastreamento

Para observar os movimentos das pessoas numa área mais ampla por um tempo mais longo, o observador/pesquisador pode, discretamente, seguir as pessoas sem que elas saibam, ou seguir alguém que saiba e concorde em ser seguido e observado. Isso também é chamado monitoramento (*shadowing*), uma forma de acompanhar observando.

Vestígios

Muitas vezes a atividade humana deixa vestígios, como lixo nas ruas, marcas na grama, etc. que dão ao observador informações sobre a vida na cidade. Esses vestígios podem ser registrados pela contagem, fotografia ou mapeamento.

Fotografia

A fotografia é uma parte essencial dos estudos sobre a atividade no espaço da cidade para documentar situações onde a vida e a forma urbanas interagem ou deixam de interagir depois da realização de alguma ação.

Diário

Um diário pode registrar detalhes e nuances sobre a interação entre vida e atividades e espaço público, registrando observações que, posteriormente, podem ser categorizadas e/ou quantificadas.

Caminhada-Teste

Dar uma caminhada enquanto se observa a vida do entorno pode ser algo mais ou menos sistemático, mas o objetivo é que o observador tenha a oportunidade de identificar problemas ou o potencial para a vida urbana de uma determinada rota.

Contagem

A contagem é básica para os estudos da vida na cidade. Em princípio, tudo pode ser contado: número de indivíduos, gênero, quantos falam uns com os outros, quantos sorriem, quantos andam sozinhos ou em grupo, quando são ativos, quantos falam no celular, quantas vitrines têm barras metálicas após o fechamento das lojas, quantos bancos existem naquele espaço, e assim por diante.

O que mais se registra é quantas pessoas estão se deslocando (fluxo de pedestres) e quantas estão paradas (atividades estacionárias). A contagem fornece dados quantitativos que podem ser usados para qualificar projetos e como argumentos em tomadas de decisão.

Os números podem ser registrados usando um contador manual ou simplesmente fazendo marcas num pedaço de papel, quando as pessoas passarem por uma linha imaginária. Se o objetivo for contar pessoas que estão paradas, o observador, com frequência, caminha pelo espaço e faz uma contagem.

Uma contagem por dez minutos, a cada hora, dá uma imagem bem precisa do ritmo diário. A vida urbana tem se mostrado bem cadenciada e uniforme de um dia para o outro, mais ou menos como um pulmão que respira. O ontem é bem parecido com o amanhã[1].

Sem dúvida, é essencial efetuar a contagem por exatos dez minutos, já que é uma amostragem aleatória que precisará ser repetida depois para se calcular o trânsito de pedestres por hora. Todas as horas individuais serão então compiladas para se conseguir uma visão geral do dia. Portanto, mesmo pequenas inexatidões podem invalidar os resultados. Se o local contar com baixo número de pessoas, a contagem deve ser continuada por um intervalo maior, para reduzir a incerteza. Se algo inesperado ocorrer, é preciso anotar: por exemplo, uma manifestação envolvendo muitas pessoas, obras viárias ou qualquer coisa que possa influir no número de presentes.

Ao se conduzir uma contagem de pessoas antes e depois de alguma interferência no espaço urbano, os planejadores devem avaliar, rápida e simplesmente, se a iniciativa resultou em mais vida na cidade, mais ampla representação de grupos etários, etc. Normalmente, a contagem é conduzida por períodos mais longos para comparar diferentes ocasiões do dia, semana e ano.

Contagem de pessoas em Chongqing, China[2]
Registrando todos os pedestres que passam pelo local. Se houver pedestres demais, um contador é indispensável (direita).

Mapeamento

Mapear o comportamento é simplesmente marcar o que ocorre em um mapa do espaço ou da área em estudo. Essa técnica é usada com frequência para indicar permanência, ou seja, onde as pessoas estão, em pé ou sentadas. Os locais de permanência são marcados em diferentes horas do dia ou por períodos mais longos. Os mapas também podem ser combinados por camadas, o que, gradualmente, propicia uma imagem mais clara do padrão geral das atividades de permanência.

Para perceber as atividades no decorrer do dia, é essencial registrar várias amostras na forma de "imagens" momentâneas ao longo do período. Isso pode ser feito marcando-se, na área em estudo, onde as pessoas ficam em determinadas em cada hora ao longo do dia. Assim, o mapeamento exibe onde as pessoas param e o observador pode usar um símbolo (um x, um círculo, um quadrado) para representar diferentes tipos de atividades estacionárias – em outras palavras, o que está acontecendo. Um registro responde a várias perguntas e os aspectos qualitativos, sobre *onde* ou *o quê*, complementam a natureza quantitativa da contagem.

O método oferece a imagem de um momento num dado local. É como uma fotografia aérea que congela uma situação. Se todo o espaço for visível ao observador, ele/ela pode plotar toda a atividade na planta, a partir de um ponto favorável. Se o espaço for grande, o observador deve caminhar por ele, mapeando os pontos de parada e reunindo as partes para obter uma imagem completa. Ao se caminhar através do espaço, é importante que os observadores não se distraiam pelo que ocorre atrás deles, se concentrando no que acontece à sua frente. O fundamental é capturar um único quadro do momento, em vez de vários.

Legendas originais de People in Cities, Arkitekten, *n. 20, 1968.*

1. "Inverno [...] Terça-feira, 27.02.1968.

O Mapa B1, que indica pessoas sentadas e em pé na área às 11h45, mostra que os assentos ao sol estão ocupados, ao mesmo tempo que nenhum dos outros bancos na área está sendo usado. A maior concentração de pessoas em pé está perto do carrinho de cachorro-quente em Amagertorv. A planta também registra que as pessoas que estão em pé, para falar ou esperar, estão ou no meio da rua ou ao longo das fachadas."

2. "Primavera. Terça feira, 21.05.1968

[...] Assim como em fevereiro, cerca de cem pessoas em média estão de pé em frente a vitrines, mas todas as outras formas de atividade aumentaram. O mais notável é o crescimento de pessoas paradas em pé olhando o que está acontecendo. Está mais quente agora, mais coisas acontecem e, portanto, há mais coisas para se olhar."

3. "Verão. Quarta-feira, 24.07.1968.

[...] O número de pedestres, cerca de 30%, de pé em frente a vitrines não mudou. Parece ser uma constante. [...] Em geral pode-se observar que o centro de gravidade da área se deslocou da rua comercial Vimmelskaftet para a praça Amagertorv, mais recreacional."[3]

23 july 1968

Traçado

O registro das linhas de movimentação pode trazer informações básicas sobre padrões de deslocamento assim como conhecimento concreto sobre a movimentação em um local específico. O objetivo pode ser coletar informações sobre uma sequência de caminhadas, a escolha de direção, o fluxo, qual é a entrada mais usada, qual a menos usada etc.

Significa tracejar as linhas de deslocamento numa planta. A movimentação das pessoas é vista por um observador com ampla visão do espaço. O observador desenha a movimentação como linhas num mapa da área, durante um período específico, como dez minutos ou meia hora.

Esse registro não é exato, já que pode ser difícil representar linhas de movimento se houver muitas pessoas movendo-se num dado espaço. Pode ser necessário dividir a área em segmentos menores. Representar com linhas a movimentação num mapa traz uma visão clara das linhas de fluxo dominantes e subordinadas, assim como das áreas menos utilizadas. Equipamentos com GPS podem ser usados para registrar movimentos em áreas maiores, tais como uma cidade inteira, ou no decorrer de um período mais longo.

Registro, esboço feito à mão: deslocamentos mapeados feitos no pátio do complexo residencial Emaljehaven em Copenhague, pela Gehl Architects em 2008. Cada linha representa o deslocamento de uma pessoa no espaço. As linhas foram desenhadas a cada 10 minutos em folhas de papel vegetal, depois sobrepostas para dar um quadro geral dos padrões de movimentação.

Rentemestervej
Sábado, 13 de setembro, de 12h–15h.
Padrão dos trajetos feitos a pé, ao meio-dia, à uma, às duas e às três da tarde.

Rastreamento

Além de ficar em pé em um determinado local para registrar a movimentação, os observadores podem também seguir algumas pessoas escolhidas para registrar seus movimentos, o que se chama *rastreamento*. Esse método é útil para medir a velocidade da caminhada, ou para onde, quando e até que ponto algumas atividades acontecem em determinada rota. Essas atividades podem se caracterizar como uma efetiva permanência ou ações mais sutis, como virar a cabeça, parar, fazer desvios inesperados etc. O método pode também ser usado para mapear a rota utilizada para ir e voltar da escola, por exemplo, a fim de torná-la mais segura.

Observações quanto à velocidade podem ser feitas a olho nu e com um cronômetro, seguindo-se a pessoa cuja velocidade se quer medir. Os observadores precisam manter uma distância razoável para que a pessoa sendo observada não tenha a sensação de que está sendo seguida. Outra opção é observar a velocidade ao longo de uma distância medida a partir de uma janela ou de outro local acima do nível da rua.

Se o objetivo for obter uma visão total dos movimentos de um indivíduo em um dado período de tempo, um podômetro ou contador de passos é bastante útil para medir a velocidade em rotas determinadas. O registro com GPS também é útil para medir velocidades em determinadas rotas. Uma variação do monitoramento (*shadowing*) é seguir alguém que sabe e concorda com a atividade. Registros obtidos com o GPS podem ser usados para um *monitoramento remoto* de pessoas selecionadas.

Fotografia dos registros de rastreamento feito em Strøget, a principal rua de pedestres de Copenhague, em Dezembro de 2011[4]. O observador segue aleatoriamente pedestres selecionados (um a cada três), usando um cronômetro para marcar o tempo que a pessoa leva para andar 100 metros. Quando a pessoa monitorada passa a linha imaginária dos 100 metros, o cronômetro é parado. Se o pedestre não seguir a rota anteriormente medida, abandona-se o rastreamento daquela pessoa.

Vestígios

A atividade humana também pode ser observada indiretamente, ao se procurar por vestígios. A observação indireta exige que os observadores agucem seus sentidos como detetives na trilha da atividade humana, ou de sua falta.

Um conceito básico dos estudos sobre a atividade no espaço público é testar as condições reais da cidade, observando e experimentando-as em primeira mão e depois considerando quais elementos interagem e quais não. O que é relevante para o teste varia de lugar para lugar.

A busca por vestígios pode significar registrar pegadas na neve, o que mostra as linhas que as pessoas seguem quando cruzam uma praça, por exemplo. Outros vestígios podem ser trilhas abertas num gramado ou no cascalho, ou os indícios de brincadeiras infantis na forma de brinquedos temporariamente abandonados. Vestígios podem ser mesas, cadeiras ou vasos de plantas deixados do lado de fora, à noite, que indicam um bairro cujos moradores têm segurança para levar sua sala de estar para fora, num espaço aberto, e deixá-la por lá. Os vestígios podem evidenciar o contrário: janelas hermeticamente fechadas e varandas vazias podem indicar um bairro sem sinais de vida. Podem ser coisas deixadas para trás ou usadas de forma não prevista originalmente, como marcas de *skate* nos bancos de praças.

Esquerda: marcas deixadas na neve na praça da prefeitura, Copenhague, Dinamarca
Direita: como todo mundo, os estudantes de arquitetura também tomam o caminho mais direto: Escola de Arquitetura da Academia Real de Belas Artes da Dinamarca, Copenhague, Dinamarca.

Fotografia

As fotografias são muito usadas no campo dos estudos sobre a vida na cidade para ilustrar situações. Fotografias e filmes podem descrever situações mostrando a interação, ou falta dela, entre a forma urbana e vida. Podem também ser usados para documentar o caráter de um local antes e depois de uma iniciativa.

Enquanto o olho humano pode observar e registrar, os filmes e as fotografias são bons auxiliares no campo da comunicação. Fotografar e filmar também podem ser boas ferramentas para congelar situações para documentação e análise posterior. Quando se estuda fotografias e filmes, é possível descobrir novas conexões ou detalhar situações urbanas complexas, difíceis de entender a olho nu.

Com frequência, as fotografias ilustram e dão mais vigor aos dados. No campo dos estudos sobre a vida na cidade, as fotografias das cenas públicas não estão sujeitas aos princípios estéticos tão caros aos arquitetos em geral. A ênfase aqui não é no projeto, mas em situações que ocorrem na interação entre a vida e o espaço público.

As fotografias podem ter um uso geral ou ser empregadas em projetos específicos para documentar a vida e as condições para a vida em espaços públicos. Mesmo sendo clichê, uma imagem pode valer por mil palavras, principalmente porque quem vê pode se identificar com as pessoas presentes em fotos frequentemente tiradas no nível dos olhos.

Há variações, como as fotografias com lapso de tempo (*time-lapse*, câmera rápida) ou sequências de vídeo que mostram a situação no transcurso do tempo, com ou sem a presença do observador. O ângulo e o tamanho da lente são relevantes para que a foto ou o filme correspondam ao campo da visão humana.

Bom posto de observação, boa companhia e bons objetos de estudo: piazza Navona, Roma, Itália

Diário

Todas as ferramentas descritas acima fornecem apenas amostras aleatórias da interação das atividades e do espaço públicos. Essas amostras daquilo que ocorre, raramente, podem fornecer todos os detalhes. Entretanto, detalhes podem ser acréscimos vitais para nossa compreensão de como a vida se desenrola no espaço público na forma de sequências e processos. Uma forma de acrescentá-los é fazer um diário.

Anotar detalhes e nuances pode aumentar o conhecimento sobre o comportamento humano no espaço público no caso de projetos individuais, como também para aumentar nossa compreensão básica para desenvolver o campo. O método é, muitas vezes, usado como um complemento qualitativo de um material mais quantitativo para explicar e elucidar dados brutos.

Manter um diário é um método de anotar observações em tempo real e de modo sistemático, com mais detalhes do que em estudos de "amostras" quantitativas. O observador pode anotar tudo de significativo. Pode acrescentar explicações a categorias gerais, como ficar em pé ou sentar, ou narrativas breves que podem auxiliar o entendimento de onde, por que e como a vida se desenrola em um evento que não é, exclusivamente, voltado a um propósito.

Entre os exemplos podemos citar alguém cortando a grama de seu jardim frontal inúmeras vezes durante o dia ou uma senhora idosa que esvazia sua caixa de correio várias vezes num domingo[6]. Manter um diário pode também ser uma atividade complementar, com o observador acrescentando explicações e descrições de fatos e números.

Um diário pode registrar eventos que não podem ser facilmente documentados com métodos mais tradicionais. O exemplo mostra anotações de um estudo feito em ruas residenciais de Melbourne, na Austrália. À direita, uma página do diário para o estudo de Melbourne[5].

A página dupla abaixo apresenta a rua Y, em Prahran, em Melbourne na Austrália. A estrutura física é descrita na página da esquerda – as dimensões e a forma da rua. Do lado direito estão as atividades que ocorrem na rua durante um domingo.

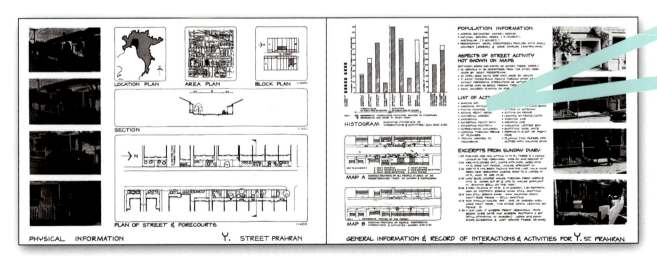

32

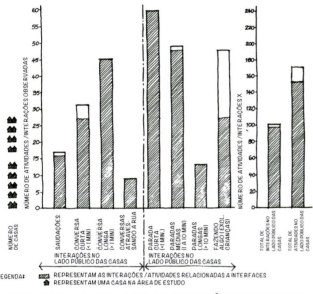

HISTOGRAMA REGISTRANDO A INCIDÊNCIA DE ATIVIDADES E INTERAÇÕES, DOMINGO, DAS 8H00 ÀS 18H30.

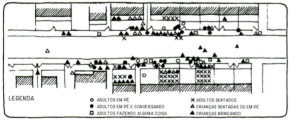

MAPA A MOSTRANDO A POSIÇÃO DAS PESSOAS NA ÁREA, NAS 38 VEZES PREDETERMINADAS, NO DOMINGO E NA QUARTA-FEIRA.

MAPA B MOSTRANDO A POSIÇÃO DAS PESSOAS FAZENDO ALGUM TIPO DE ATIVIDADE OU INTERAGINDO. DOMINGO, DAS 8H00 ÀS 18H30

INFORMAÇÕES SOBRE A POPULAÇÃO

- RENDA ESTIMADA: MÉDIA
- GRUPOS POR NACIONALIDADE: GREGOS (9 CASAS); AUSTRALIANOS (9 CASAS);
- ESTRUTURA SOCIAL PREDOMINANTE: FAMÍLIAS COM CRIANÇAS PEQUENAS (GREGOS) & ALGUNS CASAIS (AUSTRALIANOS)

ASPECTOS DE ATIVIDADES NA RUA NÃO MOSTRADAS NOS MAPAS

NO DOMINGO, ENTRE 8H30 E 18H30 FORAM REGISTRADOS:
- 92 PEDESTRES ADULTOS CHEGARAM OU SAÍRAM DA ÁREA DE ESTUDO
- 29 ADULTOS VISITARAM / ENTRARAM NA ÁREA
- 71 ADULTOS PEDESTRES PASSARAM PELA ÁREA SEM FAZER NENHUMA ATIVIDADE OU ALGUMA INTERAÇÃO
- 191 CARROS OU BICICLETAS PASSARAM PELA ÁREA DE ESTUDO
- MUITAS CRIANÇAS BRINCANDO NO LADO PÚBLICO DAS CASAS

LISTA DAS ATIVIDADES NO DOMINGO

- SACUDIR CAPACHOS
- CARREGAR VASOS
- COLHER FLORES
- PODAR O GRAMADO FRONTAL
- REGAR O JARDIM
- VARRER A ÁREA EM FRENTE À CASA
- VARRER A CALÇADA
- CUIDAR DAS CRIANÇAS
- OLHAR AS FLORES PELA CERCA
- LEVAR UVAS AO VIZINHO
- LEVAR O CACHORRO PARA PASSEAR
- SENTAR NA VARANDA
- SENTAR NO PORTÃO
- INCLINAR-SE SOBRE A CERCA/PORTÃO
- LAVAR O CARRO
- CONSERTAR O CARRO
- VERIFICAR A CAIXA DE CORREIO
- FECHAR O PORTÃO LATERAL
- APARECER VÁRIAS VEZES NA PORTA DA FRENTE
- EMPURRAR PARA A SARJETA PEDAÇOS DE PAPEL COM UMA BENGALA

TRECHOS DO DIÁRIO DE DOMINGO

1:59 5 CRIANÇAS ESTÃO SENTADAS NA CASA DE NÚMERO 12; HÁ UMA ESPREGUIÇADEIRA NA VARANDA. CRIANÇAS SOBRE A CADEIRA E EM VOLTA DELA.

2:06 A SENHORA DA CASA NO 12 SAI, CONVERSA COM AS CRIANÇAS, VAI À CASA DE NO 10, NÃO BATE E ENTRA DIRETO.

2:26 A SENHORA DA CASA DE NO 16, DE SUA VARANDA, ESTAVA CONVERSANDO DURANTE A ÚLTIMA MEIA HORA DA SUA VARANDA, DO OUTRO LADO DA RUA, COM DUAS SENHORAS DA CASA NO 13 E TAMBÉM COM A SENHORA DA CASA NO 20.

2:47 MULHER DE SAIA AZUL VEM DO LADO NORTE E ENTRA NA CASA DE NO 12. SAI DA CASA NO 12 E ENTRA NA CASA NO 10; ENTRA DIRETO E TOCA A CAMPAINHA ENQUANTO ENTRA.

12:06 TRÊS HOMENS CONVERSAM NA CASA DE NO 13. DOIS NO JARDIM, UM NA CALÇADA. HOMEM NA BEIRA DA CALÇADA, JÁ SAINDO, AINDA CONVERSANDO.

12:10 HOMEM AINDA NA BEIRA DA CALÇADA. HOMEM A MEIO CAMINHO ENTRE A CERCA E A PORTA AO LADO AINDA CONVERSANDO.

12:13 FINALMENTE, O HOMEM VAI EMBORA. UM DOS HOMENS DO JARDIM VAI PARA A CASA AO LADO; O OUTRO CONTINUA INCLINADO NA CERCA DA CASA 13.

14:34 UMA SENHORA MAIS VELHA, DA CASA 17, VARRE A VARANDA DA FRENTE DA CASA. PASSA A VASSOURA POR CIMA DO PORTÃO E VARRE UM POUCO A CALÇADA. (AINDA EM PÉ NO JARDIM) OLHA PARA CIMA E PARA BAIXO. PARA DE VARRER E FICA PARADA LÁ (10 MIN.)

Caminhada-Teste

Para fazer uma caminhada-teste, o observador seleciona rotas importantes, anotando tempo de espera, possíveis obstáculos e/ou desvios no caminho.

Pode haver grande diferença entre andar uma distância calculada só pelo olhar, ou uma ideia teórica sobre o tempo necessário para que se vá do ponto A ao ponto B, e o tempo realmente gasto para andar tal distância. A caminhada real pode ser mais lenta pela presença de trânsito ou outros obstáculos que não apenas atrasam o pedestre, mas tornam a caminhada frustrante ou desagradável. Caminhadas-teste são uma boa ferramenta para descobrir esse tipo de informação.

Foram feitas caminhadas-teste como um elemento importante nos estudos sobre a vida na cidade em Perth e Sydney, na Austrália (1994 e 2007, respectivamente). Nas duas cidades, os pedestres paravam, por um tempo significativo, nos sinais de trânsito que priorizavam o fluxo de automóveis[7]. As caminhadas-teste revelaram-se uma ferramenta política de peso nos esforços para criar melhores condições para o tráfego de pedestres.

Caminhadas-teste em Sydney indicaram que até 52% do tempo total da caminhada era gasto nos semáforos[8].

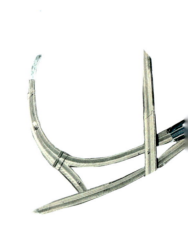

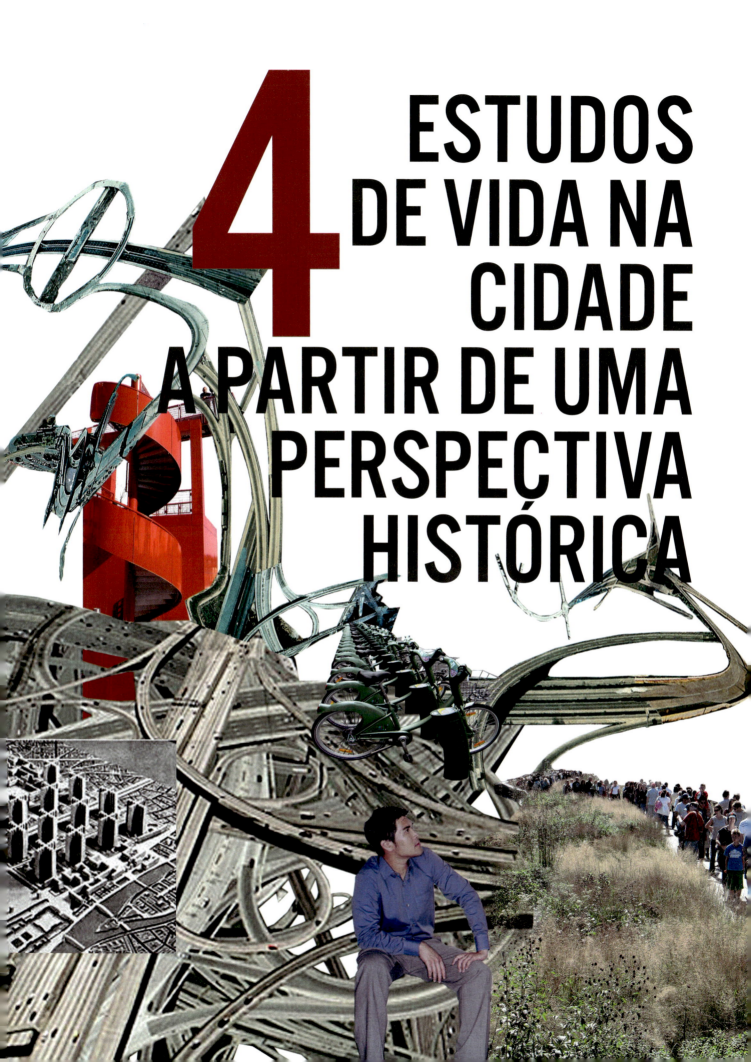

Este capítulo mostra uma perspectiva histórica de alguns fatores sociais e estruturais nas disciplinas da arquitetura e do urbanismo que impulsionaram os estudos sobre a vida na cidade como um campo especial.

O primeiro período começa com o início da industrialização em 1850 e continua até o auge do crescimento econômico e a explosão do setor de construções em 1960. O próximo segmento cobre a origem e a constituição de um ambiente acadêmico para os estudos sobre a vida na cidade dos anos 1960 até meados dos anos 1980. A seguir, uma descrição de como, em meados da década de 1980, os planejadores e os políticos começaram a se interessar pela vida urbana e assim pelos estudos sobre a vida na cidade para um melhor desempenho na competição entre cidades. Por último, há o período de cerca do ano 2000 até o presente, quando é cada vez mais natural levar em conta o tema vida na cidade.

Em 1961, Gordon Cullen (1914-1994) publicou The Concise Townscape, que se tornou um dos mais influentes livros no campo do desenho urbano[1].

Para abrir este capítulo histórico, escolhemos a capa do livro de Cullen porque resume a história dos estudos sobre vida na cidade. No início dos anos 1960, vários pesquisadores com diferentes históricos, vivendo em diversas partes do mundo, enviaram um grito de alerta de que havia algo errado com o planejamento urbano moderno. Certamente, as cidades tinham mais luz e mais ar, mas a vida e a atividade pública havia desaparecido. Na capa desse seu livro, Gordon Cullen ilustra o sonho de uma cidade multifacetada, inspirado pela forma como as cidades haviam sido tradicionalmente construídas.

Da Construção Urbana Tradicional ao Planejamento Racional (1850-1960)

A industrialização começou, seriamente, em meados do século XIX. Muitos saíram das áreas rurais e foram para áreas urbanas e a demarcação clara entre os limites das cidades foi dissolvida. O progressivo crescimento da nova população urbana pressionou as velhas cidades, que não conseguiam mais atender às necessidades de uma sociedade industrial. Novos materiais de construção, métodos mais efetivos e processos construtivos mais especializados, permitindo erguer construções maiores e mais altas, e mais rapidamente, desafiavam a cidade tradicional, que baixa e densa.

As ruas tortuosas das cidades medievais tradicionais já estavam sob pressão durante a Renascença, que tinha um apreço por linhas retas e simetria. Mas só com o modernismo e a introdução dos carros, como forma dominante de tráfego no século XX, é que houve uma ruptura definitiva das estruturas das cidades com base em ruas e praças.

Camillo Sitte: A Reinterpretação da Cidade Tradicional

O deslocamento de pessoas do campo para a cidade acelerou o processo de urbanização que acompanhava o ritmo da industrialização do século XIX. A crescente população urbana era um peso para as cidades, que não conseguiam acomodar todos os recém-chegados levando à favelização. O planejamento mais sistemático tornou-se uma resposta ao crescimento populacional[2].

No início do século XX, havia basicamente duas respostas ao desafio das cidades superpovoadas. O primeiro modelo, que dominou o planejamento urbano na década de 1920, baseava-se nas formas urbanas clássicas e nas tipologias construtivas do urbanismo tradicional. Esse movimento foi exemplificado pela Escola de Amsterdã e pelo arquiteto holandês Hendrik Berlage. O segundo foi a ruptura radical do modernismo com a tradição construtiva do passado, que deu uma demonstração de força nos anos 1960, após um início mais modesto entre as duas guerras mundiais.

O historiador e arquiteto austríaco Camillo Sitte representa uma reinterpretação das qualidades da cidade tradicional. Seu livro *Stadtebau nach seinen kunstlerischen Grundsatzen* (A Construção da Cidade Segundo Seus Princípios Artísticos), de 1889, não trata da estética em relação a obras individuais nem do enfoque artístico-histórico habitual sobre estilo. Em vez disso, Sitte escreve sobre a arte de

Antes de os estudos sobre a vida na cidade se tornarem um campo acadêmico

PRINCIPAIS PUBLICAÇÕES

Camillo Sitte
Der Städtebau nach seinen künstlerischen Grundsätzen
(1889)

Ebenezer Howard
Garden Cities of To-Morrow
(1902)

Le Corbusier
Vers une architecture
(1923)

CIAM
Carta de Atenas
(1933)

Estudos da vida na cidades: uma perspectiva histórica

A história dos estudos sobre a vida na cidade está ilustrada aqui por meio de publicações selecionadas. A linha do tempo acima mostra obras seminais, iniciando-se em 1889 com a publicação do livro de Camillo Sitte sobre a arte de construir cidades, escrita de um ponto de vista intuitivo e estético. Em 1923, Le Corbusier publicou um manifesto modernista da cidade a partir de uma perspectiva funcionalista. Entre esses dois extremos está *Garden Cities of To-morrow* (Cidades-Jardim de Amanhã) de Ebenezer Howard, publicado em 1902. A posição do modernismo, como a principal ideologia do século XX em arquitetura e urbanismo, foi selada pela *Carta de Atenas,* em 1933.

Em 1966, Aldo Rossi promoveu a redescoberta das qualidades das cidades tradicionais, enquanto *Learning from Las Vegas* (Aprendendo Com Las Vegas, 1972) colocou em evidência a vida cotidiana. Junto com seus escritos anteriores, o livro de Koolhass *S, M, L, XL* assinalava uma reinterpretação do modernismo na escala de cidade, assim como um interesse renovado no desenvolvimento urbano.

Richard Florida enfatizou o *status* das cidades como arcabouço para a criatividade. Seu livro *The Rise of the Creative Class* (A Ascensão da Classe Criativa, 2002), classificou as cidades em termos de popularidade, marcando a crescente competição entre elas, além das inúmeras tentativas de hierarquizá-las. Em 2007, o número de habitantes urbanos ultrapassou o número de pessoas vivendo em áreas rurais. A crescente urbanização também é tema de *The Endless City* (A Cidade sem Fim), uma compilação do projeto A Era Urbana da Escola de Economia de Londres.

As obras na linha superior são fundamentais para o campo do planejamento em geral – incluindo o campo dos estudos sobre a vida na cidade. A cronologia de inspiração mostra várias obras muito relacionadas, mas que não fazem parte diretamente do campo dos estudos sobre a vida na cidade. Essas publicações tiveram uma influência direta na formação do campo, como fonte de inspiração, através de várias abordagens acadêmicas: o antropólogo Edward T. Hall, o sociólogo Erving Goffman, o psicólogo ambiental Robert Sommer e os arquitetos Kevin Lynch, Gordon Cullen e Oscar Newman. Abordagens interdisciplinares tiveram um papel especial no desenvolvimento dos estudos da vida na cidade como campo acadêmico. No início dos anos 1990, a antologia de Sorkin, *Variations on a Theme Park*, tratava da preocupação das cidades americanas com o espaço público como um elemento crucial numa sociedade democrática agora ameaçada pela privatização. No final dos anos 1990, uma exposição em Barcelona anunciava um renovado interesse pelo espaço público com exemplos de como a cidade fora reconquistada. O tributo a Jane Jacobs, *What We See* (2010), mostra o continuado interesse em Jane Jacobs e nos estudos sobre a vida na cidade, em geral, através de várias disciplinas que contribuíram para a antologia de livros de estudo sobre espaço público e vida na cidade.

A linha inferior apresenta as mais importantes obras no campo dos estudos sobre a vida na cidade. Eles foram descritos com maior detalhe neste capítulo.

Os primeiros estudos sobre a vida na cidade			Estudos sobre a vida na cidade como ferramenta estratégica	Estudos sobre a vida na cidade tornam-se a tônica.	
1960	1970	1980	1990	2000	2010

Jane Jacobs
The Death and Life of Great American Cities
(1961)

Aldo Rossi
L'architettura della città
(1966)

Robert Venturi, Steven Izenour and Denise Scott Brown
Learning from Las Vegas
(1972)

Rem Koolhaas and Bruce Mau
S,M,L,XL
(1995)

Richard Florida
The Rise of the Creative Class
(2002)

Ricky Burdett and Deyan Sudjic
The Endless City
(2008)

INSPIRAÇÃO

William H. Whyte
The Exploding Metropolis
(1958)

Kevin Lynch
The Image of the City
(1960)

Gordon Cullen
The Concise Townscape
(1961)

Edward T. Hall
The Silent Language
(1959)

Oscar Newman
Defensible Space
(1972)

Michael Sorkin
Variations on a Theme Park
(reed. 1992)

Barcelona
Den generobrede by
(exhibition 1999)

Goldsmith, Elizabeth and Goldbard
What We See: Advancing the Observations of Jane Jacobs
(reed. 2010)

Erving Goffman
Behavior in Public Places
(1963)

Edward T. Hall
The Hidden Dimension
(1966)

Robert Sommer
Personal Space
(1969)

ESTUDOS SOBRE A VIDA NA CIDADE

Jane Jacobs
The Death and Life of Great American Cities
(1961)

Jan Gehl
Life Between Buildings
(1971)

William H. Whyte
The Social Life of Small Urban Spaces
(1980)

Clare C. Marcus e Carolyn Francis
People Places
(1990)

Peter Bosselmann
Representation of Places
(1998)

Urbanism on Track
(2008)

Christopher Alexander, Sara Ishikawa e Murray Silverstein
A Pattern Language
(1977)

Donald Appleyard
Livable Streets
(1981)

Allan Jacobs
Looking at Cities
(1985)

Allan Jacobs
Great Streets
(1995)

PPS
How to Turn a Place Around
(2000)

Jan Gehl
Cidades Para Pessoas
(2010)

41

construir cidades e de ver a cidade inteira como uma obra de arte, onde edifícios e espaço público interagem[3].

Sitte não empreendeu, propriamente, estudos da vida na cidade, mas criticava muito do planejamento urbano racional de sua época, por ser excessivamente rígido em comparação à expressão labiríntica e diversa das cidades medievais. Ressaltava a importância de se criar espaços para as pessoas, em vez de se fixar em linhas retas e soluções técnicas, e usava as qualidades das cidades medievais tradicionais como um bom exemplo.

Le Corbusier:
O Rompimento Com a Cidade Tradicional
Julgando essas mesmas qualidades medievais não como soluções, mas como o problema que as cidades enfrentavam, Le Corbusier criticava Sitte. Defendia uma ruptura com a cidade densa, tradicional, substituindo-a por uma cidade planejada, funcional, para dar às pessoas arcabouços físicos adequados para uma vida no século XX, com espaço para carros e outras conveniências modernas[4].

Para Sitte, a cidade densa, tradicional, não era uma barreira para uma vida moderna, confortável. Ele não pedia que as pessoas voltassem a um estilo de vida do passado, mas defendia que a vida ainda poderia ser bem vivida no ambiente físico com as qualidades espaciais e arquitetônicas das cidades tradicionais.

Entretanto, apesar de também quererem criar melhores condições para as pessoas, os modernistas, Le Corbusier à frente, deram as costas aos antigos padrões urbanos. Eles tinham grandes planos para uma estrutura urbana aberta que se afastava das cidades tradicionais, muitas vezes complexas, superpovoadas e cheias de doenças.

Em 1923, Le Corbusier publicou uma coleção de ensaios intitulados *Por uma Arquitetura*, que defendia edifícios modernos, racionais, e cidades funcionais com linhas retas, edifícios altos, vias expressas e grandes áreas verdes. Muitos dos ideais de Le Corbusier foram incorporados na Carta de Atenas, o manifesto do urbanismo modernista, redigido no Congresso Internacional de Arquitetura Moderna (CIAM), em Atenas, em 1933[5].

A ruptura radical do modernismo com as antigas cidades densas tornou-se a ideologia dominante em meados do século XX, com crescente foco em viabilizar o rápido crescimento urbano enquanto auxiliava as cidades a funcionar de modo saudável, seguro e efetivo. O foco da industrialização na eficiência resultou em abordagens mais especializadas e racionais para a construção urbana.

Apesar da visão humana para a vida das pessoas e o lema sobre a forma seguir a função, havia bem mais forma do que vida na maioria dos projetos modernistas.

Mais Espaço e Mais Carros
Desafiam a Vida na Cidade
No início do século XX, cidade superpovoadas, insalubres, com moradias inadequadas, becos fétidos e condições sanitárias insuficientes propiciavam doenças bacterianas como tuberculose, difteria e cólera. Os argumentos que defendiam a modernização das moradias concentravam-se, principalmente, nas condições de saúde e higiene.

Os modernos avanços médicos como a penicilina, aliados aos massivos esforços para elevar os padrões sanitários das cidades e das habitações, resultaram num declínio significativo das doenças bacterianas em meados do século XX.

A industrialização e o crescimento econômico possibilitaram a realização de planos ambiciosos utilizando elementos pré-fabricados tanto para habitações unifamiliares como para edifícios de apartamentos. Apesar de o número de pessoas por unidade habitacional ter diminuído no decorrer dos anos, o tamanho das moradias cresceu. Havia mais luz e mais ar – do lado de dentro e do lado de fora, onde áreas verdes foram formadas como oásis urbanos. Conforme se criava mais espaço, os desafios de criar uma vida urbana vibrante cresciam no mesmo ritmo.

Combinado à capacidade financeira de realizar o sonho da casa própria, o anseio por luz, ar e habitação moderna, como alternativa aos apartamentos antigos e cortiços dos centros urbanos mais densos, levou grande número de pessoas a sair dos antigos bairros e ir para os subúrbios. Espalhar as cidades em uma área maior até abranger os subúrbios também diluía a agitação e vibração das cidades já que, simplesmente, havia menos gente.

Apesar de ser difícil de se imaginar hoje, há cem anos havia poucos carros nas cidades. No decorrer do século XX – principalmente depois de 1950 – os carros tornaram-se parte integrante da vida cotidiana e da cena das ruas. A prosperidade econômica e as formas de produção mais novas e mais efetivas, porém mais baratas, significavam que mais e mais pessoas tinham condições de comprar um carro. A conquista dos carros na cidade estava em contradição com os pré-requisitos da vida para pedestres.

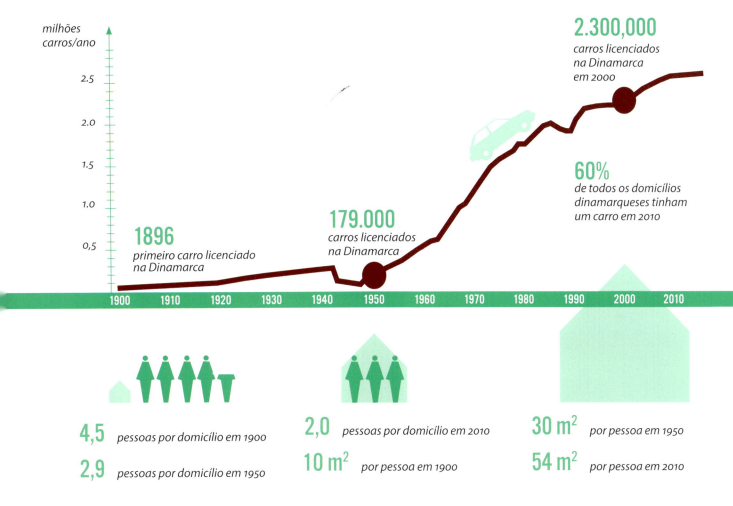

Os automóveis invadiram as cidades no decorrer do século XX. O primeiro carro foi registrado na Dinamarca em 1896 e, em 2010, 60% dos domicílios dinamarqueses tinham um carro[6]. O influxo de veículos levou a conflitos quanto ao uso do espaço público entre carros em movimento ou estacionados, pedestres e ciclistas. A influência do planejamento de tráfego nas cidades cresceu junto com a conquista dos carros. Embora todas as cidades tivessem um departamento de trânsito, em poucas ele dispunham de recursos para proteger as condições dos pedestres e da vida na cidade.

Não foi somente o aumento no número de carros que se tornou um desafio para a vida na cidade. No mesmo período, a densidade urbana diminuiu, porque havia menos pessoas por unidade domiciliar e as pessoas tinham mais espaço individual. Isso também era um desafio para a criação de cidades animadas e habitáveis[7].

O enfoque passa, gradualmente, de uma arquitetura de 5 km/h para uma arquitetura de 60 km/h, explodindo a escala do espaço público e o conhecimento tradicional sobre a boa e velha escala humana foi perdido ou esquecido.

Duas abordagens diferentes para luz e ar no século XX.
Acima: Den Sønderjyske By, Frederiksberg, Dinamarca, construído em 1921 com influência do movimento das cidades-jardim da Inglaterra.
Abaixo: Langhuset, Værløse, Dinamarca, construído nos anos 1960. Era então o mais longo edifício da Dinamarca, influenciado pelos princípios do modernismo.

As cidades cresceram, de forma marcante, em meados do século XX, com o rápido crescimento econômico impulsionando a explosiva expansão urbana e o tráfego de veículos, rompendo a densa estrutura das cidades medievais tradicionais. Menos moradias e maiores estruturas para habitações, locais de trabalho e recreação, junto com novas oportunidades de mobilidade, criadas pelos carros, significavam uma estrutura mais aberta e mais espaço entre edifícios e pessoas nos novos bairros urbanos. Nesse período, as cidades começaram, de fato, a crescer para além dos seus limites antigos até as novas áreas suburbanas ampliadas.

Muitas áreas urbanas novas foram constituídas em meados do século XX, mas a vida urbana não as seguiu. Apesar de o espaço e a vida na cidade ter tido um papel proeminente em toda a história da ocupação, ficou claro, a partir dos anos 1960, que o espaço público e a vida na cidade não acontecem automaticamente: são fortemente influenciados por condições como densidade populacional e estruturas físicas. Talvez essa relação tenha sempre sido considerada como algo assegurado, porque até há poucas décadas, era assim que as coisas aconteciam.

A partir da década de 1960, a vida na cidade e a interação com o espaço público foram identificadas como um campo a ser estudado com maior atenção. Era preciso reunir conhecimento e desenvolver ferramentas para trabalhar a sinergia da vida e do espaço. Esse foi o início da constituição dos estudos da vida na cidade como campo especializado.

Das Técnicas Tradicionais de Artesanato à Profissão Mecanizada Racional

Durante séculos, as cidades foram construídas com técnicas tradicionais. O espaço urbano era projetado de modo mais ou menos intuitivo, com ajustes feitos de acordo com a mudança das necessidades. Entretanto, a produção em massa derivada da industrialização eclipsou a técnica tradicional baseada na experiência.

Em crescimento, a especialização e a racionalização enfraqueceram a preocupação pelo espaço público e pela vida na cidade. Ninguém assumia responsabilidade pela vida entre os edifícios e, durante essa rápida transição, perdeu-se o conhecimento tradicional sobre a interação entre atividades e espaço. Isso não significa que os urbanistas e arquitetos do século XX fossem indiferentes à vida na cidade – pelo contrário. No início e em meados do século XX, houve intenso interesse pela melhoria das condições de vida das pessoas, frequentemente, na forma de novos distritos urbanos voltados para a solução do problema habitacional para os muitos que não tinham acomodação decente nas cidades de crescimento rápido. Entretanto, nesses projetos, muitas vezes abstratos e de grande escala, pode ser difícil ver ao nível dos olhos a vida cotidiana do indivíduo.

A necessidade que a industrialização tem de especialização dividia a responsabilidade pelos vários aspectos do desenvolvimento urbano entre diferentes campos e profissões. Os planejadores e engenheiros cuidavam da infraestrutura e da função em grande escala, concentrando-se em suas várias especialidades tais como tráfego, água e esgotos. A responsabilidade de média escala recaía sobre os arquitetos, que criavam planos de ocupação e projetavam edificações, e também sobre os engenheiros, que as construíam. A pequena escala, em geral, cabia aos paisagistas, com ênfase no projeto, elementos verdes e demandas específicas de recreação.

O que se perdeu com esse processo de especialização foi a preocupação com o espaço entre áreas edificadas, não definido claramente como parque, campo esportivo, parque infantil etc. Cobrindo esse vazio, a arquitetura paisagística obteve *status* de campo independente por volta de 1860 e, cerca de um século mais tarde, o desenho urbano foi reconhecido como antídoto para a falta de foco no espaço público. A profissão de arquiteto tornou-se menos técnica e mais arte. O arquiteto como artista construía obras conceituais, individuais e os trabalhos de alguns arquitetos podiam ser reconhecidos pela assinatura do autor do projeto, independentemente do local.

Em geral, o trabalho de construir cidades passou das mãos dos técnicos tradicionais para as pranchetas dos profissionais especializados. Os especialistas contavam carros para garantir um fluxo ótimo de tráfego, enquanto pedestres e ciclistas permaneciam, em grande parte, invisíveis nas estatísticas da maioria das cidades. A tendência modernista para a inovação implicava uma definitiva ruptura com formas tradicionais de espaço público.

Enquanto antes as ruas eram compartilhadas por veículos, pedestres e ciclistas, o princípio Radburn separou as várias formas de transporte, com vias para ciclistas e pedestres, e ruas para carros – não lado a lado, mas de forma independente. Com efeito, a solução moderna para

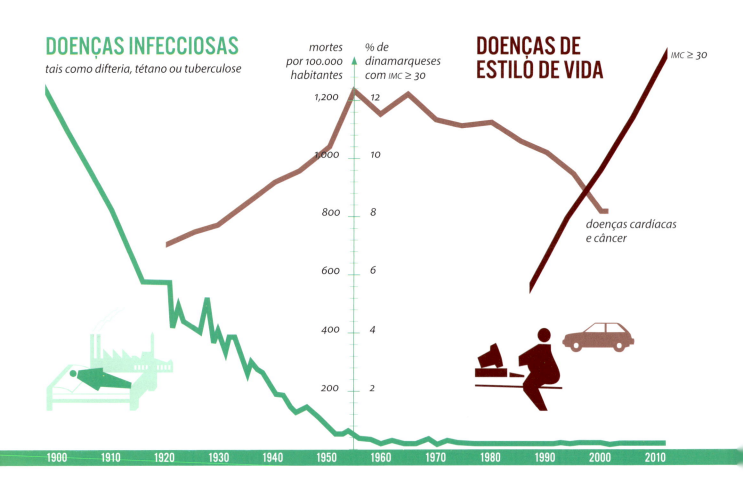

No decorrer do século XX, arquitetos e urbanistas propuseram respostas para as construções urbanas que ajudassem a enfrentar os desafios sociais relacionados à saúde. No início do século, a construção de casas em áreas verdes com luz e ar ajudou a reduzir a intensidade das doenças infecciosas, que estavam descontroladas em cidades densas e antiquadas. Uma vez que as doenças infecciosas foram essencialmente eliminadas na Dinamarca, em meados do século XX, o número de doenças de estilo de vida começou a crescer[8]. Em termos mais simples, uma das soluções para o desafio colocado pelas doenças do estilo de vida é construir uma mistura de funções para que as pessoas possam caminhar ou pedalar diariamente, em vez de pegar o carro.

a invasão motorizada das cidades foi segregar as formas de tráfego para aumentar a capacidade da via e a segurança dos pedestres[9].

Essas alterações significam que o espaço público tradicional, espacialmente bem definido e com função social urbana, foi substituído por áreas verdes grandes e abertas destinadas à recreação entre edifícios isolados.

Em termos gerais, o planejamento urbano moderno não deu atenção às interconexões, ou seja, ao espaço entre as edificações. A crescente especialização separava o lugar e as construções, da vida e da compreensão intuitiva, que foram rapidamente relegadas. Entretanto, após 1960, vários pesquisadores e jornalistas começaram a se interessar pela vida na cidade e sua interação com o espaço público.

Palavras de Ordem e os Primeiros Estudos Sobre a Vida na Cidade (1960-1985)

Apesar de o modernismo, gradualmente, tornar-se o paradigma de planejamento em evidência no período entreguerras, ele teve relativamente pouco impacto porque pouco havia sido construído. Entretanto, suas ideias sobre luz, ar e edifícios isolados foram utilizadas em larga escala. Os edifícios deveriam acomodar o grande aumento da população urbana e eliminar o subsequente déficit habitacional, fornecendo, especialmente, moradias tecnicamente atuais. Apesar das boas intenções, os projetos realizados em nome do modernismo foram logo criticados por serem construídos numa escala inumana e sem as qualidades encontradas em ambientes urbanos mais antigos, que haviam sido erigidos, camada por camada, no decorrer do tempo. A vida havia sido, em grande parte, desenhada e construída fora das cidades e pessoas como Jane Jacobs, Jan Gehl, Christopher Alexander e William H. Whyte se perguntavam como a vida poderia ser trazida de volta. A conclusão deles é que a vida havia sido esquecida no processo de planejamento e teria que ser repensada desde o início.

De modo independente uns dos outros, jornalistas e pesquisadores pioneiros de várias partes do mundo começaram a estudar a vida na cidade e a desenvolver métodos para investigar a interação entre atividade e espaço. O desenvolvimento do método começou no início dos anos 1960, principalmente nas universidades, enquanto os urbanistas e políticos ainda tardavam a reconhecer que algo precisava ser feito para fortalecer a vida em público.

O Plano Marshall e a Crise do Petróleo

O Plano Marshall foi um pré-requisito para o crescimento econômico que caracterizou os anos do pós-guerra em muitos países da Europa. A reconstrução foi intensa, principalmente nos subúrbios, após a Grande Depressão e a Segunda Guerra Mundial. Entretanto, no outono de 1973, a crise do petróleo paralisou as economias ocidentais, travando o que havia sido um *boom* da construção de dimensões sem precedentes.

A crise do petróleo originou uma crescente conscientização sobre o uso de recursos. A conscientização ambiental cresceu no decorrer dos anos 1960, chamando a atenção para a poluição por partículas, ruídos e outros irritantes que podem fazer das cidades lugares insalubres – ou certamente pouco atraentes – para se viver. Apesar de o movimento inglês das cidades-jardim ter chamado atenção para o risco físico e psicológico potencial das cidades por volta de 1900, foi somente em meados do século XX que as pessoas começaram, cada vez mais, a exigir que algo fosse feito a respeito das fontes dos problemas[10]. Eles haviam aumentado conforme o maior uso da energia, que descarregava na atmosfera mais subprodutos poluentes e danosos ao meio ambiente, vindos de novos tipos de produção, junto com a chegada de mais carros, tudo isso trazendo um significativo aumento no número de fontes de poluição e de ruído.

Saúde e Aspectos Sociais

A intensa atividade construtiva dos anos 1960 foi o auge de uma tentativa de superar os desafios das cidades na primeira metade do século XX: cidades superpovoadas com o consequente conjunto de doenças bacterianas como tuberculose, difteria e cólera. Quase simultaneamente à redução do número de doenças em decorrência do desenvolvimento e difusão da penicilina nos anos 1960, veio o aumento no número de doenças relacionadas ao estilo de vida moderno: trabalho sedentário, condições laborais estressantes, viagens de carro e o crescente acesso a grandes quantidades e novos tipos de comida. Doenças de estilo de vida, como estresse, diabetes e doenças cardíacas afetavam mais e mais pessoas na segunda metade do século XX, tornando relevante estudar como e para onde nos deslocamos e, talvez, até mesmo mais crucial, por que não nos movimentamos cotidianamente.

No geral, as dimensões sociais e psicológicas são aspectos importantes dos estudos sobre a vida e atividade nas cidades. Apesar de não serem estudos psicológicos, sociológicos ou mesmo antropológicos, eles incorporaram alguns pontos de vista da investigação desses campos. Nos anos

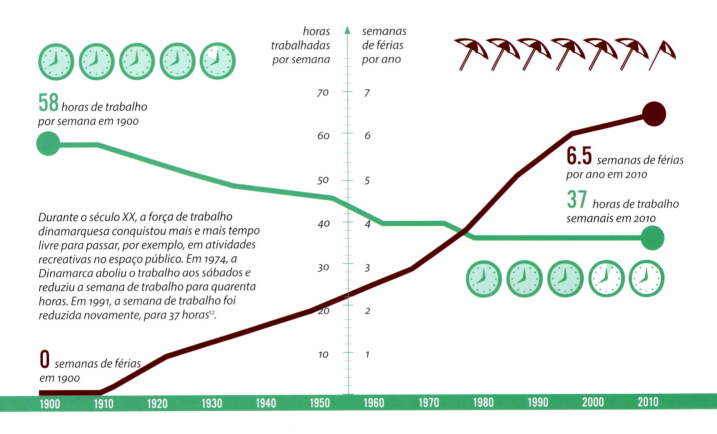

1960 e 1970, as dimensões psicológicas e sociais do planejamento e dos estudos da vida na cidade também foram uma reação ao que foi descrito como "a pobreza da experiência" nas novas áreas habitacionais[11].

Os Subúrbios na Sociedade da Recreação

A partir dos anos 1950, a semana útil, de trabalho, foi consideravelmente encurtada, e o número de dias de férias aumentou. O conceito de "sociedade de lazer" apareceu nos anos 1960, tornando-se um assunto popular de debate nos anos 1970 e 1980. O aumento do tempo livre significava mais tempo para atividades sociais e de recreação, no espaço público, por exemplo.

A migração urbana para os subúrbios produziu uma nova estrutura de varejo. A cultura do carro e o crescimento suburbano inspiraram o surgimento dos grandes centros de compras, que afastaram o comércio do centro das cidades. Uma boa parte do varejo que continuou nos bairros das cidades deslocou-se para supermercados maiores e lojas de departamentos que, em certa medida, substituíram as pequenas lojas especializadas que antes ocupavam as ruas.

Revolução no e Sobre o Espaço Público

Os anos 1960 e 1970 foram marcados por desafios às autoridades em vários níveis. Enquanto a rígida demarcação de disciplinas era questionada nas universidades, grupos de cidadãos protestavam contra planos de redesenvolvimento urbano. A batalha pelo espaço público foi feita em conexão com a revolução dos jovens, manifestações contra a guerra, protestos contra usinas nucleares, campanhas pelos direitos das mulheres e muito mais.

Contestações às autoridades, frequentemente, aconteciam nos espaços públicos e, muitas vezes, eram lá mesmo reprimidas; por exemplo, o fim da Primavera de Praga na Tchecoslováquia, em 1968, e a construção do Muro de Berlim, em 1961, uma manifestação política que teria grande impacto na vida de muitos alemães assim como um significado simbólico para o resto do mundo. Naquela época, como hoje, o espaço público tinha uma dimensão política importante: protestos eram e são feitos no e sobre o espaço público.

Maiores oportunidades educacionais e as lutas por igualdade de gênero, nos anos 1960 e 1970, trouxeram, cada vez mais, mulheres para o mercado de trabalho e levaram as crianças para as creches. Essa mudança determinou, em grande parte, o quanto e quando mulheres e crianças, em particular, poderiam ser encontradas nas áreas residenciais. Muitas comunidades suburbanas viram-se dominadas por grandes blocos residenciais com moradias unifamiliares e poucas outras funções. Durante o dia, muitos dos residentes dessas novas áreas residenciais estavam trabalhando ou na escola ou na creche, o que levou à criação do termo "cidades-dormitório".

Prezar os valores humanos e querer dar voz às pessoas que viviam nos grandes complexos recém-construídos estavam no contexto do desafio à autoridade da época e da luta pelos direitos da cidade. Nos círculos de arquitetura e urbanismo, isso levou a um foco maior no usuário, num sentido mais amplo.

Passeata de bicicletas, Copenhague, Dinamarca, 1981. Um pouco depois, a cidade foi internacionalmente conhecida pela grande quantidade de pessoas que iam trabalhar de bicicleta. Em 2010, quase quatro em cada dez pessoas usavam a bicicleta para ir ao trabalho, uma grande mudança em relação aos números dos anos 1970 e 1980[13]. A alta porcentagem de ciclistas se deve à pressão pública seguida de grandes campanhas e investimentos municipais numa infraestrutura ciclística consistente.

Jane Jacobs na varanda de sua casa na Avenida Albany em Toronto, em 2 de setembro de 2001 (fotografada por Jan Gehl)

Morte e Vida de Grandes Cidades (1961)

O livro de Jane Jacobs, *Morte e Vida de Grandes Cidades*, de 1961, é não só sua obra principal como tornou-se um clássico no campo do urbanismo. Jacobs escreveu sobre o que observou em seu bairro, as ruas de Greenwich Village em Nova York, e o que é preciso para criar um bairro habitável, seguro e multifacetado. O livro é um alerta aos planejadores, políticos e pessoas em geral, com a mensagem de que há algo errado com o moderno planejamento urbano. A primeira frase do livro diz: "Este livro é um ataque aos fundamentos do planejamento e da reurbanização ora vigentes."[14]

Para evitar sufocar a vida na cidade com vias expressas, grandes edifícios e a divisão de função em zonas, temos de aprender a partir de como as cidades existentes funcionam. Jacobs forneceu uma base ideológica com sua observação da cidade como chave para aprender, a partir da interação do espaço público e dos edifícios, com a vida na cidade. Deixou a cargo de outros o desenvolvimento de ferramentas para isso.

William H. Whyte, o mentor de Jacobs, escreveu: "Um dos livros mais notáveis já escritos sobre a cidade [...] uma obra basilar. O equipamento de pesquisa não é pretensioso – é o olho e o coração – mas nos deu um estudo magnífico sobre o que dá vida e espírito à cidade."[15]

Estudos da Vida na Cidade em Nova York, Berkeley e Copenhague

Enquanto arquitetos e urbanistas trabalhavam com base nas ideologias modernistas, introduzidas fundamentalmente por Le Corbusier, preocupações tradicionais sobre a construção de cidades continuaram a influenciar os textos, construções e projetos de arquitetura. Um exemplo é o movimento *Townscape*, que seguia as ideias de Camilo Sitte e criticava o aspecto inumano, estéril, de muitos dos bairros modernistas[16].

Um movimento contrário ao modernismo começou nos anos 1980, quando Aldo Rossi e os irmãos Rob e Leon Krier, entre outros, voltaram-se para as cidades tradicionais sob a bandeira "O Renascimento das Cidades Europeias"[17]. No entanto, isso aconteceu basicamente com foco na arquitetura e no projeto, numa revolta tipológica. Não se tratou muito de atividades públicas nas cidades na ideologia urbanística dominante no século XX, o modernismo, ou em suas contrapartes, o pós-modernismo ou neorracionalismo.

Principalmente em edifícios novos, o descaso com a vida na cidade representava, cada vez mais, um desafio que estimulava o debate e a pesquisa. Nos anos 1960, o esboço de um ambiente interdisciplinar de estudos sobre a atividade pública nas cidades poderia ser vislumbrado além das fronteiras geográficas. No decorrer da década de 1970, vários ambientes de pesquisa se consolidaram e métodos para estudar a interação entre pessoas e seus arredores foram sistematizados e mais desenvolvidos em Nova York, na Universidade da Califórnia – Berkeley, e em Copenhague, na Escola de Arquitetura da Academia Real de Belas Artes da Dinamarca.

Na Cidade – Jane Jacobs

Já no final dos anos 1950 e início dos 1960, a voz de Jane Jacobs (1916-2006) podia ser ouvida de Greenwich Village, em Manhattan. Ela criticava o planejamento da época por ser abstrato e distante do ponto de vista humano, ao passo que o tráfego de automóveis tinha, cada vem mais, permissão para dominar as cidades. O bairro de Greenwich Village, a base da vida de Jacobs e, por muitos anos, sua fonte de inspiração, era o local de suas observações e textos sobre as condições para a vida na cidade no espaço público. Durante esse período, a área estava sobre crescente pressão de carros e projetos modernistas, que ela descreve com grande preocupação e empatia no seu livro *Morte e Vida de Grandes Cidades* (1961)[18]. A obra tornou-se um clássico para o urbanismo e outras áreas afins, no mundo todo. Jacobs alertava que o que antes era conhecido como "grandes cidades" poderia se tornar conhecido como "cidades mortas", se os ideais do modernismo e dos líderes do planejamento de tráfego dominassem o desenvolvimento urbano.

Jacobs criticava a divisão da cidade em áreas residenciais, recreativas e comerciais, divisões modernistas que, em sua visão, destruíam a vida social e a complexa força de conexão da cidade[19].

No início dos anos 1960, ela liderou um grupo de ativistas locais em protesto contra a derrubada de grandes áreas no sul de Manhattan para construir a Via Expressa de Lower Manhattan. Robert Moses, então o principal urbanista da cidade de Nova York, lutou para construir a via expressa, mas Jacobs e outros ativistas conseguiram que o projeto nunca fosse realizado[20].

Para fazer o público entender a interação entre vida na cidade e espaço público na cidade, Jacobs trabalhou com parâmetros sociais, econômicos, físicos e de projeto. Sua abordagem holística ajuda a explicar sua contínua importância até hoje.

Jacobs contestava as soluções padronizadas inventadas na prancheta. Ela acreditava em sair às ruas e estudar a vida para saber o que funciona e o que não funciona para as cidades. Nesse sentido, ela afirmou: "Não há lógica que possa ser imposta ou superposta à cidade; as pessoas a fazem e é a elas, não aos edifícios, que nossos planos precisam atender. Isso não significa aceitar o presente; o centro da cidade precisa de uma reforma, é sujo e congestionado. Mas também há coisas nele que estão certas e, com uma simples e antiquada observação, podemos ver quais são. Podemos ver do que as pessoas gostam."[21] Jacobs ressalta problemas, mas não dá ferramentas para sistematizar as observações. Porém, outros o fizeram, como William H. Whyte, que foi como um mentor para Jane Jacobs.

"Um Profeta do Bom Senso"
William H. Whyte[22]

Assim como Jane Jacobs, William H. Whyte (1917-1999) também trabalhou com e na cidade de Nova York. Ele, fundamentalmente, coletou dados observando com seus próprios olhos ou com ajuda de uma câmera que pudesse tirar fotos com lapso de tempo (ou seja, intervalos entre cada fotograma ou quadro individual).

No final dos anos 1960, houve muitos esforços para criar mais praças e parques na cidade de Nova York. Os incorporadores criaram muitos espaços públicos novos, no nível térreo dos edifícios, em troca de poder construir edifícios mais altos em locais determinados. Não se estabeleceu nenhum padrão de qualidade para os novos espaços semipúblicos resultantes dessas negociatas.

Tampouco havia estudos sobre a utilidade do novo espaço da cidade, o que levou Whyte a iniciar seu projeto pioneiro, o *Street Life Project* (Projeto Vida na Rua) em 1971[23].

Os estudos de Whyte sobre o uso dos novos espaços urbanos de Nova York estão descritos em sua obra *The Social Life of Small Urban Spaces* (Vida Social dos Pequenos Espaços Urbanos, 1980), que se tornou um texto primordial para os estudos da vida e atividade nas cidades[24]. Um documentário foi realizado em 1988 com base no livro, e com o mesmo título, o que ajudou Whyte a atingir um público mais amplo[25].

Nem William H. Whyte nem Jane Jacobs tinham carreiras em pesquisa, no sentido tradicional. O jornalismo era o ponto de partida em comum. Estudaram a interação entre vida na cidade e espaço público e comunicaram suas descobertas, por escrito, a um público-alvo mais amplo, em vez de direcioná-las através de livros de interesse especial ou publicações acadêmicas. Entretanto, Whyte e Jacobs são fundamentais para o desenvolvimento de um ambiente acadêmico de pesquisa sobre a vida no espaço público das cidades, que surgiu nesse período.

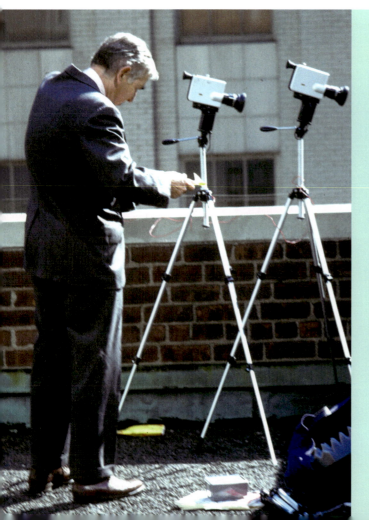

A Vida Social dos Pequenos Espaços Urbanos (1980)

O livro *A Vida Social dos Pequenos Espaços Urbanos* estabeleceu a metodologia do autor[26]. Ele compilou vários estudos derivados do projeto *The Street Life* (A Vida da Rua), um projeto de pesquisa que iniciou em 1971.

O livro apresenta estudos básicos de observação das atividades sociais em pequenos espaços públicos. Whyte não chama a obra de livro, mas de manual, um subproduto dos estudos sobre o espaço público. Os estudos são didaticamente explicados no livro e no documentário feito mais tarde, que ilustra de maneira viva como alguns lugares atraem as pessoas e outros absolutamente não. Explicações na forma de textos, gráficos e fotografias narrativas tratam do clima, do projeto dos espaços e das edificações e do comportamento humano de modo geral e específico.

Whyte confrontou todas as questões básicas referentes ao nosso posicionamento no espaço público e como nos posicionamos em relação aos outros. Ele estudou a vida na cidade durante o dia, às vezes usando fotografia com lapso de tempo. Há um índice no final do livro com um manual sobre como usar câmera com lapso de tempo.

Kevin Lynch (1918-1984) foi outra figura central residente na Nova York dos 1960, que chamou a atenção para a interação entre a vida na cidade e o espaço público. Com uma carreira acadêmica mais tradicional, ele lecionou, por muitos anos, no MIT, o Instituto Tecnológico de Massachusetts. Apesar de o enfoque de Lynch ser mais o espaço do que a vida e ele não ter um papel importante neste livro, ele merece ser mencionado como uma fonte de inspiração para os pioneiros dessa área de estudo, principalmente pelo seu *The Image of the City* (A Imagem da Cidade, 1960), que ainda é leitura obrigatória em muitas universidades[27]. O livro trata de como os usuários leem, se movimentam e vivenciam a cidade.

Cidades São Tanto Espaço Como Vida – Christopher Alexander

Um ambiente acadêmico embasado nos estudos sobre a vida na cidade emergiu em torno de 1970 na Universidade da Califórnia – Berkeley. Entre os seus pioneiros figuram Christopher Alexander, Donald Appleyard, Clare Cooper Marcus, Allan Jacobs e Peter Bosselmann.

Christopher Alexander é o arquiteto que fundou o Centro de Estrutura Ambiental na Universidade da Califórnia – Berkeley, em 1967. Sua obra mais significativa nesse campo está em seu livro *A Pattern Language* (Uma Linguagem de Padrões, 1977), que foi uma importante fonte de inspiração para os interessados nos estudos sobre a vida no espaço das cidades[28].

Alexander não se contentava em simplesmente aprender com o comportamento das pessoas em espaços públicos. Queria que os próprios usuários projetassem tudo, do mobiliário às habitações e até as cidades. Argumentava que os usuários sabem mais sobre edifícios e cidades do que arquitetos e urbanistas. Seu livro é um levantamento de mil páginas sobre 253 qualidades que devem permitir que qualquer um projete regiões, cidades, bairros, jardins, edifícios, cômodos, móveis e maçanetas.

A crítica de Alexander aos urbanistas funcionalistas e modernistas contemporâneos é que eles não têm o entendimento e as habilidades de capturar as complexidades da vida urbana. Segundo Alexander, essa complexidade é o que, na verdade, cria a vida, a beleza e a harmonia específicas de cada local. Em sua obra seguinte, *The Timeless Way of Building* (A Forma Atemporal de Construir, 1979), Alexander defende que há uma forma atemporal de construir cidades para que as pessoas possam, novamente, se considerar vivas. É preciso sair do projeto abstrato, excessivamente intelectualizado, e passar para uma abordagem baseada nas necessidades cotidianas imediatas das pessoas[29].

Uma Linguagem de Padrões (1977)

Enquanto o modernismo rejeitava a forma clássica de construir cidades e edifícios, Christopher Alexander, nos anos 1960, apresentava o que considerava princípios atemporais – mesmo que esquecidos – de como projetar tudo, de uma estante a pontos de ônibus e a regiões urbanas inteiras, considerando as necessidades humanas. Ele reuniu seus estudos na sua obra principal *A Pattern Language* (1977).

Alexander queria reinterpretar formas mais antigas de construir cidades e edifícios, aprendendo a partir da interação entre vida na cidade e o espaço público[30]. Entre outras coisas, ele ressaltava a importância dos espaços de transição das edificações para ter cidades e espaço público que funcionassem bem, com referência ao conjunto de conhecimentos de Jan Gehl sobre a forte atração dos espaços de transição.

Alexander ilustrou seu argumento com dois exemplos diferentes: um tipo de borda sem detalhes ou oportunidades de permanecer junto de um edifício modernista, que chamou de construção-máquina, e outro que descreveu como um edifício com uma borda mais habitável, com variação, detalhes e diversas possibilidades de permanência: "A construção-máquina é separada dos arredores, isolada, uma ilha. O edifício com uma borda habitável está conectado, faz parte do tecido social, da cidade, da vida de todas as pessoas que vivem e se deslocam em torno dele [...]."[31] Os espaços de transição também influenciam a forma como as edificações atraem os passantes para partilhar a vida na cidade. Como diz Alexander: "Se a borda fracassar, o espaço nunca será habitável e vibrante."[32]

"Cuidar de crianças é muito mais fácil quando elas podem ir com segurança para um pátio ou parquinho compartilhado por um pequeno grupo de vizinhos"[33] (Legenda do livro Housing as if People Mattered)

Preocupação Com as Mulheres, Crianças e Idosos – Clare Cooper Marcus

Clare Cooper Marcus estudou história e cultura assim como planejamento urbano e regional. Foi uma das pioneiras a trabalhar nos anos 1960 na criação de melhores espaços públicos mapeando seu uso. Começou a lecionar na Universidade da Califórnia – Berkeley, em 1969, focalizando, sobretudo, as dimensões sociais e psicológicas da interação entre vida na cidade e espaço público.

Marcus buscava atingir grupos negligenciados no espaço público. Com sua colega Carolyn Francis, ela escreveu o livro *People Places* (1990) como uma reação à falta de atenção dada a mulheres, crianças e idosos. "A maior parte da literatura que estudamos sobre projetos – quando se referem aos usuários – pressupõe que todos sejam fisicamente aptos, relativamente jovens e do sexo masculino", era a crítica feita por elas[34].

A partir da década de 1990, Marcus desviou seu foco do espaço público para os elementos verdes das cidades, como parques e a flora. Estudou a possível influência do verde sobre a saúde e assim manteve sua preocupação com as necessidades humanas[35].

Housing as if People Mattered (1986)

A primeira grande obra de Clare Cooper Marcus foi *Housing as if People Mattered*, escrita com Wendy Sarkissian. O título polêmico do livro já sugeria que o planejamento habitacional, raramente, levava as pessoas em consideração. Ele abre com as autoras afirmando seus valores sobre o que constitui uma boa cidade, mesclando informações técnicas e histórias de suas infâncias e como viveram depois. Cooper Marcus escreveu:

"Lembro-me da forte sensação de clausura e de território de grupo naquele pátio com paralelepípedos. Nós crianças sabíamos que era 'nosso espaço' e quando nossos pais nos diziam para ficar lá, eles sabiam onde estávamos."[36] O estilo de narrativa pessoal com um ponto de vista valorativo era uma característica dos pioneiros dos estudos sobre a vida na cidade.

A obra resume cem avaliações pós-ocupação, nas quais as pessoas que se mudaram para áreas habitacionais recém-construídas, falam do que gostam e do que não gostam de seu novo bairro.

Ruas Para as Pessoas – Donald Appleyard

Donald Appleyard (1928-1982) iniciou seu trabalho sobre os estudos da vida na cidade com Kevin Lynch na Costa Leste dos Estados Unidos[37]. Em 1967, começou a lecionar na Universidade da Califórnia – Berkeley e tornou-se professor de Desenho Urbano. Junto com Peter Bosselmann, construiu um laboratório que podia simular as experiências estacionárias e de deslocamento das pessoas em espaços públicos.

Em 1981, Appleyard escreveu em seu livro *Livable Streets* (Ruas Para se Viver, ou Habitáveis). "As ruas se tornaram ambientes perigosos, inabitáveis, mas a maior parte das pessoas vive nelas. As ruas precisam ser redefinidas como santuários, como espaços habitáveis, como comunidades; como território para se morar; como locais para brincar, áreas verdes e de história local. Os bairros devem ser protegidos, mas não ao ponto de serem excludentes."[38] O grito de Appleyard é um eco da defesa que Jane Jacobs faz da rua como espaço com importantes dimensões sociais, mas ele se preocupa mais com o tráfego do que ela.

Sua contribuição mais conhecida nesse campo é um estudo comparativo de três ruas residenciais paralelas em São Francisco, respectivamente com tráfego pesado, médio e leve. As plantas das ruas ilustram a conclusão do estudo com grande clareza gráfica: quanto mais tráfego, menos vida e menos sentido de comunidade[39]. Em seguida, Appleyard realizou mais estudos em ruas com uma mescla socioeconômica de moradores. Esses estudos apoiam as conclusões de estudos-piloto que dizem que a quantidade de tráfego tem grande influência na vida de uma rua individual e no número de relações sociais ali desenvolvidas.

Livable Streets (1981)

Os modernistas voltaram as costas à tipologia das cidades tradicionais, incluindo as ruas. Estudos sobre a vida na cidade retomaram a rua como, talvez, o mais importante espaço público. Em *Morte e Vida de Grandes Cidades*, Jane Jacobs defende a rua como espaço social e não somente um espaço para o transporte de pessoas e carros[40]. Em 1981, foi publicado o livro *Livable Streets*, de Donald Appleyard, que trazia estudos mostrando como a vida social pode se desenrolar nas ruas, se as condições forem propícias e se a atividade pública não for desencorajada pelo tráfego, por exemplo[41].

O motivo pelo qual *Livable Streets* é o livro mais importante de Appleyard consiste em que seus estudos puderam mostrar uma conexão entre a quantidade de tráfego e a quantidade de vida social que florescia nas ruas. As conclusões foram importantes para os especialistas técnicos, mas também para os políticos e ativistas, porque expuseram claramente as consequências do tráfego em ruas residenciais e propiciaram um debate sobre o projeto de novos tipos de ruas com leve ou zero tráfego.

Vivenciando a Cidade – Peter Bosselmann

O arquiteto Peter Bosselmann[42] queria descrever a experiência da cidade, sob o ponto de vista do usuário, o que muitas vezes está em contraste direto com a fornecida pelos profissionais: "Os profissionais raramente representam o modo como as pessoas se deslocam pelo espaço urbano, olhando as ruas ou parados numa praça, sozinhos ou com outras pessoas – condições reais que as pessoas imaginam."[43]

Como a interação entre vida e espaço ocorre com o tempo, é preciso estudar os processos, e aqui o registro da atividade humana em relação ao ambiente físico apresenta uma série de problemas especiais. Um segundo não é igual ao anterior ou ao posterior, de modo que, ao contrário de um levantamento de uma edificação, por exemplo, o tempo é um fator crucial nos estudos de atividade. Peter Bosselmann está muito empenhado em registrar e divulgar informações sobre esses processos.

Bosselmann é um dos principais agentes por trás do laboratório de simulação ambiental da Universidade da Califórnia – Berkeley. Junto com outros arquitetos, de especialistas da indústria do cinema e de um engenheiro óptico, ele constrói modelos de ambientes urbanos que possibilitam estudar o impacto que o projeto de um edifício pode ter sobre a maneira através da qual os moradores vivenciam as imediações. Modelos e câmeras podem simular o caminhar, andar de carro ou voar para esclarecer como um dado ambiente pode ser vivenciado, não somente como um retrato momentâneo, mas a partir do olhar de um pedestre em movimento e ao longo do tempo.

Levou muitos anos para desenvolver uma técnica que desse uma imagem relativamente realista de como as pessoas vivenciam a cidade. O laboratório trabalha com a cidade de São Francisco e outras cidades desde 1979. Os arranha-céus de São Francisco, em particular, têm sido estudados para avaliar seu impacto no clima local e na qualidade do espaço público[44].

Para Bosselmann, assim como para Jane Jacobs e outros, é fundamental estar na cidade para aprender, ele encoraja seus alunos a sair e, na prática e em primeira-mão, estudar as ruas e bairros[45]. Ele busca encontrar métodos que possam

Sun, Wind and Comfort (1984)

Em 1984, Peter Bosselmann e vários colegas publicaram *Sun, Wind and Comfort: A Study of Open Spaces and Sidewalks in Four Downtown Areas* (Sol, Vento e Conforto: Um Estudo de Espaços Abertos e Calçadas em Quatro Áreas Centrais)[46]. O relato é destacado aqui, porque representa uma ponte entre o mundo acadêmico e a prática política nas cidades. Foi então, meados dos anos 1980, que os estudos sobre a vida na cidade se tornaram, cada vez mais, uma ferramenta estratégica para o planejamento urbano.

O trabalho documenta as consequências do projeto de vários arranha-céus sobre a experiência com o conforto e o microclima da cidade de São Francisco. Tornou-se uma contribuição significativa para o debate público, que terminou com propostas ou mesmo engavetando projetos de arranha-céus ou adaptando-os para avaliar como afetavam a luz do sol e as condições do vento para os pedestres na rua. O estudo foi importante, especificamente, para as diretrizes adotadas em planos locais. Assim, ele se tornou parte da tradição dos estudos sobre a vida na cidade com o objetivo de melhorar condições para as pessoas que usam a cidade.

desvendar a experiência da cidade em movimento – no laboratório de simulação assim como na rua, na forma de caminhadas de quatro minutos ao longo de vários percursos, comparando experiências. O laboratório de simulação ambiental também foi construído com base em observações da interação entre vida e espaço.

Em meados da década de 1980, o laboratório fez um estudo para determinar o tipo de influência negativa que vários arranha-céus projetados teriam sobre o clima e a experiência em São Francisco. Os resultados do estudo levaram à adoção de uma legislação para garantir um microclima melhor ao nível do pedestre sem o sombreamento ou o vento desnecessários, causados pelos altos edifícios[47]. O laboratório de simulação ambiental continua a desempenhar uma posição central nas pesquisas na universidade[48].

A contribuição de Bosselmann nesse campo destaca a experiência da cidade em movimento e como a cidade pode ser projetada de modo que as estruturas físicas auxiliem as condições climáticas locais em vez de trabalhar contra elas.

Ao lidar com a vivência do espaço público no tempo e em como representá-la, Bosselmann alcança o cerne do entendimento da vida na cidade e as interações com o espaço urbano. Vários de seus estudos aparecem em seu livro *Urban Transformation* (Transformação Urbana, 2008)[49].

O laboratório de simulação ambiental na Universidade da Califórna – Berkeley, por volta de 1981-1982: Donald Appleyard (à direita) explicando suas estratégias do Plano para o Centro de São Francisco para William H. Whyte (sentado, o terceiro a partir da direita). Lesley Gould está em pé no meio, com Peter Bosselmann sentado à esquerda.

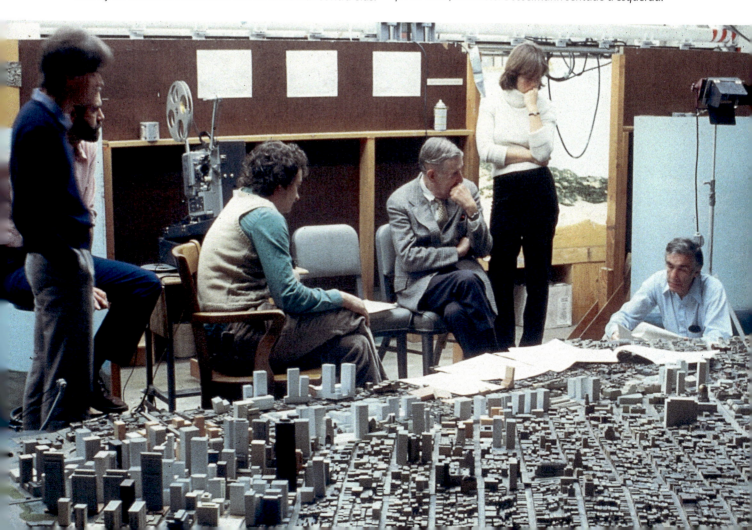

Great Streets (1993)

Allan Jacobs reuniu vários exemplos de ruas de todo o mundo em seu livro *Great Streets* (1993). Assim como outros pioneiros dos estudos sobre a vida na cidade, parte do âmbito pessoal e cotidiano, descrevendo as ruas onde ele e sua família viveram em Pittsburgh.

Embora os exemplos de *Great Streets* ressaltem fatores físicos, há um entendimento de como outras condições, como clima, podem auxiliar a vida social. Isso é ilustrado pela descrição da Roslyn Place, em Pittsburgh, sob o título "A Grande Rua Onde Morávamos":

"Roslyn Place é uma rua bem definida, com uma escala humana de estruturas solidamente construídas semelhantes na aparência. Mas é mais do que isso. Ela é fisicamente confortável. As melhores imagens são da primavera, do verão e do outono, quando os folhosos plátanos davam sombra e ficavam salpicados de sol. A rua era muito fresca quando era preciso. No inverno, se houvesse sol, ele alcançava a rua pelo menos em uma parte do dia, através dos galhos desfolhados."[50]

"Gostamos de Cidades" – Allan Jacobs[51]

No início da década de 1990, o arquiteto e urbanista Allan Jacobs ajudou a iniciar um programa de mestrado em urbanismo na Universidade da Califórnia – Berkeley. Antes de começar a lecionar em 1975 e, mais tarde, tornar-se professor titular, ele era o chefe do Departamento de Planejamento de São Francisco (1967-1975). Em 1972 ele liderou a criação de um dos primeiros planos urbanísticos da cidade. Desde 2001, Allan Jacobs é consultor independente em urbanismo.

Jacobs acusava os urbanistas de olhar as ruas exclusivamente como espaço para o tráfego, em vez de lugares para as pessoas[52]. Para ele, as ruas são lugares que devem aceitar pessoas de várias e diferentes origens sociais. Em *Toward an Urban Design Manifesto* (Manifesto Por um Planejamento Urbano, 1987), Jacobs e Donald Appleyard criticaram os CIAM e o movimento das cidades-jardim por negligenciar a importância social da rua[53]. Eles elencaram valores e objetivos para uma boa vida urbana: "habitabilidade, identidade e controle, acesso a oportunidades, imaginação e alegria, autenticidade e significado, comunidade e vida na cidade, autoconfiança urbana e um ambiente para todos."[54] Para alcançar esses objetivos, formularam vários princípios de planejamento que se baseavam nas qualidades de cidades tradicionais, tais como densidade, mistura de funções, ruas e espaços públicos[55].

Jacobs e Appleyard escreveram: "Nossa visão urbana está, parcialmente, ancorada nas realidades de locais urbanos anteriores, antigos, que muitas pessoas rejeitam, inclusive muitos urbanistas utópicos, por boas razões. Assim nossa utopia não vai satisfazer a todos. Tudo bem. Gostamos de cidades."[56] Incluímos aqui esta citação, porque representa as normas recorrentes dos pioneiros nos estudos sobre vida na cidade. Estes enfatizam as qualidades das cidades pré-modernas rejeitadas pelo modernismo. Não somente as qualidades do espaço, tais como densidade, mistura de funções e espaços públicos tradicionais, como ruas e praças, mas também as dimensões sociais e psicológicas: espaço público para todos, autenticidade, o significado da cidade e do espaço público, prazer em participar da vida na cidade e outros valores menos concretos.

Em seu livro *Looking at Cities* (Observando Cidades, 1985), Jacobs defende usar o exame sistemático como método analítico de pesquisa e ferramenta para tomada de decisões[57]. Ele acreditava que observar a interação entre espaço público e vida na cidade, em vez de simplesmente olhar mapas e desenhos estáticos, evitaria muitas das decisões e ações infelizes que têm influência na vida das pessoas. Trouxe vários exemplos em seu livro *Great Streets* (Ruas Grandes, 1995) – daquelas que funcionam bem e das que não funcionam tão bem[58].

Jacobs ajudou a definir o campo do urbanismo criando um plano urbanístico concreto para uma cidade, montando um manifesto e instituindo esse campo de estudos na Universidade da Califórnia – Berkeley.

Trecho de Great Streets, *de Allan Jacobs.*

"Tudo falso, tudo um cenário, mas mesmo assim representa uma memória de sonho, idealizada, do que faz uma grande rua, com suas qualidades físicas cenográficas que existem nas melhores ruas: construções junto às ruas, detalhes arquitetônicos sobre os quais a luz se move constantemente, transparentes no nível térreo, conforto para pedestres, com um toque de habitação e moradia, um início e um fim.

Muitas entradas de edificações, a cada 5,5 metros, mas algumas não são reais e o que, do lado de fora parece ser uma série de lojas, é a mesma loja por dentro. Uma aparência de muitos edifícios, um a cada sete metros em média. Muitas janelas e placas. Os andares superiores têm proporções corretas, mas são menores do que as dimensões reais das verdadeiras construções: um modelo um pouco menor do que uma escala em tamanho natural. Limpeza. Apesar da engenhosidade no conceito e da alta qualidade na execução, há um sentimento de fragilidade física, como se as paredes não fossem realmente paredes, como se tudo fosse preso com suportes. Um exemplo de como se pode criar um sentido de urbanidade com tão pouca área. Trilhos de bonde no centro revelam uma ambivalência quanto ao que é – a rua principal de uma cidade pequena ou de uma cidade grande. No fundo, um exercício de gigantismo feito para parecer populismo."[59]

Main Street (Rua principal), Disneylândia, Califórnia. Desenho de Allan Jacobs de seu livro Great Streets *(1993)*

Vida Entre Edifícios – Jan Gehl[60]

O arquiteto Jan Gehl formou-se pela Escola de Arquitetura da Academia Real de Belas Artes da Dinamarca, em 1960. Sua formação no paradigma do modernismo significou que, no início de sua carreira, ele também priorizou as edificações antes de priorizar o entorno.

Um dia, um cliente contestou seu pensamento modernista. O cliente tinha uma grande propriedade e queria construir casas que fossem "boas para as pessoas". E não estava preocupado com a aparência das moradias, mas queria que propiciassem um bom lugar para as pessoas viverem. Era o ano de 1962 e o projeto estava com o escritório de arquitetura de Inger e Johannes Exner em Copenhague, onde Gehl trabalhava na ocasião. O desejo do cliente de construir "algo bom para as pessoas" foi um grande desafio na epoca. Não havia nenhuma solução arquitetônica pronta para aquele pedido.

O resultado concreto foi uma proposta inspirada nas vilas italianas: um conjunto de edificações baixas, com casas agrupadas em torno de pequenas praças. No início dos anos 1960, um projeto com moradias de baixa altura em torno de praças comunitárias foi considerado muito avançado e nunca foi realizado. Entretanto, o projeto teve uma influência, de fato, por ter sido publicado e por ter sido criado a partir de pressupostos sobre a importância do espaço entre as edificações – um tópico que viria a se tornar o núcleo do trabalho de Gehl.

Essencial para o projeto eram as praças comunitárias e a forma como as casas eram voltadas para as praças. Se a inspiração vinha das clássicas praças das cidades, a escala, por sua vez, fora adaptada para um complexo habitacional. O caráter era íntimo e urbano, um contraste audacioso com os jardins e gramados abertos dos subúrbios, populares na época[61].

Outra pessoa que desafiou o pensamento arquitetônico modernista de Gehl, nessa época, foi sua esposa, a psicóloga Ingrid Gehl. Com frequência ela se questionava sobre o porquê de os arquitetos parecerem não se interessar, de fato, pelas pessoas. A partir de meados da década de 1960, Ingrid Gehl trabalhou no Instituto Dinamarquês de Pesquisas da Construção (Statens Byggeforskningsinstitut – SBi), como a primeira psicóloga do país a se voltar para ambientes habitacionais e urbanos. Ela estudou o comportamento e as condições das pessoas nas cidades, sobretudo em termos de habitação.

Para Jan Gehl, o pedido de seu cliente para projetar um bom lugar para as pessoas viverem, aliado à visão psicológica e ao estímulo de Ingrid Gehl para pensar nas pessoas e não somente no projeto, foi o trampolim para sua pesquisa sobre a interação entre espaço público e vida na cidade.

Nos anos 1960 e 1970, tanto Jan como Ingrid apareceram muito na mídia, criticando a pobreza da experiência sensorial e a falta de escala humana nos conjuntos habitacionais modernistas construídos na época[62].

Apesar de a crítica ser justificada, era preciso encontrar as razões subentendidas para o que dava e o que não dava certo, para oferecer alternativas. Logo tornou-se óbvio que novas ferramentas seriam necessárias para estudar a vida na cidade e coletar conhecimentos básicos sobre a interação entre a vida na cidade e o espaço público. Inicialmente, Jan e Ingrid Gehl realizaram vários e profícuos estudos na Itália.

Em 1965, Gehl ganhou uma bolsa de estudos para viagem da New Carlsberg Foundation, o que possibilitou que ele estudasse o espaço público clássico e as cidades na Itália. A viagem resultou em três artigos publicados por Jan e Ingrid Gehl em 1966 na revista dinamarquesa de arquitetura *Arkitekten*[63]. Os artigos lançaram a pedra fundamental metodológica para os futuros estudos de Jan Gehl sobre espaço público e vida na cidade. Ele mapeou não somente como as *piazzas* italianas funcionavam em geral, mas também vários detalhes específicos, tais como onde e como as pessoas permaneciam numa praça em determinados horários do dia, marcando os locais ocupados e se as pessoas estavam sentadas ou em pé[64].

Em outra *piazza*, o número de pessoas presentes era contado no decorrer de um dia, desde a manhã até a noite, enquanto o número de pedestres era registrado em uma certa rua. Os estudos foram repetidos no inverno e no verão para comparar o número de pessoas que permaneciam paradas ou caminhavam, nas duas estações do ano[65]. Durante sua estada de seis meses, Jan e Ingrid coletaram informações básicas que, mais tarde, foram testadas em outras cidades e fora da Itália.

Os artigos de 1966 traçavam paralelos com as condições dinamarquesas e outras mais gerais: "As oportunidades de se caminhar pela cidade são aproveitadas sempre que puderem ser encontradas, porque são necessárias."[66]

Uma atividade correspondente também parece existir na Dinamarca, com atividades urbanas culminando em três ou quatro cidades onde o planejamento urbano propiciou condições razoáveis para funções urbanas mentalmente saudáveis. Assim como na Itália, pode-se traçar uma vinculação próxima entre projeto e utilização. "As oportunidades de se caminhar pela cidade são aproveitadas sempre que forem encontradas, porque existem."

Os estudos na Itália confirmaram a conexão entre projeto e uso. Os artigos detalharam como descrever quem vai, para onde e o que fazem. Uma das conclusões é um alerta para não observar o caráter da vida urbana de forma muito estreita. Por exemplo, caracterizar as atividades ao longo de uma rua comercial exclusivamente como "compras" somente arranha a superfície da atividade[67]. Sob a ponta do iceberg das atividades racionais e funcionais, há aspectos sociais: a necessidade de ver outras pessoas ou, simplesmente, estar no mesmo espaço que outros; a necessidade de afirmação social; de ver o que está acontecendo; de se exercitar; de luz e ar; e assim por diante[68]. Portanto, os estudos de observação acrescentam uma dimensão que as entrevistas com as pessoas sobre o motivo de estarem na cidade nunca poderiam captar.

Os artigos de 1966 documentaram a conexão entre a vida na cidade e o espaço público com fotonarrativas, uma marca de Jan Gehl, que se tornou um porta-voz conhecido, por meio de seus livros e palestras. Suas fotonarrativas são diferentes das fotografias arquitetônicas tradicionais, que acentuam o espaço e a forma. Ele usa cenas familiares da vida urbana cotidiana para enfatizar como o espaço é usado, exemplos do que funciona e do que não funciona.

Os estudos da Itália proporcionaram mais do que exemplos de espaços urbanos que funcionavam bem. Gehl incluiu uma análise de uma pequena cidade, Sabbioneta, que não havia conseguido criar uma conexão decente entre a praça central e a rua principal. Como resultado, a praça ficava quase deserta, o que foi demonstrado pelas estatísticas de Gehl[69].

Na Escola de Arquitetura da Academia Real de Belas Artes da Dinamarca, Sven-Ingvar Anderson, professor de paisagismo, viu o potencial do enfoque de Gehl na dimensão humana. A partir de 1966, os estudos de Gehl foram desenvolvidos como tema de pesquisa na Escola de Arquitetura e resultaram na obra seminal de Gehl, *Life Between Buildings* (Vida entre Edifícios) publicada em 1971[70].

Life Between Buildings tornou-se um manual de estudos sobre a vida na cidade e, em termos mais gerais, nos lugares em que o acesso humano ao planejamento for o ponto de partida. A obra foi traduzida em mais de 22 idiomas e continua a ser reimpressa[71]. No mesmo ano em que *Life Between*

Life Between Buildings (1971)

O livro de Jan Gehl, *Life Between Buildings* (1971) tornou-se um clássico não restrito ao campo dos estudos sobre a vida na cidade, mas abrangendo, mais amplamente, o planejamento urbano e o pensamento estratégico sobre a cidade.

Quando o livro foi publicado em dinamarquês, em 1971, contribuiu de forma notável para o debate escandinavo sobre a direção que a arquitetura e, em termos mais gerais, o planejamento urbano, deveriam tomar. Ao ser publicado em inglês, em 1987, a ideia de se considerar a vida existente entre as edificações já havia amadurecido. Ralph Erskine confirmou isso em seu prólogo à primeira edição inglesa: "Em 1971, ano da primeira edição, Jan Gehl foi um dos solitários protagonistas em defesa dos valores humanos [...] Mais de uma década depois, podemos identificar um crescente interesse entre os arquitetos e outros, por esses valores."[72]

Embora, ao longo do tempo, inúmeros livros tenham sido publicados sobre a história do estilo da arquitetura, arquitetos individuais, construções ou tópicos mais filosóficos, poucos livros abordaram a ligação da vida na cidade e do espaço público. *Life Between Buildings* ainda é citado na bibliografia obrigatória de vários programas, junto a outras publicações de pioneiros no campo dos estudos sobre a vida na cidade.

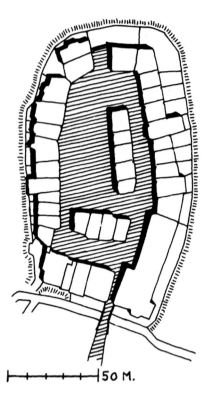

|—+—+—+—|50 M.

Acima: planta de San Vittorino Romano, Itália[75]
Abaixo: Amtsstuegarden, Exner Architects, 1962 (não executado). Em 1962, Jan Gehl ajudou a projetar a proposta para um conjunto habitacional baixo, chamado Amtsstuegarden quando trabalhava para o escritório de arquitetura de Inger e Johannes Exner. O conjunto, parte do qual é mostrada abaixo, nunca foi construído, mas o projeto foi publicado em revistas da área e influenciou o pensamento sobre como organizar habitações.

O projeto foi inspirado pelo papel-chave das clássicas praças e largos em garantir bons espaços públicos habitáveis, vibrantes, em locais como San Vittorino Romano, Itália (à esquerda). As construções não eram isoladas, mas colocadas de modo a formar um espaço intimamente delimitado numa escala humana.

Buildings foi publicado, Ingrid Gehl publicou em dinamarquês uma obra intitulada *Bo-Miljø* (Ambiente Vivo), que tratava dos aspectos psicológicos da habitação, com base em seu trabalho no Instituto Dinamarquês de Pesquisas da Construção[73].

A partir de 1968-1971, a Escola de Arquitetura de Copenhague desenvolveu estudos interdisciplinares sob a sigla SPAS, que significava Estudos Para Psicólogos, Arquitetos e Sociólogos, e atraiu participantes de várias disciplinas.

Em 1972-1973, Jan Gehl era professor visitante da Universidade de Toronto, onde ele e Ingrid apresentaram seus estudos voltados para pessoas em uma série de palestras consideradas extraordinárias para a época, sobre a dimensão social na arquitetura e no planejamento urbano. A carreira internacional de Gehl continuou como professor convidado em várias universidades por todo o mundo, incluindo Melbourne, na Austrália em 1976. Sua colaboração com a cidade de Melbourne começou com uma série de estudos sobre a vida na cidade em comunidades menores, em meados dos anos 1970 e, posteriormente, se ampliou para toda a cidade. Jan Gehl continua sua colaboração com a cidade até hoje, através da Gehl Architects, fundada em 2001 com a sócia Helle Søholt. Helle estudou na Escola de Arquitetura da Academia Real de Belas Artes da Dinamarca e na Universidade de Washington, em Seattle, nos Estados Unidos.

Os primeiros estudos contribuíram para o conjunto de conhecimentos básicos a partir dos quais os métodos para estudar a interação entre espaço público e vida na cidade continuam a se desenvolver[74].

Um Forum Internacional Interdisciplinar Para Estudos Sobre a Vida na Cidade

Além dos pesquisadores já mencionados, muitos outros realizaram estudos sobre a vida e a atividade no espaço público nas cidades a partir dos anos 1960. Três exemplos relevantes: em 1963, na Suécia, Claes Göran Guinchard documentou a vida em parquinhos infantis com fotografias tiradas a intervalos de trinta minutos; na Holanda, na mesma década, Derk de Jonge estudou a preferência das pessoas pelos espaços de transição, em ambientes internos e externos; mais tarde, nos anos 1970, Rolf Monheim realizou estudos abrangentes sobre áreas de pedestres na Alemanha[76]. Desde então, muitos outros pesquisadores entraram para esse campo, mas as figuras-chave aqui mencionadas continuam a ser consideradas pioneiras dos estudos sobre a vida na cidade.

Esses pioneiros lançaram as pedras fundamentais ideológicas e metodológicas dos estudos sobre a vida na cidade como disciplina, combinando arquitetura, paisagismo e planejamento em larga escala. Embora os estudos possam ser considerados parte do urbanismo[77], é característica da disciplina não ter o projeto como objetivo final. Em vez disso, o objetivo é usar a observação para coletar dados de modo a entender mais sobre a interação entre espaço público e vida na cidade. É uma ferramenta analítica que pode qualificar um projeto e outros processos de planejamento urbano e de construção. Essa abordagem analítica, mais do que artística, algumas vezes, coloca os proponentes dos estudos sobre a vida e atividade nas cidades em rota de colisão com arquitetos de orientação mais artística.

Durante o período inicial, as várias disciplinas trabalharam de forma bem estreita para estabelecer as investigações sobre a vida na cidade como um campo de estudos. Ao mesmo tempo que os pioneiros mencionados eram ligados a universidades nos campos da arquitetura e do urbanismo, seus referenciais educacionais eram mais amplos e eles colaboravam com pessoas de outras disciplinas. Seus escritos e abordagens também foram muito utilizados em diferentes contextos profissionais. A abordagem interdisciplinar continua, mas os estudos sobre a vida na cidade, aos poucos, foram se ancorando em vários programas de arquitetura e urbanismo.

É interessante que pesquisadores de partes tão diferentes do mundo tenham começado a desenvolver, no mesmo período, métodos para estudar a conexão entre espaço público e vida na cidade. Todos eles reagiram ao fato de que as pessoas vinham sendo negligenciadas e haviam se tornado invisíveis no urbanismo. Os carros haviam invadido as cidades e os responsáveis pelo planejamento de tráfego haviam assumido a tarefa de planejar o espaço entre os edifícios que, antes, havia sido projetado para acomodar pedestres e a vida urbana.

Os textos dessas pessoas são conhecidos por seu entusiasmo comunicativo – não se restringindo aos outros profissionais, mas atingindo também os leigos. Os pioneiros da vida na cidade querem disseminar seu conhecimento, de forma ampla, através de livros, filmes e revistas populares. Isso não deve ser interpretado com o sentido de que seus escritos são livres e não analíticos. Ao contrário, os estudos sobre a vida na cidade caracterizam-se pela abordagem analítica. Em geral, porém, os textos não incluem grandes trechos de discussões polêmicas, nem contêm longas notas de rodapé, como os tradicionais escritos acadêmicos. Em vez disso, os textos abordam a "realidade" na forma de estudos de campo e exemplos práticos.

O campo dos estudos sobre a vida na cidade surge da dialética entre pesquisa e prática. O material é recolhido da cidade – a cidade fornece o combustível – e os textos são frequentemente embasados no ambiente local, digamos, as cidades de Nova York, São Francisco ou Copenhague. As cidades tornam-se laboratórios para o desenvolvimento dos métodos para estudar a interação entre atividade e o espaço público. É uma premissa básica sair pela cidade e observar, para entender como o espaço urbano e os edifícios auxiliam – ou deixam de auxiliar – a vida na cidade. Observações diretas são feitas e, em vários casos, utilizam-se também auxílios mecânicos.

Com a formação de organizações profissionais tais como a Associação de Pesquisa de Design Ambiental (EDRA), fundada em 1968, e a ampla sustentação desse campo nas universidades e em outras instituições de ensino superior, os estudos sobre a vida na cidade, gradualmente, se firmaram nos círculos acadêmicos. Com o tempo, vários outros artigos acadêmicos mais convencionais também foram publicados, levando o campo para mais perto das abordagens acadêmicas tradicionais[78].

Malgrado os pioneiros terem seguido rumos diversos, eles formaram uma comunidade de inspiração com outros profissionais e, com o tempo, parte de um fórum interdisciplinar internacional para estudos sobre a vida na cidade.

Os livros básicos sobre o assunto foram publicados no período que vai do início dos anos 1960 até meados dos anos

1980. Ainda hoje, as ferramentas desenvolvidas à época são os fundamentos da pesquisa, do ensino e da prática dos estudos sobre a vida na cidade. No período seguinte, a partir de meados dos anos 1980 até a virada do século, esse conhecimento e essa abordagem foram cada vez mais se convertendo em prática. Isso ocorreu conforme os urbanistas e políticos locais tornaram-se mais críticos dos novos ambientes planejados e, assim, mais interessados em entender a interação entre espaço público e vida na cidade para responder aos desafios de criar cidades mais atraentes numa época de crescente competição entre as cidades.

Estudos Sobre a Vida na Cidade Como Ferramentas Estratégicas (1985-2000)

No final dos anos 1980, a competição entre as cidades e regiões aumentou conforme diminuía a influência do Estado-nação. Essa mudança foi resultado da globalização crescente e de significativas mudanças políticas e geográficas, simbolizadas pela queda do muro de Berlim em 1989. Parte do rápido crescimento econômico dos anos 1990 foi investida em cidades – em deixar uma marca através de arquitetura icônica, certamente, mas também nos ambientes e na qualidade da cidade, no sentido mais amplo.

Tal época abriga uma ambiguidade implícita. Em parte, como reação às consequências da globalização, na forma de cidades uniformes com projetos de edifícios cada vez maiores, havia agora um foco crescente nos valores humanos da cidade, do espaço público, nas funções mistas, na perspectiva local e em uma escala mais humana.

Entretanto, ao mesmo tempo, arquitetos eram celebrados como artistas e edifícios individuais como marcantes obras de arte. Essa prática chegou ao auge no final do século XX, quando cidades de todo o mundo contratavam um "arquiteto-estrela" ou *starchitect*, para erguer uma obra de arquitetura monumental e criar uma marca na cidade com sua assinatura especial.

A forte orientação no sentido de obras arquitetônicas individuais empobreceu as condições para pessoas mais preocupadas com os valores do espaço entre os edifícios. Felizmente, ainda havia cidades que enfatizavam o holismo e a atividade pública; Barcelona, Lyon e Copenhague, por exemplo, todas trabalharam estrategicamente com o planejamento do espaço público. É o espaço público que torna essas cidades especiais, espaço público que é fotografado em revistas profissionais e em folhetos turísticos.

Sustentabilidade e Responsabilidade Social

A partir do final dos anos 1980, várias cidades se interessaram em tornar visível a vida urbana – analisando-a e discutindo-a – por que a capacidade de criar cidades que funcionavam bem, com habitabilidade, com boa qualidade de vida, era crucial para a crescente competição entre elas. Não mais bastava poder transportar pessoas rapidamente entre dois pontos, as cidades precisavam ser lugares atrativos onde as pessoas gostariam de viver, trabalhar, visitar. Essa mudança ressaltava as vantagens políticas de se estudar e documentar as condições da vida na cidade para acompanhar os desdobramentos ao longo do tempo e medir os efeitos das iniciativas empreendidas para tornar as cidades mais atraentes.

As ideias sobre o ambiente urbano, que haviam sido lançadas nos anos 1960 e 1970, começaram a ganhar apoio no intervalo de 1985-2000. Os princípios básicos dos pioneiros daqueles estudos da vida na cidade sobre diversidade, prioridade aos pedestres em relação aos carros e maior foco nas condições das pessoas no espaço público estavam, no geral, de acordo com os interesses dominantes então. A percepção sobre sustentabilidade e responsabilidade social aumentou a partir do final dos anos 1980. Além disso, o final da década e o início dos anos 1990 assistiu ao debate sobre a crescente privatização e comercialização do espaço público. A antologia *Variations on a Theme Park: Scenes From The New American City and the End of Public Space* (Variações Sobre um Parque Temático: Cenas da Nova Cidade Americana e o Fim do Espaço Público, 1992) mostra que o espaço urbano é privatizado e comercializado à custa do espaço público aberto e acessível[79].

Sustentabilidade e Experiências

O *Relatório Bruntland*, de 1987, marca a chegada do conceito de sustentabilidade como uma significativa e definida área-problema – também no planejamento urbano, onde, em especial, as maciças emissões veiculares de CO_2 sustentam argumentos para se pensar em formas sustentáveis de transporte. A abordagem holística e interdisciplinar dos estudos sobre a vida na cidade, que prioriza formas de transporte favoráveis ao ambiente, certamente, está voltada para a solução desses problemas. Essa abordagem também condiz com a transição de uma sociedade industrial, especializada de produção em massa e soluções padronizadas, para uma sociedade mais complexa e, em algumas vezes, mais holística e voltada para o conhecimento e para as redes[80].

The Reconquest of Europe – Urban Public Spaces 1980-1999 *era o título de uma exposição montada pelo Centro de Cultura Contemporânea de Barcelona (CCCB) em 1999. O conceito de "cidade reconquistada" foi lançado ali e ilustrado por numerosos exemplos de espaços públicos estabelecidos na Europa nos anos A exposição deu a impressão geral de que as cidades haviam decidido abordar o espaço público como um importante elemento do planejamento urbano. A cidade havia sido reconquistada pelas pessoas, por assim dizer, que poderiam agora usar as praças e largos que, antes, haviam sido destinados a estacionamentos de carros. Foto: Barcelona, Espanha.*

Toda a conversa sobre "sociedade do lazer" dos anos 1960 até os 1980 foi silenciada; atender a necessidades recreativas criando um número suficiente de áreas verdes não era mais suficiente. A partir dos anos 1990, a "sociedade da experiência" tornou-se o tópico do momento. Agora, as pessoas precisavam ter experiências, o que aumentava a demanda pela seleção de atividades no espaço público e exigia maior especialização para tipos de atividade ou grupos-alvo especiais. Não bastava mais construir um parquinho-padrão: parquinhos temáticos, parques de skate, trilhas para corridas e treinamento de *parkour* também eram necessários. A especialização e a demanda por experiências originaram a necessidade de testar se os grupos especiais estavam sendo alcançados, e se o espaço público estava sendo usado para o propósito a que havia sido destinado, ou para outra coisa, ou para nada.

A Cidade Reconquistada – Barcelona

Nos anos 1980 e 1990, planejadores e políticos de muitas cidades eram cada vez mais críticos da pressão dos carros e do urbanismo funcionalista das cidades. O espaço público e a atividade que se desenrola entre os edifícios recebiam atenção crescente. No ano 2000, Jan Gehl e Lars Gernzøe publicaram o livro *New City Spaces* (Espaços das Novas Cidades), com 39 exemplos de ruas e praças novas ou restauradas de todo o mundo. Os autores destacaram na introdução do livro que o espaço público começou a ser levado a sério na década de 1980. Nessa relação, Barcelona destacava-se como um farol: "No curso de cinquenta anos, todos os espaços urbanos haviam sido conquistados pelos carros. Agora a cidade estava reagindo, tanto física como culturalmente. Foi também em Barcelona que o conceito de cidade reconquistada nasceu." O termo é usado no sentido de libertar a cidade do domínio do tráfego e devolvê-la às pessoas[81].

A partir de 1979, no rastro das primeiras eleições livres na Espanha desde o fim da ditadura de Franco, o governo municipal de Barcelona fez do espaço público uma prioridade. Após muitos anos durante os quais a liberdade de reunião fora banida, o retorno da democracia foi celebrado criando-se novos locais de encontro em todas as partes da urbe.

Os primeiros projetos de espaços públicos foram executados no final dos anos 1970 e início dos anos 1980, principalmente na parte velha da cidade. As obras depois se espalharam para os subúrbios e criou-se uma profusão de espaços públicos com muitos projetos diferentes e, muitas vezes, inovadores. Barcelona tornou-se um exemplo de inspiração para a arquitetura dos espaços públicos que, nesse período, começou a se destacar como disciplina independente[82].

A inspiração de Barcelona e outras cidades levou à maior conscientização do espaço público como ferramenta estratégica, tanto para planejadores como para políticos. Reconhecer a importância da qualidade na interação entre espaço público e atividade reforçou a necessidade de se estudar a vida nos novos espaços da cidade.

Da Universidade Para Estudos Orientados Para as Cidades

A partir de meados da década de 1980, muitas prefeituras procuraram orientação sobre a interação entre espaço público e vida na cidade. Muitas vezes, os estudos eram feitos em colaboração com instituições acadêmicas até por volta do ano 2000, quando começou a haver uma gradual substituição por consultorias privadas[83]. O desejo de colocar em prática teorias e ideias encorajou os pesquisadores da vida na cidade a combinar suas carreiras acadêmicas com o trabalho de consultoria privada[84].

Várias cidades realizaram o que começou a ser chamado de "estudos sobre espaço público-vida na cidade". Os estudos foram feitos primeiro na forma de colaboração entre cidades e os pesquisadores da Escola de Arquitetura da Academia Real de Belas Artes da Dinamarca, em Copenhague e, mais tarde, com a Gehl Architects, criada no ano 2000.

Copenhague tem sido o laboratório vivo no desenvolvimento da metodologia de estudos sobre espaço público-vida na cidade de 1968 até hoje. A cidade foi a primeira a realizar estudos recorrentes sobre a vida na cidade, em 1968, 1986, 1996 e 2006[85].

Um grande estudo sobre a vida na cidade foi feito em 1986 e, depois, comparado com o estudo de 1968. O período de dezoito anos entre ambos permitiu que se chegasse a conclusões interessantes, tanto em termos locais como gerais. Foi possível ler uma mudança no estilo da vida na cidade de Copenhague. Embora, o número de pessoas na Strøget, a principal rua de pedestres da cidade, permanecera mais ou menos o mesmo, o número de pessoas paradas, não andando, tivera um aumento expressivo de 1968 até 1986. A opção de ofertas culturais no espaço urbano havia se expandido consideravelmente no mesmo período. O estudo sobre a vida na cidade de 1986 delineou o aumento do uso recreativo e cultural do espaço público[86].

Esses grandes estudos servem como um amplo diagnóstico feito uma vez a cada década, quando a saúde da vida urbana é cuidadosamente examinada. Estudos em escala menor são realizados nos anos entre os estudos maiores. Por várias décadas, Melbourne e Perth, na Austrália; Oslo, na Noruega; Estocolmo, na Suécia; e a cidade provincial dinamarquesa, Odense, também realizaram estudos sobre espaço público-vida na cidade, possibilitando observar iniciativas, políticas e projetos concretos numa perspectiva maior[87].

O conhecimento local necessário para documentar a mudança é obtido ao se conduzir estudos idênticos em intervalos recorrentes. Além disso, usar métodos comparáveis, em diferentes cidades e em diferentes horários, permite que se chegue a conclusões mais amplas sobre a interação entre atividade e vida na cidade e espaço público. Os métodos fornecem uma base para comparações que permitem conclusões mais gerais sobre a prioridade dada aos espaços públicos e ao comportamento das pessoas, assim como em relação à evolução da sociedade.

Várias cidades em todo o mundo usam agora estudos sobre espaço público e vida na cidade, para identificar a situação de sua vida urbana. Como ponto de partida, pode-se identificar áreas que precisem de uma ação especial cidade-espaço, ou avaliar o efeito dessa iniciativa, ou outros aspectos da qualificação da interação espaço público com vida na cidade.

"A Comunidade é o Especialista" – PPS[88]

Originado do trabalho de William H. Whyte, o Projeto para Espaços Públicos (Project for Public Spaces, PPS), presta consultoria a cidades da América do Norte e do exterior com ênfase especial na participação dos cidadãos e nos processos de transformação. Os projetos tipicamente envolvem uma área definida, mas um tanto limitada.

O fundador e diretor do PPS é Fred Kent, que assessorou Whyte no Projeto The Street Life nos anos 1970. Com bacharelado em economia e mestrado em geografia urbana, a abordagem de Kent é claramente interdisciplinar.

O PPS foi fundado em 1975, mas só se tornou amplamente conhecido através dos vários projetos encetados em meados dos anos 1990. O envolvimento do usuário nos projetos reflete o compromisso com responsabilidade social no mesmo período. Apesar dos métodos do PPS serem caracterizados por ferramentas baseadas no diálogo, tais como entrevistas e oficinas envolvendo os usuários, o grupo também se apoia em observações diretas no espaço urbano como base de seu trabalho.

O primeiro dos onze princípios do PPS para criar "bons lugares" é que o especialista é a comunidade. Os princípios estão detalhados em seu manual, How to Turn a Place Around (Como Transformar um Lugar, 2000)[89]. Além de trabalhar com projetos concretos, o PPS propõe oficinas extensas para dar aos participantes uma visão da questão da vida no espaço público e as ferramentas para alterar condições de seu ambiente local.

Apesar de muitos dos outros métodos e pessoas mencionados no livro envolverem basicamente a observação de pessoas, um dos conceitos principais do PPS é fazer perguntas para as pessoas e reuni-las num diálogo. O PPS usa o termo *placemaking* (fazer lugares) para seus processos, que podem, de modo relativamente rápido e preferivelmente barato, fazer melhorias de pequena escala num espaço público, como uma praça, uma rua ou um bairro. *The Great Neighborhood Book* (O Grande Livro da Vizinhança, 2007) contém vários exemplos do trabalho do grupo[90].

Cidades Descobrem Estudos Sobre a Vida na Cidade Como Ferramenta

As cidades foram parte ativa no desenvolvimento do método entre 1985 e 2000. Os estudos sobre a vida na cidade tornaram-se mais integrados com a prática do planejamento urbano e, assim, foram incorporados em uma nova estrutura política. Além dos fatores puramente técnicos e ligados

How to Turn a Place Around (2000)

Sob a liderança de Fred Kent, o Project for Public Spaces estimula a participação dos cidadãos. O projeto tem publicado alguns livros com exemplos de seu trabalho para servir de inspiração a outros, assim como manuais demonstrando as ferramentas que os cidadãos podem usar para criar melhores lugares na cidade. Um aspecto importante das atividades do PPS é ensinar para proporcionar, aos planejadores e cidadãos, as ferramentas para os processos de conversão. O PPS continua a militância herdada de Jane Jacobs e outros que ajudaram a moldar o campo de estudos sobre a vida na cidade.

How to Turn a Place Around de 2000 é um manual que detalha a abordagem e as ferramentas do PPS[91]. Pode ser usado diretamente como modelo com listas de verificação e ferramentas reais, tais como planilhas de registro, disponíveis para serem copiadas no final do livro. Os livros do PPS não expõem o conhecimento básico sobre a interação entre espaço público e vida na cidade, mas fornecem recomendações práticas sobre como mudar as condições. O enfoque é na participação do cidadão e nos processos de transformação.

Em 1978, Leon Krier desenhou um projeto para a área do Plateau de Kirchberg em Luxemburgo que, apesar de não ter sido realizado, recebeu reconhecimento como projeto de referência. O projeto de Krier foi inspirado no livro de Aldo Rossi, The Arquitecture of the City, publicado em inglês em 1984 e, originalmente, em italiano, em 1966. Como reação ao rompimento do modernismo com a tradição, Rossi conclamou as pessoas nos campos da arquitetura e do planejamento a olhar a cidade para aprender com a construção urbana do passado[92].

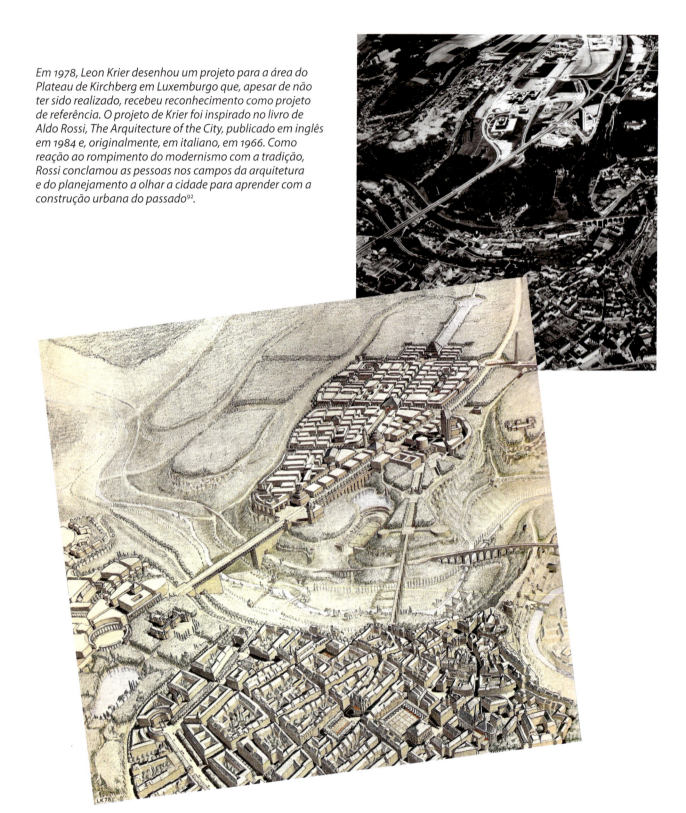

à pesquisa, muitos outros influíram na forma dos estudos, principalmente em como e se foram usados.

Os livros básicos no campo dos estudos sobre a vida na cidade foram, grosso modo, publicados no período 1960-1985. Após 1985, outras obras importantes ainda foram publicadas, mas em menor número. Conforme os estudos sobre a vida na cidade foram solidificados nas instituições acadêmicas, seguiu-se uma especialização e aspectos específicos puderam ser estudados. Essa tendência foi apoiada por publicações como *Livable Streets* (1981), *Housing as if People Mattered* (Habitação Como se as Pessoas Fossem Levadas em Conta, habitação, crianças, idosos 1988), *Sun, Wind and Comfort* (Sol, Vento e Conforto, sobre o trabalho em condições climáticas locais, 1984), *Looking at Cities* (Olhando Para as Cidades, sobre observações, 1985) e *Representations of Places* (Representações de Lugares, sobre experiência e comunicação 1998)[93].

O Campo da Arquitetura Volta-se Para a Cidade

No mesmo período, o campo da arquitetura redescobriu as tradicionais qualidades urbanas. Se os ideais do modernismo eram o paradigma dominante, principalmente na segunda metade do século XX, nos anos 1980 houve uma volta à cidade, tendo Aldo Rossi e os irmãos Krier como os principais atores dessa revolta pós-modernista[94].

Agora, as tipologias das cidades compactas e do espaço público tradicional eram discutidas e tema de publicações, com foco na forma e no contexto mais amplo da sustentabilidade. Richard Rogers, entre outros, fez uma importante contribuição com seu livro *Cidades Para um Pequeno Planeta*, publicado em 1997[95].

O movimento Novo Urbanismo foi fundado em 1993[96]. Seus membros também romperam com o modernismo, assim como os pioneiros dos estudos sobre vida na cidade o fizeram antes deles. Uma diferença importante era que os novos urbanistas, geralmente, tinham foco prioritário no projeto, enquanto os estudos sobre a vida na cidade focalizavam basicamente as atividades das pessoas. Os autores dos estudos sobre a vida na cidade podiam, certamente, ser tão normativos e idealistas como os novos urbanistas, e ter o que falar sobre "a boa cidade". Entretanto, os pioneiros dos estudos sobre a vida na cidade enfatizavam mais os princípios gerais, tipicamente formulados com base em vários estudos, como, por exemplo, os princípios de Jan Gehl em *Life Between Buildings* (1971) e os princípios de Clare Cooper Marcus em *Housing as if People Mattered*[97]. Esses autores oferecem princípios gerais e não diretrizes de projeto.

Os conceitos-chave em *Life Between Buildings* são reunir em vez de dispersar, integrar em vez de segregar, convidar em vez de repelir e abrir em vez de fechar[98]. Em *Housing as if People Mattered*, Clare Cooper Marcus delineia princípios a serem considerados no projeto de espaços exteriores em áreas residenciais, principalmente para atender às necessidades das crianças[99]. Apesar de os princípios descritos por Gehl, Cooper Marcus e outros, no campo dos estudos sobre a vida na cidade, seguramente, poderem ser considerados normativos, eles não se concentram no projeto em detalhe. A forma como o projeto se expressa é considerada subordinada; é contra essa fixação no projeto que os pioneiros dos estudos sobre a vida na cidade se rebelam. Seu foco é a vida na cidade em interação com o projeto, e não o projeto em si.

Nos anos 1980 e 1990, o interesse pela interação entre espaço público e vida na cidade ganhou aceitação em um número crescente de cidades. Como as agendas sociais começaram a exigir cidades mais sustentáveis, saudáveis e seguras, a importância da interação, aos poucos, foi sendo cada vez mais aceita.

Place des Terraux, em Lyon, França, uma das primeiras cidades europeias a trabalhar estrategicamente com o espaço público, já em finais dos anos 1980[100].

Os Estudos Sobre a Vida na Cidade Tornaram-se a Tônica (2000)

Em 2007, pela primeira vez, mais da metade da população mundial vivia em cidades e não mais em áreas rurais. Essa mudança torna ainda mais relevante estudar o modo como espaço e vida interagem nas cidades, e não somente na assim chamada parte desenvolvida do mundo. Cidades em países em desenvolvimento estão crescendo de forma explosiva e também aí os estudos sobre a vida na cidade começam a progredir[101].

Sustentabilidade, saúde e segurança são alguns dos pontos que colocaram o trabalho com a vida na cidade, de fato, em evidência. Depois do ano 2000, o conceito de habitabilidade, surge com frequência[102]. Ele havia sido usado, anteriormente, no campo dos estudos sobre a vida na cidade por Donald Appleyard, por exemplo, que escreveu sobre "ruas habitáveis", agradáveis, já no final dos anos 1960. Entretanto, seu livro de mesmo nome, que compila os estudos feitos, só foi publicado em 1981[103].

A mídia não técnica usa o conceito para medir a "habitabilidade" de diversas cidades, publicando listas anuais das cidades mais "habitáveis ou agradáveis do mundo para se morar"[104]. Apesar de o valor e a credibilidade das listas serem discutíveis, nesse contexto é importante que apareça a orientação da mídia sobre valores subjetivos como parâmetros competitivos na competição entre cidades.

Enquanto em outras partes do mundo, usam-se termos como sustentabilidade e qualidade de vida, nos Estados Unidos, "habitabilidade"(*livability*) é um conceito de trabalho no nível urbano e nacional[105]. O secretário americano dos transportes, Ray LaHood, definiu o termo da seguinte maneira: "significa poder levar os filhos à escola, ir trabalhar, ir ao médico, passar no mercado ou no correio, ir a um jantar e um cinema e brincar com as crianças, tudo isso sem usar seu carro"[106]. Desse modo, o governo americano indica o desejo de trabalhar pelo objetivo de libertar as pessoas da dependência do automóvel, que foi um símbolo quase sagrado no século XX, principalmente nos Estados Unidos. Em Copenhague, a visão foi chamada de *metrópoles para as pessoas*, em 2009[107].

É cada vez mais disseminada a incorporação da vida na cidade nas políticas e projetos no século XXI. No entanto, isso não significa que antes do lançamento dos projetos, sejam feitos estudos ou outra forma semelhante de planejamento sistemático. Inúmeros projetos são realizados sem uma reflexão suficiente sobre a interação entre espaço público e vida na cidade, apesar de já se ter demonstrado, várias vezes, que a vida urbana depende fortemente de ambientes físicos favoráveis. No entanto, os estudos sobre a atividade e a vida no espaço público já são parte integral do planejamento de um número cada vez maior de cidades.

Os Pioneiros da Vida na Cidade Finalmente São Ouvidos

Não obstante as ideias dos pioneiros terem influência, ela era limitada. Mesmo assim, eles plantaram muitas sementes que iriam germinar nos anos 1960 e florescer no início do século XXI quando, finalmente, suas ideias seriam mais amplamente aceitas conforme mudavam os valores da sociedade. Na virada do século, vários argumentos foram acrescentados à lista de por que é importante aprender sobre a interação das pessoas com o espaço público.

Nos anos 1980 e 1990, quando habitantes, investidores e visitantes exigiam cidades atraentes, com qualidade de vida, planejadores e políticos perceberam a sabedoria de incorporar a vida na cidade como trunfo na competição entre elas. No novo milênio, acrescentou-se à lista o desejo de encontrar soluções aos desafios propostos pelos temas ambiente, saúde e segurança.

Jane Jacobs morreu em 2006, mas continua a ser reconhecida por seus esforços pioneiros para chamar a atenção sobre o motivo pelo qual espaço público e vida na cidade devem fazer parte do planejamento. Em 2010, o livro *What We See* (O Que Nós Vemos) foi publicado como tributo a Jacobs, com contribuições de vários práticos e teóricos proeminentes[108]. Apesar das novas questões, Jane Jacobs continua relevante – talvez ainda mais, se considerarmos os tipos de problemas que o mundo e as cidades do mundo enfrentam no século XXI.

Também em 2010, Jan Gehl publicou o livro *Cidades Para Pessoas*, que examina quatro anos de trabalho para criar melhores condições para as pessoas nas cidades[109]. O livro contém vários exemplos mostrando que muitas cidades querem atender às necessidades das pessoas e que estudar e aprender, a partir da interação entre espaço e vida, é uma ferramenta importante para atingir esse objetivo. E é importante, independentemente da economia ou da geografia. Escreve Jan Gehl:

A bolha mostra alguns dos principais temas sociais que estimularam o enfoque sobre a vida na cidade. Se em 1986, o sociólogo Ulrich Beck apresentou o conceito de sociedade de risco, o conceito de sustentabilidade foi consolidado em 1987 no Relatório Brundtland e, desde então, tornou-se parte integral de quase todos os planos de desenvolvimento urbano. A saúde em relação às cidades conquistou um lugar na agenda urbana no início do novo milênio, e o conceito de habitabilidade foi apresentado mais ou menos nessa mesma época. A crescente urbanização é um tópico recorrente e as cidades são vistas como o lugar onde os desafios do futuro devem ser encarados[110].

Questões fundamentais são o respeito pelas pessoas, a dignidade, o entusiasmo pela vida e a cidade como local de encontro. Nesses aspectos, não há grandes diferenças entre os sonhos e os desejos das pessoas em várias partes do mundo. Os métodos para tratar dessas questões também são surpreendentemente semelhantes, porque tudo se resume às pessoas, que têm o mesmo ponto de partida. Todos têm em comum o caminhar, o aparelho sensorial, os padrões básicos de comportamento e as opções de movimentação. As semelhanças entre culturas são muito maiores do que as diferenças.[111]

Sustentabilidade, Segurança e Saúde

No século XXI, o conceito de sustentabilidade foi expandido, indo de uma perspectiva ambiental bastante estreita para incluir a sustentabilidade social e econômica. A necessidade de mais conhecimento sobre o que pode levar alguém a pedalar ou caminhar, em vez de dirigir um carro poluente, tem de ser complementada com um conhecimento mais básico sobre a coesão social e econômica do espaço público. O objetivo de criar cidades onde todos possam andar a pé é uma parte elementar da ideologia por trás dos estudos sobre vida na cidade.

O ataque terrorista ao World Trade Center em Nova York, em 11 de setembro de 2001, aumentou o foco sobre o medo e a segurança nas cidades. Muitos esforços têm sido feitos para criar espaços públicos mais abertos, inclusivos e com pessoas presentes, o tempo todo. Infelizmente, também levou à atitude contrária: condomínios fechados que excluem a vida na cidade.

O monitoramento por câmeras do espaço público também tem papel crescente e os aspectos éticos envolvidos foram tema de acaloradas discussões nesse período. Quando o objetivo for criar uma sensação generalizada de segurança na cidade, o importante é estudar como isso pode ser feito usando-se as próprias estruturas urbanas. Aqui também, os estudos da vida na cidade são altamente relevantes.

Manifestações em Praça Pública

2011 foi um ano que testemunhou manifestações em todo o mundo. Protestos em países árabes envolveram regimes inteiros, enquanto manifestantes ocidentais voltavam sua ira contra o comportamento imprudente do setor financeiro e sua responsabilidade na crise financeira mundial. O espaço público foi um local significativo, apesar das novas mídias sociais, que também tiveram um papel relevante.

Em janeiro de 2011, mais de 300.000 pessoas tomaram as ruas próximas à praça Tahrir, na cidade do Cairo, epicentro das manifestações no Egito, para protestar contra o regime de Hosni Mubarak. Em Manama, Bahrein, uma grande rotatória com uma escultura monumental em seu centro tornou-se o ponto de encontro para protestar contra o governo. O monumento e a praça foram, mais tarde, destruídos por tratores e substituídos por um cruzamento com um sinal de trânsito, para evitar sua utilização como local de protesto[112].

Na primavera de 2011, em muitas cidades espanholas também houve protestos contra a crescente desigualdade social, na esteira da crise financeira global que começou em 2007. De meados de setembro até meados de novembro de 2011, o parque Zucotti, no coração do distrito financeiro de Nova York, tornou-se a base do movimento Occupy Wall Street, que protestava contra a influência do sistema financeiro global. Aqui também o espaço público tinha não só significado simbólico, mas era um local para que as pessoas se encontrassem frente a frente[113].

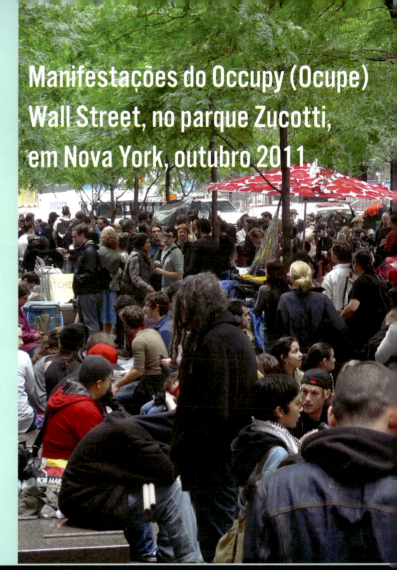

Manifestações do Occupy (Ocupe) Wall Street, no parque Zucotti, em Nova York, outubro 2011.

Praça da Pérola, em Manama, no Bahrein, primavera de 2011.

A segurança sempre teve um papel-chave nos estudos da vida na cidade. Para Jane Jacobs, a segurança era central. Ela associava a criação de uma cidade segura com a criação de uma cidade viva, porque "olhos nas ruas" e interesse na vida do bairro podem evitar crimes[114]. O arquiteto e urbanista Oscar Newman abordou questões de prevenção ao crime em relação ao projeto e planejamento do espaço público em seu livro *Defensible Space* (Espaço Defensável, 1972)[115].

A segurança também é um tópico de discussão atual no campo do planejamento urbano, por exemplo, como podemos ver no livro de Mike Davis sobre Los Angeles, *Cidade de Quartzo* (1990), e, em termos mais amplos, numa perspectiva social baseada no conceito de "sociedade de risco". O sociólogo alemão Ulrich Beck cunhou o conceito em 1986 e usou o termo para descrever o medo ligado às consequências da globalização, a ameaça de uma catástrofe ambiental e a potencial impenetrabilidade das novas tecnologias[116].

Saúde é outro tópico que inspira muitos debates públicos no decorrer do novo milênio, também em termos de como as cidades são projetadas. Essa tendência espelha o aumento da parcela da população atingida por obesidade, diabetes, doenças cardíacas e outros males ligados ao estilo de vida.

No novo século, o problema da saúde torna-se cada vez mais centrado na falta de exercícios diários, e aqui o papel de uma estrutura física para a vida cotidiana tem um papel relevante. Políticos e urbanistas deliberaram sobre como fazer com que as pessoas se movimentem mais no dia a dia, mudando o desenho das cidades, já que caminhar e pedalar no espaço urbano é uma forma mais do que ambientalmente amistosa de transporte, que também ajuda a promover a segurança e a boa saúde.

O Espaço Público Como Palco de Manifestações e Reuniões Públicas

A Primavera Árabe de 2011 é um testemunho do fato de que o espaço público ainda é significativo como local onde os cidadãos podem se reunir para se manifestar. Em muitos países árabes, multidões saíram às ruas em resistência civil a governantes não democráticos.

No Egito, a praça Tahrir foi o fulcro de protestos populares. Na capital do Bahrein, Manama, a praça da Pérola, um ponto focal de tráfego, foi palco de um levante civil. Posteriormente em 2011, o governo do Bahrein converteu a praça num cruzamento, ordenando o exército a derrubar o monumento situado no seu centro, para evitar que o local fosse novamente usado como ponto de reunião por manifestantes. Exemplos como esse enfatizam a contínua importância do espaço público como fórum para expressar a opinião pública[117].

Apesar do surgimento de novos meios de comunicação e plataformas virtuais, que também podem ser usadas para mobilizar as massas no novo milênio, o espaço público continua a ter importância democrática, cultural e simbólica e ainda tem um papel vital como ponto de encontro para as pessoas.

Centro de Pesquisas Sobre Espaço Público

Após um período durante o qual boa parte dos estudos sobre o espaço público foi desenvolvida em colaboração com cidades, que tratam de projetos específicos, a necessidade de realizar pesquisas básicas no campo foi gradualmente reconhecida. Em 2003, o Centro de Pesquisas Sobre Espaço Público, chefiado por Jan Gehl, foi criado, na Escola de Arquitetura da Academia Real Dinamarquesa de Belas Artes em Copenhague. A Fundação Realdania financiou o novo centro com o objetivo de "aumentar nosso conhecimento sobre a forma como criamos ambientes urbanos vivos, atraentes e seguros."[118]

O centro tinha a tarefa de gerar conhecimentos que pudessem fornecer uma plataforma para o planejamento e projeto qualitativo do espaço público. Ao selecionar projetos-chave de pesquisa e treinar jovens pesquisadores, o centro tinha o propósito de ajudar a desenvolver o campo do espaço público, com o claro objetivo de adquirir mais conhecimento sobre a interação entre espaço público e vida na cidade:

> Sabemos muito pouco sobre o que faz um bom espaço público. Também em termos internacionais, precisamos de pesquisa para criar uma plataforma para o planejamento e projeto qualitativo do espaço público [...] No decorrer dos anos, as atividades urbanas mudaram e novos grupos de usuários surgiram. Se antes, a vida na cidade no espaço público era dominada pelas atividades necessárias, hoje, atividades opcionais e recreativas estão no topo da agenda. Trabalhamos, vivemos e brincamos de maneira a propor novas demandas para nossas cidades.[119]

O ponto inicial deve ser que o desenvolvimento da vida urbana justifica estudos mais minuciosos.

A obra *New City Life* (2006), feita como projeto de pesquisa no Centro de Pesquisas sobre o Espaço Público, documentou a forma como a vida na cidade gradualmente mudou de uma década para a seguinte. Pela primeira vez, o estudo foi realizado em espaços públicos em todas as partes de Copenhague, do centro à periferia. Nos anos 1970 e 1980, os motivos que levavam as pessoas à cidade eram, muitas vezes, ligados a atividades e objetivos específicos, como compras. Por outro lado, estudos sobre o espaço público de meados da primeira década do novo século revelaram que a vida urbana – entendida como o que ocorre na cidade e observar o que ocorre lá e, portanto, na sociedade em geral – havia se tornado uma qualidade desejável em si mesma.

As atividades recreativas tinham se tornado mais proeminentes, o que se refletia no mobiliário urbano: por exemplo, o aumento de cadeiras em cafés ano após ano. Além disso, novos espaços públicos foram criados, nos anos 1990 e no novo século, em bairros fora do centro da cidade, expandindo a área estudada. Os resultados dos novos estudos sobre a vida na cidade e a expansão da área estudada ressaltam a necessidade de estudos que capturem o escopo, assim como as mudanças, no espaço público e na vida na cidade e a interação entre eles[120].

As cidades, normalmente, não têm orçamento para cobrir esse tipo de pesquisa básica. Portanto é crucial encontrar formas de garantir o desenvolvimento de métodos e a realização de pesquisas básicas em estudos sobre o espaço público.

Cada vez mais, os estudos da vida no espaço público das cidades (*public life studies*) vêm sendo internacionalmente, reconhecidos. De modo geral, é um campo de pesquisas considerado estabelecido, apesar de seu caráter abrangente. Ele não goza de uma posição sólida, especificamente definida em instituições de educação superior. É um elemento incorporado em estudos de vários lugares – não somente escolas de arquitetura, mas universidades técnicas com programas interdisciplinares em campos culturais, como antropologia, sociologia e geografia.

Nova Tecnologia – Novos Métodos

No século XXI, as novas tecnologias têm estimulado mais desenvolvimento dos métodos de estudo da interação entre vida na cidade e espaço público. Por volta de 2000, o desenvolvimento tecnológico deu um salto quântico com relação à coleta e disseminação de dados via internet. Apesar de novas oportunidades tecnológicas proporcionarem uma seleção mais ampla de formas para se estudar a vida na cidade, as observações ainda são importantes mesmo que, em alguns casos, possam ser feitas com câmeras, telefones celulares ou GPS.

A expansão da internet desde meados da década de 1990 aumentou a acessibilidade de dados que dão informações

Rastreamento por GPS

Em lugar de seguir as pessoas ou monitorá-las, elas podem ser equipadas com um aparelho de GPS (Sistema de Posicionamento Global, na sigla em inglês). O GPS, junto com um programa de posicionamento, pode ser usado para coletar informações sobre movimentos e a duração dos movimentos ou de atividades estacionárias. O GPS foi desenvolvido pelos militares americanos, ficando acessível para uso civil em meados da década de 1990. Desde então, vários serviços foram desenvolvidos, como registrar percursos de corrida, mas a técnica também tem sido cada vez mais usada para estudar a atividade humana na cidade. É útil, principalmente, no mapeamento de extensas áreas e por longos períodos de tempo, quando o monitoramento físico pode exigir muita mão de obra.

Um dos projetos que desenvolveu a tecnologia GPS para registrar o comportamento das pessoas em espaços públicos é o projeto de Henrik Harder na Universidade de Ålborg, na Dinamarca. Harder desenvolveu um aplicativo que registra e também faz perguntas durante o percurso, usando aparelhos GPS e telefones com GPS.[121]

sobre o caráter da vida na cidade, por exemplo, na forma de informação GPS e estatísticas em geral. O Google Street View, programa que pode ser usado por qualquer um, independentemente de sua capacidade técnica, pode fornecer instantâneos da vida ao nível dos olhos[122]. Além disso, ao contrário de outras soluções tecnológicas caras, o Google Street View é gratuito. A tecnologia se desenvolve constantemente, tornando os novos métodos mais baratos e mais fáceis de serem utilizados.

Universidades Técnicas – Registro por GPS

Os estudos sobre a vida na cidade estão ancorados, sobretudo, em escolas de arquitetura desde seu início nos anos 1960 e 1970. Entretanto, desde a virada para o século XXI, pesquisadores, principalmente de universidades técnicas, têm introduzido observações automáticas do comportamento humano, usando, por exemplo, tecnologias de rastreamento tais como registros por GPS, que podem revelar aonde as pessoas vão, onde ficam e por quanto tempo.

Em comparação com registros manuais, os aparelhos GPS podem ser usados para registrar movimentos e permanências em áreas maiores e por períodos mais longos, e podem fornecer informações mais precisas sobre a posição de um indivíduo. Entretanto, ainda há uma margem de três a cinco metros, que torna essa tecnologia menos adequada para registrar precisamente onde, numa praça, as pessoas se localizam, ou se estão dentro ou fora de um edifício.

Os registros GPS podem fornecer um quadro geral e são com frequência usados para registrar movimentos no espaço público. As pessoas que estão sendo registradas usam aparelhos de envio. Em outras palavras, elas devem ser voluntárias para participar do registro e usar o aparelho, o que torna o processo mais desajeitado do que a simples observação manual. Além disso, o equipamento é relativamente caro. Isso pode mudar com a expansão dos aparelhos GPS em telefones celulares – aparelhos, com certeza, de uso generalizado[123] .

Os pioneiros dos estudos da vida na cidade com uso de GPS estão, principalmente, na Holanda, com Stefan van der Spek em conjunto com a Universidade Técnica de Delft, no MIT, na Universidade Hebraica de Jerusalém com Noam Shoval; e na Dinamarca, na Universidade de Ålborg, onde Henrik Harder, entre outros, usa essa tecnologia para mapear movimentos no espaço público.

Métodos Matemáticos – Sintaxe Espacial

A sintaxe espacial, um conjunto de teorias e técnicas para analisar configurações espaciais, foi criada de início para ajudar arquitetos a simular os possíveis efeitos sociais de seus projetos. Em contraste com os estudos que retratam a vida, diretamente observando o comportamento das pessoas, a sintaxe espacial olha a vida de forma indireta, através de modelos matemáticos. Os modelos processam dados para prever onde as pessoas com certeza irão e que rumo tomarão e com que frequência o farão. O objetivo aqui é fazer prognósticos e prever movimentos.

As ferramentas mais importantes da sintaxe espacial são aplicativos de computador programados com princípios escolhidos de comportamento humano. Os princípios se baseiam em dados de observações. Assim, apesar de a sintaxe espacial não ser usada como ferramenta na cidade em si, os dados – que fornecem a base para desenhar mapas e vários graus de acessibilidade – derivam de observações diretas do comportamento humano. O conhecimento sobre como as pessoas se deslocam em relação às estruturas urbanas é codificado nos programas de computador usados para a sintaxe espacial, para calcular, por exemplo, a probabilidade de um dado número de pessoas andarem por uma dada rua.

The Social Logic of Space (A Lógica Social do Espaço, 1984) de Bill Hillier e outros, é o livro-texto da sintaxe espacial[124]. O título sustém o enfoque matemático de Hillier e seus colegas no The Bartlett, University College de Londres, que pesquisavam lógica. Foi publicado já em meados dos anos 1980, mas apenas com o desenvolvimento de programas de computador capazes de processar grandes quantidades de dados, após a virada do século, a sintaxe espacial voltou-se para os estudos sobre a vida na cidade.

Enquanto Hillier, professor de arquitetura e morfologia urbana, é o pai acadêmico da sintaxe espacial, o arquiteto Tim Stonor é seu principal especialista prático. Em 1995, Stonor criou o Laboratório de Sintaxe Espacial no University College de Londres e, no ano seguinte, tornou-se o diretor administrativo da Space Syntax Limited, a empresa de consultoria particular do laboratório. Assim como o restante do campo de estudos sobre o espaço público, a sintaxe espacial opera com um intercâmbio próximo entre pesquisa e prática. Nos últimos anos, a abordagem da sintaxe espacial foi usada em vários países e a metodologia passou de um foco exclusivo na movimentação para outros fatores como funções e densidade de construções[125].

A firma de consultoria Space Syntax contribuiu com o desenvolvimento do plano diretor para a Vila Olímpica em Stratford, em Londres (2012), analisando as conexões dentro e em torno da área olímpica. O mapa foi feito com ajuda de informações de programas de computadores sobre a probabilidade de pedestres, ciclistas e motoristas escolherem um ou outro caminho e quais espaços e parques públicos teriam a maior ou menor probabilidade de serem usados.

A escala de cores ilustra os resultados, com azul representando o menos provável e vermelho, o mais provável. O diretor administrativo da Space Syntax, Tim Stonor, escreveu: "Esse mapa captura a essência de Londres: pessoas se deslocando e interagindo no espaço; compartilhando histórias e ideias; fazendo negócios, criando e inovando; uma rede social e econômica, que se desenrola nas ruas e nos espaços públicos."[126]

O mapa ilustra como a interação entre espaço público e vida na cidade é o ponto de partida dos estudos da Space Syntax. Entretanto, a forma como a informação é apresentada não é a vida da cidade e as situações ao nível dos olhos, o que é o caso, em geral, nos estudos sobre a vida na cidade. Pelo contrário, a sintaxe espacial representa uma versão mais técnica, lógica e abstrata dos estudos sobre a vida na cidade.

Grau de acessibilidade

Alto

Baixo

Em geral, as publicações de sintaxe espacial contêm muitos mapas coloridos mostrando onde as ruas se conectam em uma cidade ou bairro. Quanto mais quente a cor, maior o potencial de movimentação na área. As linhas também podem variar em densidade. Por exemplo, uma rua conectada a muitas outras ruas é acessível a partir de muitos pontos e, normalmente, será vermelha com muitas linhas cruzadas. Por outro lado, uma rua sem saída – e, portanto, não conectada com muitas outras ruas – será tipicamente registrada como uma linha fina azul e isolada.

Para leigos, os mapas da sintaxe espacial podem ser de difícil leitura. Há um grau maior de abstração nos estudos de sintaxe espacial do que nos estudos manuais da vida na cidade. O método depende mais de especialistas devido ao seu componente matemático, bem como à programação de computador necessária para processar os dados. Apesar de representar estudos sobre a interação entre vida e forma na cidade, a sintaxe espacial se afasta dos estudos manuais da vida na cidade com relação aos valores básicos. As ideias de que a cidade deve ser vista e descrita, ao nível dos olhos, são sagradas para os tradicionalistas; estar na cidade é um pré-requisito para entender a interação entre vida e forma; assim, idealmente, os métodos e meios de comunicação devem ser ferramentas relativamente simples.

Coleta de Dados Manual e Automatizada

Estes parágrafos sobre registros por GPS, sintaxe espacial e a influência geral do desenvolvimento tecnológico nos estudos sobre a vida na cidade foram escritos em 2012, e as soluções técnicas avançadas, no geral, ainda estavam em seus primórdios. Para o futuro, haverá os significativos desafios de produzir resultados confiáveis e projetar *softwares* que possam processar a enorme quantidade de dados envolvidos, para que os não especialistas também possam participar.

Esse tipo de especialização contrasta fortemente com as escolas de estudos sobre a vida na cidade de Berkeley e Copenhague, com sua ênfase em ferramentas simples e métodos que podem ser usados por todos. Isso não significa que as novas tecnologias não possam contribuir de modo construtivo para os futuros estudos do espaço público. Espera-se que o preço dos equipamentos caia drasticamente dentro de alguns anos e que o uso dos equipamentos e o processamento de dados subsequente sejam simplificados. Esse desenvolvimento, sem dúvida, significará que a sintaxe espacial, os estudos por GPS e outros tipos semelhantes de metodologias se tornarão ferramentas mais acessíveis para mais e mais pessoas. Hoje, ferramentas automáticas e técnicas para o estudo do espaço público e da vida na cidade são encontradas, principalmente, nas universidades técnicas.

The Social Logic of Space (**1984**)

Em 1984, a figura paterna da sintaxe espacial, Bill Hillier, escreveu, junto com Julienne Hanson, o livro *The Social Logic of Space*, considerado o livro-básico da sintaxe espacial[127]. Eles estudaram as conexões entre a vida social e as estruturas urbanas e, como sugere o título, seu ponto de partida não é nem pessoal nem militante como o de outros pioneiros dos estudos sobre a vida na cidade. Para mapear a logística social, usaram observações sobre a maneira com que as pessoas caminham pelo espaço público ou dados de SIG (Sistema de Informação Geográfica, GIS em inglês). O objetivo é quantificar dados a tal ponto que possam ser usados, com ajuda de programas de computador, para calcular a probabilidade de as pessoas andarem numa direção ou em outra, em construções existentes ou futuras e nas diferentes regiões da cidade.

A publicação do livro de Hillier marca as novas opções tecnológicas no campo dos estudos sobre a vida na cidade e um acesso, mais abstrato e baseado na lógica, ao espaço público e à vida na cidade, iniciado nos anos 1980.

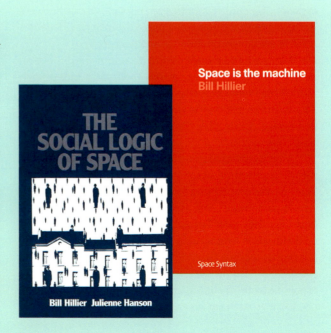

A coleta automatizada de dados significa que os observadores não precisam mais estar fisicamente presentes no espaço público, o que tem impacto na interpretação subsequente. Estamos falando de dados abstratos ou dados tangíveis, observados *in situ*, portanto contendo mais sutilezas com relação a interpretações posteriores?

A vida é diversa e imprevisível, e suas nuances e complexidade não podem realmente ser capturadas por métodos automáticos de coleta.

Um conceito básico de desenvolvimento de métodos para pesquisadores manuais tradicionais do espaço público é ir à cidade para vivenciar, descobrir conexões e observar as interações entre espaço público e vida na cidade.

No século XXI, já é praticamente ponto pacífico qualificar as conexões entre forma e vida urbanas a fim de considerar as condições de vida e de trabalho. Há um amplo espectro de métodos – manuais ou automáticos – para se concentrar no que antes havia sido negligenciado. Entretanto, as evidências mostram que estamos longe de poder dar como certo que conseguimos fazer com que a forma urbana e a vida urbana interajam. O sucesso exige esforços sensíveis, determinados e concentrados para captar e controlar a vida urbana.

Vida Urbana em Retrospecto

Na Idade Média, a construção de cidades era essencialmente baseada nas necessidades humanas. Técnicas artesanais, experiência e conhecimento eram passados de geração em geração e utilizados na arena pública e vida na cidade das cidades medievais, onde todos andavam a pé.

A ascensão do modernismo e do automóvel deslocou o foco da vida na cidade. A partir dos anos 1960, vários pesquisadores reagiram à mudança e seus livros e métodos criaram a base para os estudos da vida na cidade. Seu ponto de partida era ir à cidade, observar a vida urbana e aprender com suas observações.

Acompanhando as mudanças de objetivos de desenvolvimento na sociedade, os urbanistas e os conselhos municipais ficaram mais propensos a aceitar os estudos sobre a vida na cidade para fortalecer suas localidades na competição dos finais dos anos 1980. Temas mais subjetivos como sustentabilidade, saúde e responsabilidade social começam a liderar as agendas urbanas, fazendo com que os estudos da vida na cidade se tornassem mais relevantes. Valores objetivos como a economia também encorajaram as autoridades a usar os estudos sobre espaço público e vida na cidade como ferramenta para documentar o desenvolvimento da vida urbana e atrair contribuintes, turistas e investidores na crescente competição entre elas. Malgrado o fato de trabalhar com a interação entre vida na cidade e espaço público estar, cada vez mais, se tornando ponto pacífico, os estudos sobre a vida na cidade não eram, de modo algum, parte de todos os repertórios de ferramentas urbanas aqui, no início do século XXI.

Observações Interdisciplinares ao Nível dos Olhos

Observações diretas são as principais ferramentas para estudar a interação entre espaço público e vida na cidade. O objetivo é ver a cidade ao nível dos olhos, da perspectiva dos pedestres, não como uma configuração abstrata vista de um avião ou, numa tela, como linhas geradas por computador. Ser capaz de ver a cidade ao nível dos olhos exige várias habilidades para qualificar a inter-relação da vida e do espaço na cidade numa dialética entre pesquisa e prática.

São, especialmente, anglo-saxões e escandinavos os pesquisadores envolvidos nesse tipo de estudos sobre espaço público-vida e atividade públicas nas cidades. Eles são conhecidos por sua abordagem pragmática, pouco ligada à teoria, do que se depreende que não estão presos a um discurso acadêmico estabelecido. Visto em retrospectiva, pode-se perguntar se os estudos da vida na cidade deveriam caber num arcabouço marxista de entendimento, nos anos 1960, ou num discurso teórico básico inspirado pela filosofia francesa do final do século. Essas e outras plataformas teóricas seriam uma opção, mas os pioneiros da vida na cidade eram mais pragmáticos do que teóricos.

A ideia basilar é sair na cidade para aprender e desenvolver métodos numa dialética entre pesquisa e prática, em vez de escrever sobre estudos da vida na cidade como um campo numa estrutura acadêmica. Como escreveu Jane Jacobs: "As cidades são um imenso laboratório de tentativa e erro, fracasso e sucesso, na construção e no projeto da cidade. Este é o laboratório com o qual o planejamento urbano deveria estar aprendendo, formando e testando teorias."[128] Gehl, Whyte e muitos outros operacionalizaram as preocupações de Jacobs nos anos seguintes.

Do Espectro de Metrópoles Moribundas a Cidades Para Pessoas

Os títulos dos livros publicados com o tema estudos sobre a vida na cidade e o espaço público refletem o correspondente

Abaixo: a área portuária B001, em Malmø, na Suécia, é um exemplo de bairro no qual o conhecimento da interação entre espaço público e vida na cidade foi incorporado no plano geral, assim como em espaços urbanos e edificações individuais. O resultado é um bairro atraente – de expressão contemporânea.

desenvolvimento de um chamado de socorro a um campo estabelecido.

Já em 1961, o livro de Jane Jacobs era um vivo chamado à luta: *Morte e Vida de Grandes Cidades*. Uma década mais tarde, Jan Gehl sistematizou e operacionalizou o desafio em seu livro *Life Between Buildings* (1971). Nas duas décadas seguintes, o objetivo foi estabelecer e comunicar um conhecimento básico e métodos para estudar a vida na cidade e sua interação com o espaço público. A vida era a essência do livro de William H. Whyte, *The Social Life of Small Urban Spaces,* de 1980. A necessidade de gerar conscientização sobre a falta de apreço pela vida na cidade no planejamento urbano continuou, como ilustrado pelo polêmico título do livro de Clare Cooper Marcus, *Housing as if People Mattered*, publicado em 1985.

Uma vez criada a conscientização sobre a vida na cidade e a necessidade de levar a vida urbana a sério, o espaço público, os bairros e lugares específicos encontraram seu lugar nos títulos das obras. Whyte já havia tratado de pequenos espaços urbanos e Gehl, da vida entre as edificações. Allan Jacobs saiu às ruas com seu livro *Great Streets* publicado em 1995, e Gehl e Gemzøe enfocaram novos espaços urbanos em *New City Spaces* em 2000. A vida não estava no título do último livro nem no *How to Turn a Place Around* do PPS, também publicado em 2000, apesar do enfoque sobre os usuários na abordagem do último. Isso testemunha o fato de que os estudos sobre a vida na cidade, gradualmente, haviam se firmado nos campos da arquitetura e do planejamento urbano e, assim, não tinham mais os mesmos vínculos com a sociologia e a psicologia que tiveram, originalmente, nos anos 1960 e 1970. Outra interpretação é que, conforme o campo se estabelecia, pesquisadores e publicações tornavam-se mais especializados.

Vistos de uma perspectiva histórica, os títulos refletem o gradual estabelecimento desse campo. Mais livros, abordando os métodos usados para estudar o espaço púbico e a vida na cidade eram publicados. Por exemplo, *Looking at Cities*, de Allan Jacobs (1985), que trata de observações, *Representations of Places*, de Bosselmann (1998), sobre os problemas da disseminação dos conhecimentos sobre a vida na cidade, enquanto boa parte do *Public Spaces, Public Life* de Gehl e Gemzøe (1995) também trata de métodos usados para estudar a interação do espaço público e da vida na cidade.

Decidindo que havia chegado a hora de documentar as mudanças que apareceram durante os quarenta anos em que a vida na cidade de Copenhague havia sido estudada, em 2006, Gehl e Gemzøe e outros novamente abordaram o tema, dessa vez concentrado, em *New City Life*. O caráter da vida na cidade havia se deslocado de atividades ditadas pela necessidade para atividades por escolha.

Em 2008, Bosselmann deu uma visão retrospectiva através de uma grande série de estudos sobre a interação entre espaço público e vida e atividade nas cidades em *Urban Transformation*. Em 2010, Jan Gehl, em seu livro *Cidades Para Pessoas,* resumiu quarenta anos de estudos sobre a vida na cidade e deu muitos exemplos diferentes do mundo todo sobre o trabalho com a interação entre espaço público e vida na cidade do final dos anos 1960 até hoje. O fato de que várias décadas de trabalho possam ser documentadas é prova de que o campo está de fato estabelecido. Ao mesmo tempo, as vozes dos pioneiros continuam a ser ouvidas.

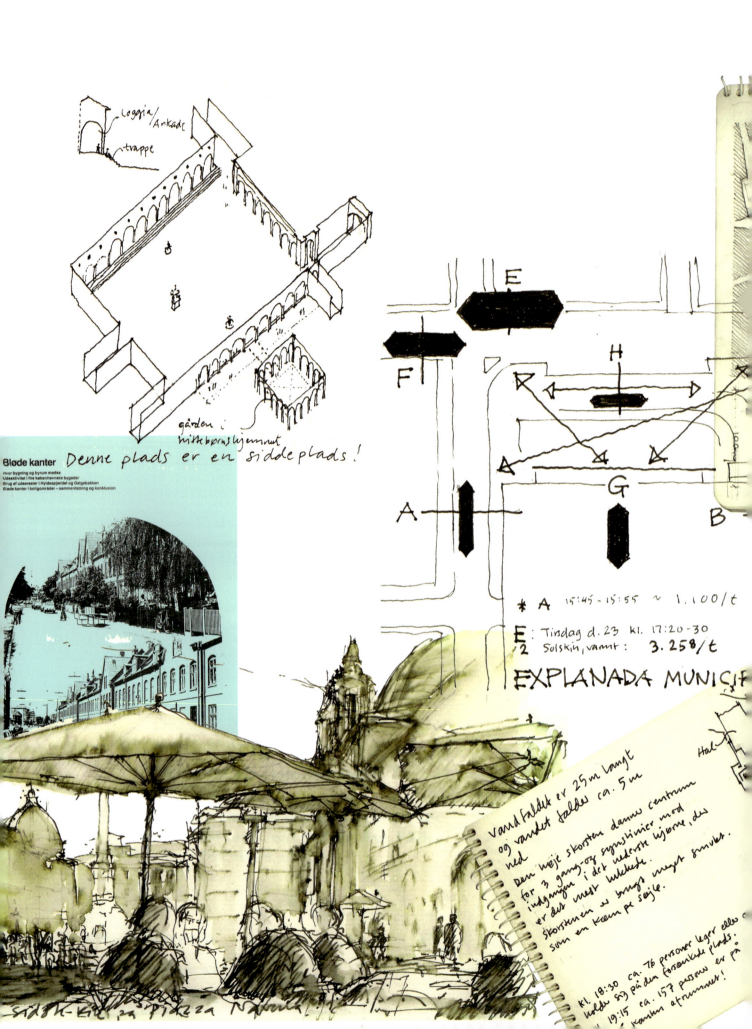

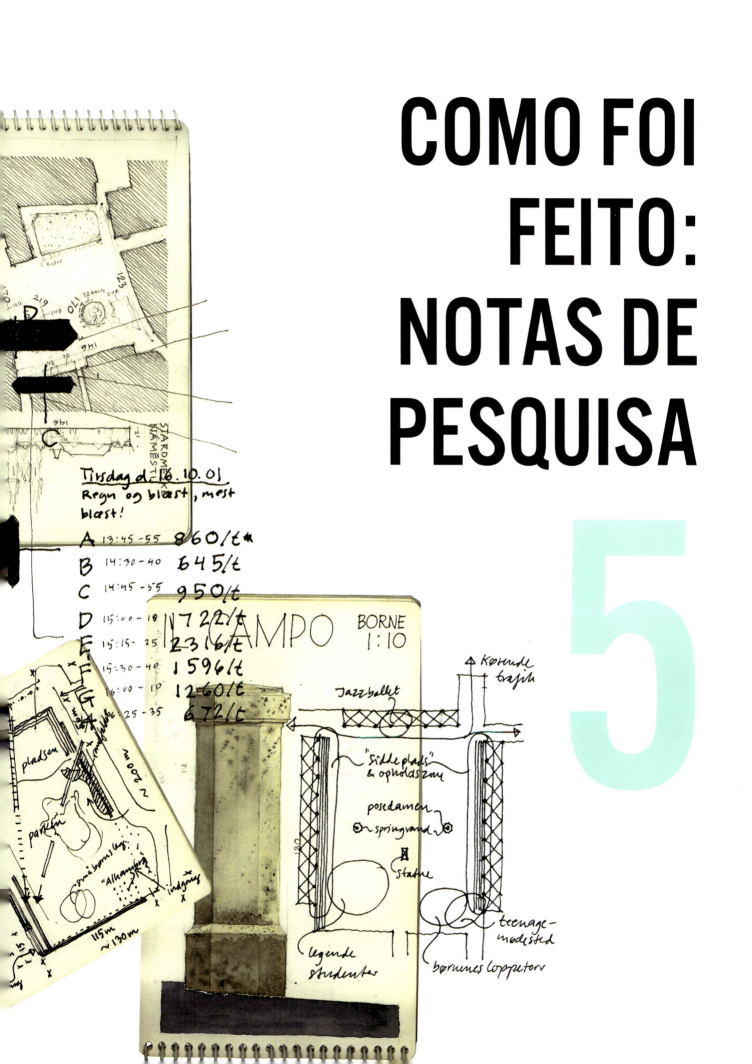

COMO FOI FEITO: NOTAS DE PESQUISA

5

Uma coisa é ler a respeito de ferramentas ou adotar teorias sobre como as pessoas podem se comportar em espaços públicos, outra coisa bem diferente é a observação em campo.

As referências deste capítulo são como páginas arrancadas de cadernos: páginas com anotações sobre por que e como várias ferramentas foram usadas, que áreas foram selecionadas para estudo etc. Reunidas, as várias histórias formam um quadro que mostra a amplitude dos estudos sobre a vida na cidade e, individualmente, podem servir como inspiração específica para estudos.

As breves histórias das pesquisas descrevem o desenvolvimento e uso de ferramentas para estudos sobre a vida na cidade. São relatos retrospectivos e, tanto quanto possível, feitos a partir do campo no qual as ferramentas são muitas vezes desenvolvidas e adaptadas a situações específicas. A ênfase é na seleção, no desenvolvimento e no uso de ferramentas e não nos resultados. Algumas referências descrevem um trecho de um estudo maior.

Os exemplos trazem relatos em primeira mão de por que e como a interação entre a vida na cidade e o espaço público é estudada. Embora os exemplos sejam, basicamente, dos autores e de outros integrantes da Gehl Architects, incluímos também estudos de outros pesquisadores para mostrar diferentes metodologias e pontos de vista.

Cada história consiste de um título, mais a informação factual sobre quem conduziu o estudo, onde e como ele foi efetuado, e a fonte, se o estudo foi publicado. Nesse caso, será citada a referência mais antiga, para que o leitor possa encontrar o estudo original.

As ferramentas para os estudos sobre a vida na cidade são desenvolvidas, ajustadas e adaptadas ao objetivo de estudos individuais e ao contexto local, quando em campo. As fotografias da página ao lado apresentam observadores em várias cidades: no alto, à esquerda, estudos em Perth, na Austrália ocidental, 1978; no alto, à direita, observações em Chongqing, na China, 2010; no meio, à esquerda, close-up do processo de contagem em Adelaide, na Austrália, 2011; no meio, à direita, Jan Gehl fotografando em Melbourne, na Austrália, 2013; embaixo, registros da vida na cidade em Chennai, na Índia, 2010

BONS LUGARES PARA FICAR EM PÉ

Estudo dos Lugares Preferidos Para Ficar em Pé Numa Praça Pública

Quem: Jan Gehl
Onde: piazza del Popolo, Ascoli Piceno, Itália
Quando: sexta-feira, 10 de dezembro de 1965, 17h30
Método: mapeamento comportamental
Publicação: Jan Gehl e Ingrid Gehl, Mennesker i Byer (Pessoas nas Cidades, em dinamarquês), *Arkitekten*, n. 21, 1966[1]

As atividades no espaço público podem ser divididas fundamentalmente entre transitórias e estacionárias. Atividades transitórias podem ser registradas apenas usando-se um contador para calcular o número de pedestres que caminham por trechos escolhidos. Outros métodos de "contagem" são necessários para se ter uma ideia sobre atividades estacionárias. O mapeamento comportamental é uma ferramenta simples, bastante adequada para um espaço que não é muito grande.

Em 1965, estudos sobre bons espaços para se ficar em pé na praça, na cidade italiana de Ascoli Piceno, ilustram esse método. Ao mapear a posição de todas as pessoas na praça que não estão caminhando, o observador precisa fazer apenas um registro para ter uma boa visão geral de bons lugares para se ficar em pé.

Nesse dia bastante frio de Dezembro (9º C) na piazza del Popolo, registrou-se 206 pessoas na praça às 17h30, 105 das quais caminhavam por ela, enquanto 101 estavam em pé. O estudo foi feito em menos de dez minutos.

Como estudos semelhantes, o da praça em Ascoli Piceno mostrou que os pedestres tipicamente cruzam o espaço, enquanto as pessoas paradas escolhem seu lugar, com cuidado, mais nos espaços de transição.

A preferência por ficar junto às colunas dos arcos, sob as arcadas e ao longo das fachadas é clara. Na praça em si, todas as pessoas em pé estavam conversando. Se encontram um conhecido enquanto caminham pela cidade, eles tendem a parar e conversar onde se encontraram, mesmo que seja no meio da praça.

Estudos como esse ajudaram a chamar a atenção para a importância das áreas próximas aos espaços de transição, um tópico que desde então tem tido um papel-chave em nossa compreensão da interação entre vida na cidade e espaço público.

Na piazza del Popolo, o mapeamento comportamental foi usado para registrar as atividades estacionárias e alguns padrões foram identificados onde havia poucas ou muitas permanências em relação às edificações, desenho do espaço, outras pessoas etc. Esses estudos claramente mostram o que foi, posteriormente, chamado de efeito borda: o fato de haver maior probabilidade de as pessoas ficarem nos espaços de transição[2]. O mapeamento comportamental pode trazer uma imagem clara de como as pessoas ficam em determinados espaços públicos.

Planta e foto: piazza del Popolo, na cidade de Ascoli Piceno, Itália, 1965.

Acima: o mapeamento comportamental é usado para mostrar onde as pessoas ficam em pé; todos os que estão em pé na praça, num dado momento, são indicados na planta.

Abaixo: "Aqui, na semiobscuridade ou junto aos pilares, a pessoa pode estar presente e discreta, pode ver tudo o que está acontecendo, mas ainda permanecer parcialmente oculta."[3]

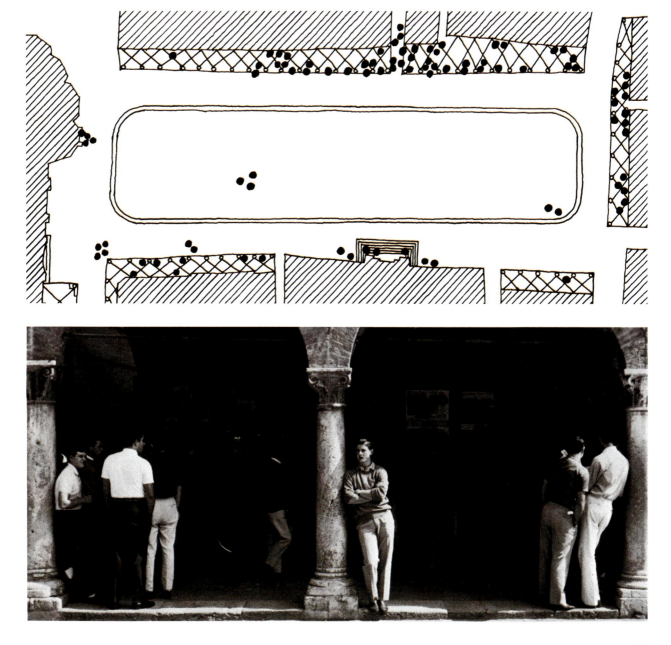

85

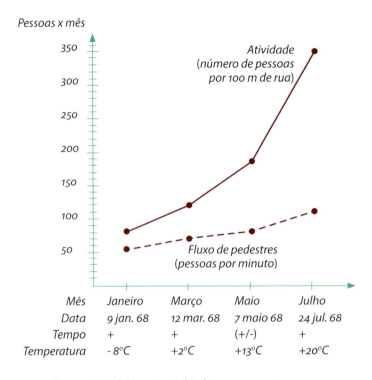

Mês	Janeiro	Março	Maio	Julho
Data	9 jan. 68	12 mar. 68	7 maio 68	24 jul. 68
Tempo	+	+	(+/−)	+
Temperatura	−8°C	+2°C	+13°C	+20°C

Texto original da revista Arkitekten, *n. 20, 1968:*

Representação gráfica da relação entre fluxo de pedestres e nível de atividade (multidão) na rua Strøget, a principal via de pedestres de Copenhague, de janeiro a julho. A linha tracejada mostra o número médio de pedestres por minuto (durante o dia). A linha sólida marca o número médio de pedestres caminhando, em pé ou sentados, em um trecho de cem metros de rua. Registros como esse, que incluem o número de pessoas e seu tempo de permanência, podem ser utilizados para avaliar áreas de pedestres.

1. Atividade na rua Strøget, 09 de Janeiro, às 15h00, temperatura de −8º C.

O fluxo de pedestres é 70 pessoas/minuto, velocidade média de caminhada de 62 seg. /100m. O dia é frio e as pessoas têm de continuar caminhando para se manter aquecidas. O pedestre individual fica no campo de visão do observador por 124 segundos.

2. Atividade na Strøget, 24 de julho, 15h00, +20°C.

O fluxo de pedestres é de 125 pessoas/minuto, velocidade média de caminhada de 85 seg. /100 m. O pedestre individual, agora, fica no campo de visão do observador por 170 segundos. A redução de velocidade significa que, no verão, com o mesmo fluxo de pedestres, 35% mais pedestres estão na rua[4]*.*

Strøget, a principal rua de pedestres de Copenhague, no inverno e no verão de 1967.

QUEM CAMINHA, COM QUE VELOCIDADE, QUANDO?
Estudo de Velocidade da Caminhada, Categorias de Pessoas e Estações do Ano

Quem:	Jan Gehl
Onde:	rua de pedestres (Strøget) Copenhague, Dinamarca
Quando:	janeiro, março, maio e julho, 1967
Método:	rastreamento
Publicação:	Jan Gehl, Mennesker til Fods (Pessoas a Pé, em dinamarquês), *Arkitekten*, n. 20, 1968[5]

Saber com que velocidade as pessoas andam num espaço público é importante em inúmeros contextos. Uma caminhada de cinco minutos pode cobrir várias distâncias dependendo da velocidade do caminhar. Para estudar a influência das estações do ano no ritmo da marcha, foi feito um estudo na Strøget, a principal rua de pedestres em Copenhague, tanto no verão como no inverno de 1967.

No extremo mais rápido da faixa de velocidades na rua de pedestres, em 1967, estavam os pedestres que tinham um objetivo, basicamente homens desacompanhados, cronometrados andando 100 metros em apenas 48 segundos (a uma velocidade de 125 m/min). Uma pessoa andando mais rápido pode, normalmente, vencer 500 metros em cinco minutos (6 km/hora).

No extremo mais lento, estavam idosos, portadores de necessidades especiais, famílias com crianças pequenas e pessoas passeando num ritmo bem pausado. O tempo mais lento registrado foi o de um policial em patrulha que levou 137 segundos (2,5 km/hora) para percorrer 100 metros.

O ritmo de caminhada dos pedestres nas ruas da cidade pode ser registrado com facilidade pelo método conhecido como "rastreamento". Primeiro, o observador mede uma distância de cem ou duzentos metros: uma discreta marca de giz no chão serve para delimitar o início e o fim do percurso. O observador então aciona um cronômetro, segue a pessoa e mede o tempo de cada indivíduo para cobrir a distância medida. É claro, o observador mantém uma distância apropriada da pessoa seguida. O observador entra no ritmo do indivíduo selecionado bem antes da marca de giz e usa o cronômetro para registrar o tempo que cada um leva para cobrir aquela distância.

É fácil selecionar e registrar os pedestres mais rápidos e os mais lentos, mas também é preciso determinar a velocidade média de todas as pessoas andando por uma determinada área. Para isso, é necessário seguir um número bastante grande de pessoas selecionadas ao acaso (cerca de cem). A seleção aleatória pode ser obtida, por exemplo, ao se escolher uma em cada cinco pessoas que entram na "área de teste", até que o observador tenha cronometrado um grupo suficientemente grande para calcular a média.

Uma vez que o observador tenha calculado o ritmo médio da caminhada, é possível observar variações interessantes no decorrer de um dia, semana ou ano. Na Strøget, as pessoas andam mais rápido de manhã e de tarde, e mais devagar no meio do dia. Como se poderia esperar, as pessoas andam mais rápido nos dias da semana do que nos finais de semana.

Há também grandes variações no decorrer do ano. Os pedestres da Strøget caminham bem mais rapidamente nos meses frios de inverno do que no verão. A velocidade média de caminhada é de 62 segundos por 100 metros, num dia de janeiro (inverno), e de 85 segundos em julho (verão). Naturalmente, as pessoas andam mais rapidamente quando está frio, para manter-se aquecidas, mas, além disso, a caminhada no inverno tende a ser mais voltada para um objetivo do que no verão, quando muitos andam por prazer.

A velocidade do caminhar tem um papel na forma como se percebe a vida na cidade. Quando os pedestres estão com pressa, eles logo desaparecem; por outro lado, pedestres que andam lentamente pela rua ficam por mais tempo no campo de visão do observador. Isso significa que as ruas são vivenciadas de modo mais ativo no verão do que no inverno – mesmo com um número igual de pessoas nas ruas.

Na rua de pedestres de Copenhague, se caminha 35% mais lentamente no verão do que no inverno. Essa diferença na velocidade significa que apesar de serem observadas 35% pessoas a mais nas ruas no verão do que no inverno, na verdade não há mais pessoas na rua, elas apenas se deslocam mais devagar.

Acima: planta da praça Blågårds em Copenhague. O tráfego de pedestres foi registrado das 16h00 às 16h30, em uma quarta-feira, em maio de 1968. As linhas não foram desenhadas com precisão cirúrgica, mas apenas para mostrar o padrão geral de movimentação[6]. Se os movimentos são registrados ao longo do dia, eles podem ser vistos isoladamente ou comparados para indicar as diferenças, dependendo do horário do dia.

Os registros também podem ser superpostos para fornecer uma visão combinada dos movimentos ao longo do dia, o que também funciona para dias diferentes, dias úteis/finais de semana, inverno/verão e assim por diante.

As pegadas, na parte inferior da fotografia, na praça Blågårds, em um dia de inverno, de 2013, revelam que as pessoas ainda cortam caminho pelo meio da praça, mesmo na neve.

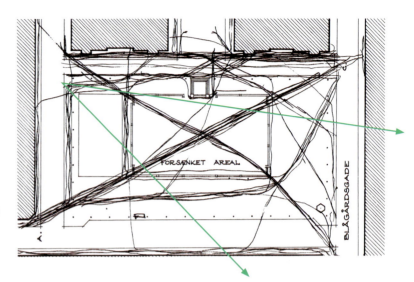

O CAMINHO DIRETO
Estudo dos Padrões de Movimentação Através de Uma Praça

Quem: Jan Gehl
Onde: praça Blågårds, Copenhague, Dinamarca
Quando: tarde de maio, 1968
Método: linhas de movimentação
Publicação: Jan Gehl, Mennesker til Fods, *Arkitekten*, n. 20, 1968[7]

Esse estudo de 1968 sobre linhas de movimento através da praça Blågårds em Copenhague, atendeu a dois propósitos: ver quais rotas os pedestres escolheriam para cruzar a praça e entender qual o impacto que uma depressão de quatro degraus no meio de uma praça teria sobre a preferência da rota para pedestres.

Foram feitas observações a partir de uma janela no segundo andar, que propiciava boa visão da praça. O estudo foi feito traçando-se as linhas de movimentação num desenho da praça.

Após somente trinta minutos de observação, os padrões dominantes de movimentação ficaram claros no desenho. Quase todos os pedestres escolheram o caminho mais curto, mesmo quando a rota diagonal implicava subir e descer quatro degraus da depressão. Os pedestres que contornavam a depressão estavam quase todos ou empurrando um carrinho de bebê ou uma bicicleta.

Um novo padrão foi observado à noite. Quase todos os pedestres que atravessavam a praça andavam pelos espaços de transição, que eram bem iluminados, raramente escolhendo o centro escuro da praça.

VÁRIOS BONS MOTIVOS
Estudo de Atividade e Motivos Para Estar no Espaço Público

Quem: Jan Gehl
Onde: espaço urbano na Itália e na Dinamarca
Quando: 1965-1966
Método: documentação fotográfica
Publicação: Jan Gehl e Ingrid Gehl, Mennesker i Byer (Pessoas nas Cidades, em dinamarquês), *Arkitekten*, n. 21, 1966[8]

Em 1965, Jan Gehl recebeu uma bolsa de estudos de seis meses para ir à Itália recolher material básico sobre a interação entre espaço público e vida na cidade. As situações que embasavam os dados coletados foram fotografadas durante o trabalho.

Desde o início do processo, ficou claro que as pessoas nem sempre têm uma razão prática óbvia para estar num espaço público. Se forem questionadas diretamente, poderão dizer que estão na cidade para fazer compras ou alguns afazeres. Os inúmeros bons motivos e argumentos sensatos para se estar num local público mostram ser, muitas vezes, racionalizações para padrões de atividades que mesclam o útil ao agradável. Nesse contexto, o comportamento racionalmente explicado pode encobrir o estar no espaço público com o propósito de olhar as pessoas e a vida na cidade em geral. As fotografias selecionadas da Itália (e uma da Dinamarca), na página ao lado, mostram a ambiguidade das ações, incluindo várias desculpas para ficar no espaço público.

Estudos posteriores confirmaram essa conclusão com dados, mas nesses estudos preliminares, são as fotografias que documentam as várias desculpas para as pessoas estarem em local público.

Os observadores ficavam de olhos e ouvidos abertos enquanto recolhiam dados e tiravam fotografias por um longo período, o que os levou a concluir que a presença das pessoas no espaço público pode ser, muitas vezes, caracterizada como uma necessidade adiada. Apesar de ser verdade que as pessoas saem de casa por um motivo racional, em muitas situações, a razão real para escolher o espaço público é simplesmente estar lá –, em outras palavras, ver e ser visto.

A observação ressalta a importância de garantir que o espaço público tenha algo a oferecer e que esse "algo" não precisa ser uma grande ostentação de verde ou de fontes. Um banco para sentar ou um par de pombos como entretenimento pode ser o suficiente para criar vida num espaço público – mas o elemento mais importante é: outras pessoas.

As fotografias ilustram várias formas de abraçar o espaço público, vários tipos de atividades. As razões são as pessoas no espaço público e como o espaço público e as construções podem possibilitar – ou desencorajar – a atividade humana. Em contraste com a tradicional fotografia arquitetônica, aqui as características arquitetônicas individuais são secundárias à experiência que se desenrola no espaço público.

Ao longo dos anos, Jan Gehl capturou inúmeras situações corriqueiras que descrevem o comportamento das pessoas nas cidades. Os temas dessas fotografias, de meados dos anos 1960, foram cuidadosamente selecionados, porque antes da era digital era um processo dispendioso tirar e revelar fotografias.

A função da cidade para as pessoas
Jan Gehl, Mennesker i Byer, Arkitekten, n. 21, 1966⁹

Necessidade de reconhecimento social. Caminhar é uma das formas de satisfazer a necessidade de ver e ser visto. (Roma, Itália)

Um jornal é um acessório útil para usar como desculpa para permanecer em um local badalado da cidade. (Mântua, Itália)

A necessidade de passividade. Os espaços ativos da cidade garantem condições altamente aceitáveis para pessoas permanecerem passivas. (Lucca, Itália)

Cuidar de crianças brincando é uma excelente razão para estas mães ficarem no espaço público. (praça Blågårds, Copenhague, Dinamarca)

A necessidade de movimento, luz e ar. Essas são necessidades secundárias na cidade, porque podem ser satisfeitas em inúmeros outros lugares. (Arezzo, Itália)

Alimentar os pombos pode ser o objetivo de uma caminhada, bem como uma desculpa para permanecer no espaço público. (Milão, Itália)

TEORIA E PRÁTICA
Estudo de Padrões de Caminhada em Nova Área Residencial

Quem: Jan Gehl e família Fabrin em caminhadas
Onde: Albertslund Syd (sul), Dinamarca
Quando: janeiro 1969
Método: monitoramento (*shadowing*)
Publicação: Jan Gehl, En Gennemgang af Albertslund (Caminhada Por Albertslund, em dinamarquês), *Landskab*, n. 2, 1969[10]

O conjunto habitacional de Albertslund Syd, uma nova área a oeste de Copenhague, foi construído no início da década de 1960, com base em teorias contemporâneas relativas à segurança de trânsito, que implicavam a separação efetiva de pedestres e tráfego veicular. Os carros tinham um sistema viário totalmente sem calçadas, enquanto os pedestres tinham seu próprio sistema de caminhos, com acesso direto, sem veículos, a todas as habitações, caminhos longos e planos por todo o complexo, e túneis sob todas as estradas. Em teoria, esse era o sistema seguro e perfeito de tráfego.

Pelo menos era o que parecia na prancheta, mas e na prática? Como os moradores se deslocavam? Desde o início, havia sinais claros de que o sistema não funcionava como planejado. Além de usar os caminhos fechados aos veículos, parecia que os residentes, do mais jovem ao mais velho, tendiam a buscar as rotas mais diretas, independentemente das teorias sobre segurança de tráfego. O sistema de pedestres era, com certeza, fechado aos carros, mas ele determinava muitos desvios e conexões indiretas.

Uma revisão documentada da área foi programada para esclarecer o assunto. Morando na extremidade final do complexo, uma mãe de família e seu filho mais novo, muitas vezes, atravessavam toda a área para fazer compras no centro da cidade. Foi acertado que a pequena família continuaria a seguir sua rota habitual, mas que, num dia escolhido ao acaso, um pesquisador do espaço público iria segui-los e anotar as rotas, horários, distrações e problemas, enquanto tirava fotos pelo percurso. A caminhada de 1,3 km levou 31 minutos e mostrou-se tão direta e objetiva quanto possível, sem levar em conta se os trechos se situavam nas vias de tráfego, através de estacionamentos ou nos caminhos para pedestres.

No total, quase um terço do caminho foi percorrido em áreas onde não deveria haver nenhum pedestre. O percurso incluiu cruzar várias vias de veículos, situações nas quais os motoristas não estavam atentos ao surgimento de pedestres. A caminhada da família demonstrou, de forma convincente, que o mundo teórico dos engenheiros de tráfego era consideravelmente diferente do mundo real habitado pelos moradores.

Durante vários anos, essa área de "tráfego seguro" figurava com destaque nas estatísticas de acidentes, porque muitos pedestres, ao andarem pelas vias de veículos, eram atropelados. Depois de anos, então, todo o sistema de tráfego de Albertslund Syd foi refeito. O novo projeto divergia do princípio de separação das categorias de tráfego, usando, em vez disso, um sistema baseado na integração e coexistência dos vários tipos de tráfego, que corresponde à forma como a área é, de fato, utilizada.

Albertslund Syd, janeiro, 1969. Percorrendo, com os moradores, o caminho que, geralmente, tomam para cruzar a área residencial. Localizado quinze quilômetros a oeste de Copenhague, o conjunto residencial Albertslund Syd foi projetado pelo escritório de arquitetura Fallestegnestuen em 1963-1968, com sistemas separados para tipos de tráfego.[11]

380 metros proibidos para pedestres

Jan Gehl, En Gennemgang af Albertslund, Landskab, n. 2, 1969[12]

Embora os não moradores critiquem os longos, uniformes e monótonos caminhos entre as casinhas geminadas de Albertslund, pessoas como Tove e Peter Fabrin não veem nisso nenhum problema. Verdade seja dita, Albertslund tem uma rede de pedestres 100% segura abaixo das vias de tráfego de veículos, mas essa não é a rota que a família Fabrin utiliza. Sua rota habitual passa por dentro de uma área de estacionamento e de ruas projetadas para o tráfego de automóveis em direção à via principal, a Sletbrovej, que eles atravessam rapidamente.

A caminhada continua pela Sletbrovej, onde a família caminha acima do túnel de pedestres, especialmente projetado para eles. Dos baixos e brancos muros, dos dois lados da via, que marcam a implantação do túnel, há uma boa vista das vias de pedestres, mas não temos tempo de aproveitar a vista, porque estamos com pressa.

A pequena família chega ao bairro Swan e vira à direita, cruzando, rapidamente, a área por baixo da estrada de acesso aos carros. O que dita a rota é apenas o desejo de percorrer o caminho mais curto e fácil e o mais fácil, em Albertslund, é ser um carro.

Então, quando a família atinge o estacionamento da área, eles viram à esquerda e – depois de 380 metros em área proibida para pedestres, ou melhor, em ruas destinadas ao tráfego de automóveis, eles entram no sistema de caminhos de pedestres de Albertslund pela primeira vez. Caminham ao longo de algumas edificações, descem algumas escadas e passam pelo lote vago onde, um dia, a igreja será construída, atingindo a rua do Canal (Canal Street), a coluna dorsal e principal de Albertslund.

Fotos selecionadas da série que acompanha o artigo, que inclui todos os trechos da caminhada.

PESQUISA-AÇÃO
De um Lote Vago Com Cascalho a um Parque Infantil em um Dia

Quem: moradores da área e estudantes das universidades de Copenhague
Onde: Høje Gladsaxe, conjunto habitacional recém-construído num subúrbio de Copenhague, Dinamarca
Quando: sábado, 29 de abril de 1969
Método: pesquisa-ação
Publicação: Gehl et al., SPAS *4: Konstruktionen i Høje Gladsaxe* (SPAS 4: A Construção em Høje Gladsaxe, em dinamarquês), Akademisk Forlag, 1969[13]

"Nossos Pais Lá no Alto" era o título de uma análise bastante crítica do novo conjunto habitacional de treze andares em Høje Gladsaxe. O ponto de partida da crítica, escrita por Jan Gehl e publicada na revista *Lanskab* (Paisagem, em dinamarquês), n. 7, 1967, era que as áreas externas eram extremamente desinteressantes: "É o 'Menos é Mais' do modernismo convertido em habitação pública."

Vários estudos de atividade preliminares foram feitos no local, demonstrando que as áreas externas raramente eram usadas e que, sobretudo, apenas mulheres e crianças estavam nas residências durante o dia. Ficou claro que nem a arquitetura nem o paisagismo visavam a esses grupos, mas sim aos pais das famílias nos andares superiores, que podiam ver até à Suécia enquanto jantavam[14].

O artigo teve grande repercussão e tornou-se um dos muitos textos críticos sobre a onda de habitações modernistas construídas nessa época. Nesse período, também apareceram os primeiros estudos destacando a dificuldade das crianças em usar as áreas externas dos conjuntos habitacionais com muitos andares. No geral, ficou claro que havia problemas especiais referentes a esses conjuntos e que em Høje Gladsaxe, em especial, as áreas externas eram extraordinariamente rígidas e sem imaginação.

Um grande número de pais que vivia no complexo fez pressão junto às autoridades locais e habitacionais para melhorar a área do parquinho para as crianças, mas sem resultado. Então, o grupo contatou a SPAS (um grupo de estudos composto de sociólogos, psicólogos e arquitetos) da Escola de Arquitetura da Academia Real de Belas Artes da Dinamarca. Em 29 de abril de 1969, após uma cooperação próxima e intensa, os moradores e estudantes estavam prontos para embarcar na construção não autorizada de um grande parquinho de aventuras, num trecho coberto por cascalhos na frente do complexo.

Trabalhando desde bem cedinho até tarde da noite, cinquenta moradores e cinquenta estudantes construíram o grande parquinho em apenas um dia. A ação foi tão ampla e o objetivo tão popular que as autoridades nem tentaram impedir a empreitada ilegal. O parquinho tornou-se um imenso sucesso – tanto enquanto estava sendo construído – como por muitos anos depois.

Extraído da legenda original de SPAS, n. 4, 1969 para o desenho (acima à direita) da revista Bo Bedre, *n. 1. A caixa de areia para as crianças menores foi localizada perto dos blocos habitacionais número 9. Um parquinho infantil na chuva é triste, mas este tem uma área coberta*[15].

A ação de criar o parquinho infantil em Høje Gladsaxe foi realizada em protesto contra a negligência do modernismo às necessidades humanas. O objetivo era dar aos moradores do local, especialmente às crianças, melhores oportunidades para expressar-se, além de esquentar o debate sobre os edifícios e ideais modernistas. As fotos antes e depois mostram que o parquinho rompe a forte linha reta geométrica do modernismo, extrapolando os limites da área.

Um ótimo parquinho!
Ilustração da revista Bo Bedre n. 10, 1969

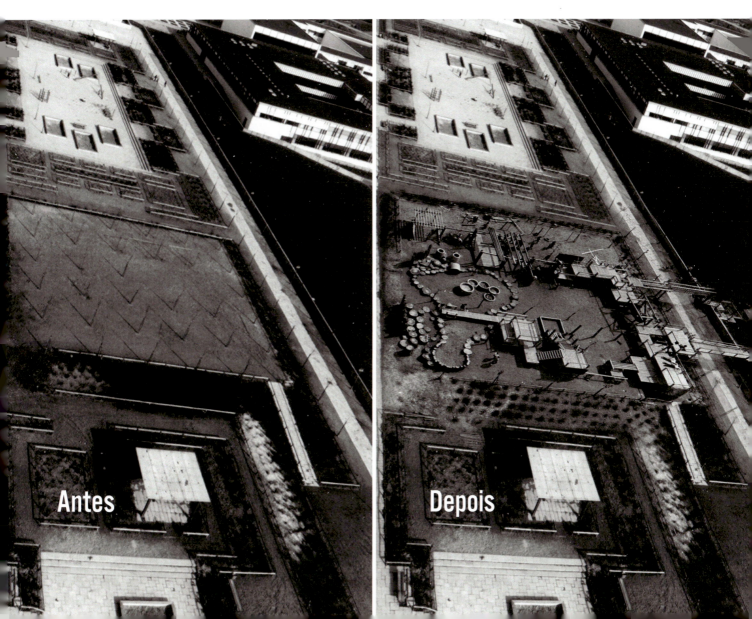

Antes

Depois

O método de fazer anotações em um diário surgiu em uma rua residencial do bairro Fitzroy, em Melbourne em 1976. Os observadores mantinham um diário para registrar as atividades da rua – desde bem cedo até tarde da noite. O balão contém trechos de um diário similar feito em estudos posteriores em Melbourne.[16]

EXCERTOS DO DIÁRIO DE DOMINGO

9H53 O SENHOR DA CASA 8 SAI DE CASA E GRITA PARA BRUNO, SEU CACHORRO, QUE ESTÁ BRIGANDO COM O CACHORRO DA CASA NO 15. DESCE A RUA COM A COLEIRA NA MÃO, COLOCA-A NO CACHORRO E ARRASTA-O PARA CASA.

12H48 A SENHORA (QUE MORA NA CASA 18) SAI DA CASA 9, VAI ATÉ A CASA DE NÚMERO 10 E CHAMA UM HOMEM PARA JANTAR.

13H26 O SENHOR DA CASA 9 (CERCA DE QUARENTA ANOS) SAI DA CASA PARA LAVAR UMA XÍCARA NA TORNEIRA DA VARANDA FRONTEIRIÇA.

15H37 DOIS HOMENS, (AMBOS COM SEUS TRINTA ANOS) ESTÃO CONVERSANDO NA VARANDA DA CASA 8. UM DELES SAI E ENTRA NA CASA 11 PARA AJUDAR A FAZER VINHO. AO ENTRAR, CONVERSA COM UMA GAROTA À PORTA.

16H37 QUATRO CRIANÇAS DA CASA 9 DESCEM A RUA EM UMA MOBILETE CARREGANDO UM BALDE DE PEIXES.

MÉTODO DO DIÁRIO
Capturar Detalhes e Nuances

Quem: Jan Gehl com grupo de estudos da Escola de Arquitetura, Universidade de Melbourne
Onde: Fitzroy, Melbourne, Austrália
Quando: sábados em março, 1976
Método: diário
Publicação: não publicado

Em março de 1976, alunos da Escola de Arquitetura de Melbourne receberam a tarefa de passar 24 horas em um local da cidade, de livre escolha, para documentar suas experiências. Foram divididos em grupos de dois ou três e escolheram as ferramentas com as quais documentar suas observações: desenhar, fotografar, narrar, escrever, fazer gravações de áudio ou usar outra técnica. Os grupos foram espalhados pela cidade: zoológico, mercado, estação de trens, prisão, redação do jornal local etc.

Dois estudantes decidiram passar esse período de tempo numa típica rua residencial com casas geminadas de um e dois andares, todas com áreas ou jardins frontais. Escolheram um segmento de cem metros na rua e assumiram suas posições no meio da noite para esperar o amanhecer, quando os moradores começariam a aparecer nos jardins e nas ruas.

Com base em vários estudos-piloto, decidiram registrar todas as atividades na rua na forma de um diário. O registro cobriria tudo o que ocorria na rua, de fachada a fachada, ou seja, nas áreas frontais ou em torno das cercas dianteiras, na rua e na calçada.

Um registro completo de tudo o que acontecia foi anotado no diário. Toda vez que alguém saía de uma das casas ou passava pela rua, o gênero, idade e endereço (se relevante) era anotado. Anotava-se também o tipo de atividade da pessoa envolvida, onde acontecia e se era uma atividade social (conversas, cumprimentos, crianças brincando etc.). Um elemento muito importante no processo de anotação era o registro de quanto tempo as pessoas passavam em cada atividade.

O fato de haver observadores na rua anotando tudo o que acontecia do amanhecer ao anoitecer, naturalmente, aguçou a curiosidade dos moradores. Prevenidos, os dois estudantes haviam criado uma história: eram estudantes de arquitetura pesquisando sobre a segurança viária nas ruas residenciais. Isso pareceu plausível e os moradores sinalizaram que essa era uma atividade importante para os estudantes. A aceitação dos moradores significou que, após a curiosidade inicial, eles rapidamente passaram a ignorar os observadores, que puderam registrar centenas de anotações de atividades em apenas um dia de observação de um trecho de rua.

Suas notas resultaram numa visão geral sobre o que ocorreu ao longo da rua: quantas pessoas estavam fora, quem eram (gênero e idade), o que aconteceu, qual parte do ambiente físico foi usado para atividades, por quem e para quais tipos de atividade. Quanto mais atividades na rua, mais encontros entre as pessoas e mais atividades sociais. Com efeito, tudo muito interessante.

Entretanto, o mais curioso é que, ao estarem no local como observadores por um longo período de tempo, os estudantes puderam anotar não somente as linhas gerais de um padrão de atividade, mas também um grande número de atividades breves, que podiam ser medidas em segundos: cumprimentos, acenos, paradas curtas em caminhadas rápidas, movimentos de cabeça etc. De longe, a maior parte das atividades do dia eram esses episódios breves, espontâneos. Em combinação com outras atividades, esses fragmentos podiam ser reunidos num complexo e dramático "balé de rua", nessa rua residencial comum.

Estar no local, por um longo período sem interrupções, foi a chave para conseguir uma compreensão detalhada da interação entre espaço público e atividade pública. A maior parte dos outros métodos usados para estudar a vida na cidade se baseia em estudar períodos limitados como "amostras" e, assim, muitos detalhes pequenos, mas importantes, passam despercebidos.

A IMPORTÂNCIA DAS ÁREAS E JARDINS FRONTAIS

Estudo da Relação Entre o Desenho de Ruas Residenciais e a Extensão e o Caráter das Atividades

Quem: Jan Gehl com grupo de estudos da Escola de Arquitetura da Universidade de Melbourne
Onde: dezessete ruas nas partes mais antigas da cidade e nos novos subúrbios, em Melbourne, Austrália.
Quando: domingos em abril-maio, 1976
Método: mapeamento comportamental e diário
Publicação: Jan Gehl et al., The Interface Between Public and Private Territories in Residential Areas, 1977[17]

33 estudantes de arquitetura da Universidade de Melbourne realizaram um estudo amplo e ambicioso em abril-maio de 1976. O estudo compreendia um total de dezessete ruas nas partes mais antigas da cidade de Melbourne, assim como em novos bairros. As ruas representavam uma ampla faixa de tipos de moradores e de fatores étnicos, econômicos e sociais. O objetivo era esclarecer a conexão entre as condições físicas das ruas – o desenho do espaço das ruas, áreas frontais, fachadas – e as atividades que ocorriam nos vários tipos de espaço da rua. Em resumo: qual a influência das condições físicas sobre a extensão e o caráter da vida em ruas individuais?

Uma característica das ruas mais antigas de Melbourne é uma zona semiprivada em frente das residências, na forma de uma área, um pátio em frente às casas, comumente limitada por uma cerca baixa que faceia o espaço da rua. Enquanto muitas ruas tinham essa zona de transição, tipicamente australiana, outras não possuíam tal característica e, nos novos bairros, era comum haver um pequeno gramado em torno de toda a casa. Será que essas áreas frontais semiprivadas teriam influência na vida das ruas, e qual o significado do desenho das ruas e da densidade das habitações no padrão de atividades?

Os estudos foram realizados em dias com tempo bom para se ficar ao ar livre e domingo foi escolhido como dia específico para o estudo porque muitos moradores deveriam estar em casa. Cada área abrangia um trecho de cem metros da rua com a medição das relações físicas da rua assim como o registro das atividades segundo o "método do diário", desenvolvido em estudos-piloto preliminares. Com esse ponto de partida, todas as atividades nas ruas foram registradas por todo o domingo, do nascer ao pôr do sol, incluindo anotações do tempo gasto em cada atividade. Ao mesmo tempo, um mapa foi plotado a cada hora no decorrer do dia, para fornecer uma representação gráfica de como as várias atividades ocorriam nos espaços individuais.

Juntos, os registros deram uma imagem detalhada e abrangente da vida – ou em alguns casos, da falta de vida – nas diversas ruas. Foi possível determinar com grande exatidão que as áreas semiprivadas tinham um papel decisivo no nível de atividade das ruas com "espaços de transição suave"[18].

Esses estudos esclareceram muitos subtópicos interessantes. Por exemplo, em geral, havia tantas atividades ocorrendo por domicílio nos novos bairros quanto nas ruas com maior densidade de habitações com gramados frontais, mas os padrões de atividades eram muito diferentes. Apesar de, nos novos bairros, muitas pessoas estarem do lado de fora das casas, todas estavam envolvidas em atividades como aparar a grama ou cuidar de grandes jardins. Nas ruas mais densas da cidade, os moradores sentavam em seus jardins e passavam o tempo em tarefas menores, comendo, se divertindo e envolvidos em atividades muito mais sociais. Os estudos também revelaram que, de longe, a maioria dos eventos que ocorria nas ruas residenciais era breve. Também mostraram que muitos dos breves eventos eram pré-requisitos para eventos maiores e mais demorados.

Após a publicação dos estudos constatando que as áreas frontais tinham um papel importante na vida social das ruas da cidade, houve alteração nos códigos de obras, garantindo que os jardins não fossem isolados por muros ou cercas. Além disso, a legislação sobre habitação pública foi alterada em favor de construir mais casas no estilo de casas geminadas com aquelas áreas frontais, em lugar de grandes conjuntos com muitos andares, concentrados. No final, muitas pequenas observações tiveram consequências grandes e positivas.

Informações gerais e registro das interações e atividades na rua Y, em Prahran, na cidade de Melbourne.

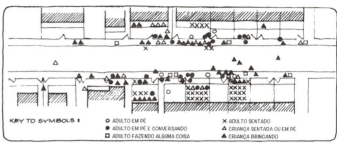

O mapa A mostra as atividades em ruas residenciais assinaladas de acordo com o tipo de atividade.

O mapa B mostra, exclusivamente, as atividades sociais, como cumprimentos. Uma comparação da rua com mais residências e áreas frontais definidas de forma mais clara (acima) com a rua com menos residências e gramados abertos (abaixo) mostra claramente que há mais atividades sociais na rua com as áreas frontais[19].

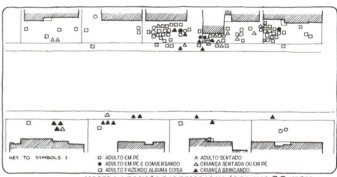

O TEMPO É ESSENCIAL
Estudo da Duração de Várias Atividades em Ruas Residenciais

Quem: Jan Gehl com grupo de estudo da Escola de Arquitetura, Universidade de Waterloo, em Ontario, no Canadá.
Onde: doze ruas com casas semigeminadas ou isoladas, respectivamente em Kitchener e Waterloo, em Ontario, Canadá.
Quando: verão, dias da semana, 1977
Método: diário
Publicação: Jan Gehl, *Life Between Buildings*, New York: Van Nostrand Reinhold, 1987[20]   (reimpresso Washington: Island Press, 2011)

O que realmente traz vida a ruas residenciais? Em 1977, as atividades de doze ruas com casas semigeminadas e isoladas foram estudadas, respectivamente, em Kitchener e Waterloo, no estado de Ontario, no Canadá. Para comparar os resultados e ter uma visão geral, uma área de, aproximadamente, noventa metros foi estudada em cada uma das doze ruas. O estudo foi realizado no verão, com excelente tempo para ficar ao ar livre, ou seja, nem muito quente nem muito frio: dias com tempo bom para a época do ano.

O número e as atividades foram registrados em cada rua. Os tipos de atividade foram divididos entre os mais comuns, com ênfase na categoria de atividades sociais, como cumprimentos e outros tipos de interação.

Foi interessante descobrir que a atividade mais comum foi entrar e sair de uma moradia. Entretanto, enquanto chegar e sair a pé e de carro contabilizaram metade de todas as atividades registradas, elas representaram somente 10% da vida nas ruas, porque, quando era calculada a quantidade de tempo gasta, a atividade de entrar e sair levou muito pouco tempo. Houve um número moderado de permanências na rua, mas quando era calculada em termos de tempo gasto, essa atividade era responsável por 90% da vida nas ruas.

O estudo deixou claro que atividades de permanência duram consideravelmente bem mais do que atividades transitórias. Isso pode parecer óbvio, mas mesmo assim cabe ressaltar que o tempo e, portanto, as atividades, de permanência podem ser um fator decisivo para o quão animada uma cena de rua aparenta ser. Quanto mais tempo as pessoas ficam, mais pessoas são vistas no espaço público. O tempo pode ser, de fato, um fator decisivo na vida nas ruas residenciais e no espaço público.

Diagramas de frequência e duração das atividades em espaços públicos em doze ruas residenciais de Waterloo e Kitchener, na província de Ontario, no Canadá,1977.[21]

A: Interação
B: Permanências
C: Jardinagem etc.
D: Brincadeiras
E: Tráfego de pedestres dentro na área
F: Tráfego de pedestres, entrando e saindo
G: De carro, entrando e saindo

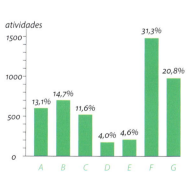
Número de atividades externas

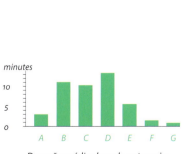
Duração média de cada categoria de atividade – (média)

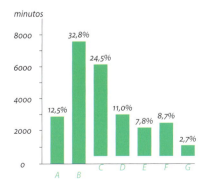
Minutos gastos no espaço público em relação aos vários tipos de atividade (total)

101

AFERIR MEDO E APREENSÃO
Estudo de Influência do Tráfego no Comportamento de Pedestres Adultos e Crianças

Quem: Jan Gehl com grupos de estudo da Escola de Arquitetura, Instituto Real de Tecnologia de Melbourne e Universidade de Melbourne, 1978
Onde: ruas com tráfego e áreas de pedestres em Adelaide, Melbourne e Sydney
Quando: outubro de 1978
Método: contagem, mapeamento comportamental, observação sistemática de pais e crianças
Publicação: Jan Gehl, *Life between Buildings*, New York: Van Nostrand Reinhold, 1987[22] (reimpresso Washington: Island Press, 2011)

Em 1978, grupos de estudo de duas escolas de arquitetura de Melbourne realizaram uma série de estudos de campo para conhecer o comportamento de pedestres em ruas com diferentes situações de tráfego. Eles buscavam respostas para o significado do tráfego veicular na forma como as pessoas se deslocam ou permanecem em vários tipos de rua. Três tipos de ruas foram estudados: ruas com tráfego e calçadas, ruas para pedestres com tráfego limitado (como ruas para pedestres e bondes) e ruas para pedestres totalmente sem tráfego.

Os métodos utilizados para estudar as ruas escolhidas em Adelaide, Melbourne e Sydney, incluíram contagem de pedestres, mapeamento comportamental e observações sistemáticas de temas selecionados.

O resultado foi que ruas sem tráfego davam oportunidade para mais – e mais variadas – atividades para todos os grupos etários. As ruas com tráfego eram cheias, barulhentas, poluídas e os pedestres precisavam tomar muitas medidas de precaução. Os padrões de comportamento dos pedestres nas ruas para pedestres com bondes ou tráfego limitado estavam mais próximas dos resultados com ruas com tráfego do que das áreas totalmente sem tráfego de automóveis. Mesmo o tráfego limitado, aparentemente, restringia e muito as oportunidades de atividade humana.

Um dos temas estudados foi mostrar o quão seguros os pedestres se consideravam nos vários tipos de rua. Alguns estudantes observaram que crianças pequenas pareciam ter diferentes oportunidades de circular livremente em diferentes tipos de rua. As observações foram sistematizadas com anotações sobre as crianças com menos de seis anos, se eram seguradas pela mão ou se podiam andar sozinhas. O estudo mostrou claras diferenças entre ruas com tráfego e ruas sem tráfego. Quase todas as crianças (cerca de 85%) eram seguradas pela mão quando andavam nas calçadas de ruas com tráfego, enquanto a maior parte das crianças podia andar livremente em ruas para pedestres – para evidente alegria tanto das crianças como dos adultos.

Esse pequeno estudo é um exemplo de criatividade com relação a formas novas, mas simples, de elucidar aspectos importantes e complexos da interação entre espaço público e vida na cidade, com forte influência sobre a qualidade da vida urbana.

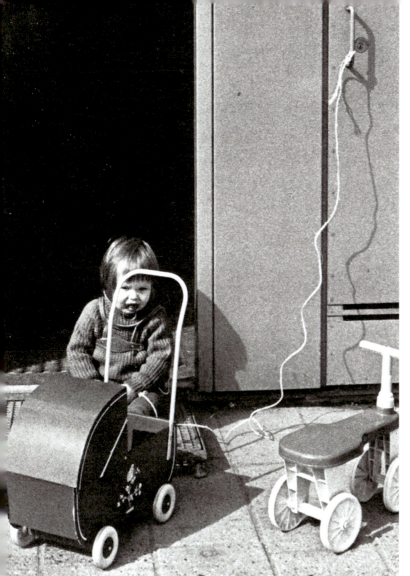

Rua com tráfego de veículos	86 %	14 %
Rua de Pedestres	29 %	71 %
Rua aberta ao tráfego de veículos, mas com prioridade para pedestres	64 %	36 %

Diagrama de Jan Gehl, Life Between Buildings: "O preço do medo. Registro de crianças de 0 a 6 anos em ruas de pedestres e de tráfego na Austrália. Quase nenhuma criança pode correr livremente nas calçadas das ruas com tráfego, ao mesmo tempo, nenhuma criança é segura pela mão nas ruas de pedestres."[23]

Foto à esquerda: "O preço do medo", menino preso no lado de fora de um conjunto habitacional nos arredores de Copenhague nos anos 1970.

Abaixo: cena de rua em Nápoles, na Itália.

FACHADAS ATIVAS OU PASSIVAS
Estudo da Vida em Frente a Fachadas Abertas ou Fechadas

Quem: Jan Gehl, Solvejg Reigstad e Lotte Kaefer do Centro de Pesquisas Sobre o Espaço Público, da Escola de Arquitetura Academia Real de Belas Artes da Dinamarca
Onde: sete ruas urbanas em Copenhague
Quando: manhãs, meio-dia e tardes no verão; e noites no outono, 2003
Método: contagem e observações
Publicação: Jan Gehl, Solvejg Reigstad and Lotte Kaefer, Close Encounters with Buildings. Edição especial de *Arkitekten*, n. 9, 2004[24]

O olho humano se desenvolveu, sobretudo, para a visão horizontal: é raro olharmos para cima, apesar de, às vezes, olharmos para baixo para ver por onde andamos. Entretanto, a maior parte do que absorvemos visualmente está ao nível dos olhos e, em relação às edificações, acima de tudo, é o andar térreo o que captura nosso olhar. Vários trabalhos têm apontado os espaços de transição entre edificações e espaço público como significativo para quantas e quais atividades ocorrem[25].

Nesse estudo, foram examinadas fachadas de lojas e atividades nas calçadas junto às lojas, com base no pressuposto de que haveria mais atividades em frente a fachadas térreas com aspecto aberto e variado do que em frente a fachadas fechadas e monótonas. Sete trechos de cem metros ao longo de ruas comerciais de Copenhague foram selecionados para estudo, para testar a teoria.

As áreas de estudo escolhidas continham um trecho de fachadas abertas, ativas, com muitos detalhes, portas abertas, contato entre o interior e o exterior e, mais adiante na mesma rua, o oposto: partes de fachadas fechadas, inativas, com poucos detalhes, janelas cegas ou ausência de janelas. Definiu-se o caráter das fachadas com o auxílio de ferramentas de avaliação de fachadas, desenvolvidas para estudos sobre vida na cidade/espaço público. Dentro dos segmentos de cem metros, foram escolhidos os trechos dos dez metros mais representativos de fachadas A e E, respectivamente. Para comparar da forma mais direta possível, optou-se por selecionar segmentos sem ruas laterais, com as mesmas condições climáticas, intensidade de tráfego e outros fatores que poderiam influenciar no nível de atividade.

A vida ao longo das fachadas foi calculada registrando-se: o número de pedestres, sua velocidade, quantos voltavam a cabeça em direção à fachada, quantos paravam ou entravam numa porta ou saíam dela, e quanto tempo duravam as atividades na calçada.

O horário era anotado para cada segmento: manhã, meio-dia ou tarde em dias de verão, com tempo bom para a estação do ano. Além disso, as atividades noturnas foram registradas no outono entre as 17h00 e as 20h00, com tempo bom para a época do ano.

O estudo mostrou, com clareza, que o desenho da fachada pode ter grande influência no padrão de atividades em ruas comerciais. Houve um nível bem maior de atividades em frente a fachadas abertas do que nos trechos com fachadas fechadas. As pessoas andavam mais devagar, viravam a cabeça mais vezes para olhar as vitrines e paravam com maior frequência. E apesar de, às vezes, as pessoas pararem para olhar as lojas, é interessante observar que muitas das paradas eram feitas em algum lugar ao lado de uma fachada ativa: por exemplo, pessoas paravam para amarrar os sapatos, falar ao celular, ajustar a sacola de compras e assim por diante. Como escreveu Jane Jacobs: "a visão de pessoas atrai ainda mais pessoas". No geral, até sete vezes mais atividades puderam ser observadas diante de fachadas abertas do que em frente às fechadas.

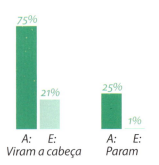

Dos usuários que passaram pelo trecho selecionado das fachadas A, 75% mostraram interesse ao voltar suas cabeças, enquanto apenas 21% fizeram o mesmo no trecho ao longo das fachadas fechadas E. 25% deles pararam diante das fachadas abertas, enquanto apenas 1% parou em frente às fachadas fechadas.[26]

Categorias de fachadas

Jan Gehl, Cidades Para Pessoas, 2010[27]. (Originalmente desenvolvido para um estudo de vida na cidade em Estocolmo, em 1990.)[28]

A – Ativas
Unidades pequenas, muitas portas
(15-20 portas em 100 m)
Grande variação de funções
Nenhuma unidade cega e poucas unidades passivas
Muito apelo no relevo da fachada
Articulação da fachada principalmente vertical
Bons detalhes e materiais

B – Amistosas
Unidades relativamente pequenas
(10-14 portas em 100 m)
Alguma variação nas funções
Poucas unidades cegas e passivas
Fachada em relevo
Muitos detalhes

C – Mistas
Unidades grandes e pequenas
(6-10 portas em 100 m)
Algumas unidades cegas e passivas
Relevo modesto na fachada
Poucos detalhes

D – Monótonas
Grandes unidades, poucas portas
(2-5 portas em 100 m)
Variação quase inexistente, unidades desinteressantes
Poucos detalhes ou nenhum detalhe

E – Inativas
Grandes unidades, poucas portas ou nenhuma
(0-2 portas em 100 m)
Nenhuma variação visível na função
Unidades cegas ou passivas
Fachadas uniformes, nenhum detalhe, nada para se olhar

DE 43 PARA 12 CRITÉRIOS
Lista Para Avaliar a Qualidade dos Espaços Públicos

Quem:　　　　Jan Gehl et al (1974 -)
Onde:　　　　Departamento de Desenho Urbano, Escola de Arquitetura, Academia Real Dinamarquesa de Belas Artes, Copenhague, Dinamarca
Quando:　　　em andamento
Método:　　　lista de verificação para avaliar qualidades do espaço público
Publicação:　não publicado[29]

O que torna um espaço público um lugar agradável para se estar e, portanto, ser usado? Durante décadas, vários critérios para avaliar essa questão foram reunidos, selecionados e categorizados numa ferramenta chamada "os doze critérios de qualidade"[30].

Esses doze critérios (e antes havia muitos mais) podem ser usados num espaço público delimitado, onde o observador avalia e anota o quanto o espaço público atende aos critérios para atrair o público a vir e ficar. Uma escala de três pontos é, normalmente, usada para ilustração gráfica como, por exemplo, em três tons de cinza, para comparar espaços públicos.

A lista de critérios de qualidade foi desenvolvida com base em conhecimentos fundamentais sobre sentidos e necessidades humanas, e também em muitos anos de estudos sobre espaço público em várias partes do mundo[31]. O conhecimento subjacente sobre necessidades e sentidos humanos, e sobre o que faz as pessoas se sentirem confortáveis e permanecerem no espaço público, tem sido adaptado, no decorrer dos anos, em um diálogo próximo à prática, o que o torna funcional.

O quadro de palavras-chave na página oposta foi feito nos anos 1970 por Jan Gehl na Escola de Arquitetura da Academia Real de Belas Artes da Dinamarca, para uso em sala de aula. Muitos outros critérios foram descritos no início, porque haviam sido incluídos critérios importantes para projetos e planejamento urbano, além daqueles relevantes para o espaço público.

Ao longo dos anos, a ideia se transformou numa lista de itens tão simples que parece óbvia para a maioria das pessoas, e pode servir como ferramenta de fácil uso, por exemplo, para comparar vários espaços públicos. Simultaneamente, a lista precisa ter uma quantidade suficiente de detalhes e dimensões para permitir avaliações sobre o quanto os espaços públicos atendem à necessidade humana de proteção e expressão.

Hoje, a ferramenta é usada como ponto de partida para o diálogo. Uma equipe de projeto, por exemplo, pode usar a lista para examinar como as pessoas vivenciam o quanto um espaço público planejado ou existente atende a especificações sobre lugares para caminhar e permanecer, escala e condições climáticas.

O desenho de 1974, na página ao lado, ilustra algumas das categorias encontradas em versões posteriores. Alguns pontos foram redefinidos ou eliminados e aqueles remanescentes foram estruturados de acordo com três temas principais: proteção, conforto e satisfação[32].

Não obstante a lista ter sido elaborada numa escola de arquitetura, há apenas um item – o último – que trata de qualidades estéticas. Isso significa que a avaliação do espaço público não toma parâmetros estéticos como ponto de partida. Primeiro, precisamos considerar as necessidades de proteger as pessoas contra carros, ruído, chuva e vento, assim como sua necessidade de caminhar, ficar em pé, sentar, olhar, falar, ouvir e se expressar. As pessoas também precisam poder utilizar os aspectos positivos do clima local e dos arredores numa escala humana. A experiência revelou que o que determina se o espaço público é valorizado e usado vai muito além de fatores como a qualidade estética. Entretanto, é importante para a qualidade geral que todos os aspectos funcionais e práticos sejam atendidos dentro da estrutura arquitetônica que respeita as qualidades visuais. Muitos dos melhores lugares públicos do mundo preenchem, maravilhosamente, os doze critérios de qualidade da lista. A piazza il Campo em Siena, na Itália, é o exemplo mais perfeito.

Oposta: uma lista de verificações idealizada por Jan Gehl para estudantes de Desenho Urbano na Escola de Arquitetura da Academia Real de Belas Artes da Dinamarca, Copenhague, 1974.

DESENHO URBANO - UMA LISTA DAS PALAVRAS-CHAVE

A. ANÁLISE DA TAREFA - DECISÃO - PROGRAMA BÁSICO

ANÁLISE DA TAREFA
DECISÃO
PROGRAMA PRINCIPAL

-ANÁLISE DA TAREFA-	-DECISÃO-	PROGRAMA BÁSICO / CRESCIMENTO E MUDANÇAS:
quem está dando a tarefa? quais são os objetivos? quem irá se beneficiar?	a tarefa pode ser aceita? se sim, sob quais condições?	objetivos gerais - o que será planejado e o que não será? - o que será planejado agora e o que não será? - desenvolvimentos futuros, alterações - crescimento/mudanças - quem decide?

B. PROGRAMA

ESTRUTURA SOCIAL

1. UMA POLÍTICA PARA ESTRUTURA SOCIAL	2. UMA POLÍTICA PARA TOMADAS DE DECISÕES	3. UMA POLÍTICA PARA INTEGRAÇÃO/SEGREGAÇÃO	4. UMA POLÍTICA PARA OS ESPAÇOS PÚBLICOS
considerações sobre as subdivisões em: - grupos primários - grupos secundários - bairros - distritos - cidades, etc...	- quem deve decidir o quê? - como a tomada de decisões pode fortalecer a estrutura social?	- moradia / produção / serviço - diferentes grupos etários - classes sociais - espaços público-privados	- como a estrutura social pode ser fortalecida pelos espaços públicos? - que tipo de espaço público - ativo, inativo, diverso, específico, convidativo, inspirador, repulsivo? - localização de diferentes atividades

SERVIÇOS E COMUNICAÇÕES:

1. SERVIÇOS	2. COMUNICAÇÕES INTERNAS	3. RELAÇÕES ENTRE COMUNICAÇÕES INTERNAS E EXTERNAS	4. COMUNICAÇÕES EXTERNAS
- quais serviços e instalações são necessários? - onde eles deveriam estar localizados na estrutura social? - onde eles devem estar localizados na área?	- veja abaixo	- distância até pontos de troca - qualidade do caminho - qualidade do ponto de troca - tempo de espera, frequência e tráfego de emergência	tipo de tráfego - público / privado distâncias velocidade - frequências, direções, etc

C. PROJETO

ESTRUTURA DOS SISTEMAS PARA PEDESTRES

- organização dos movimentos

1. NÚMERO DE DIREÇÕES (EXTENSÃO DA CAMINHADA)	2. NÚMERO DE ROTAS ALTERNATIVAS	3. NÚMERO DE SISTEMAS ALTERNATIVOS DE TRANSPORTES	4. ESTRUTURAÇÃO
concentrar: - uma direção (sistema de pedestres compacto) dispersar: - várias direções (sistema de pedestres espalhado)	concentrar: - uma rua dispersar: - várias ruas paralelas - passarelas, etc.	concentrar: - um sistema = caminhada dispersar: - vários sistemas	- um jeito fácil de achar seu caminho em toda a estrutura - usando topografia, etc.

- organização dos edifícios/funções em relação ao sistema de pedestres.

1. DISTÂNCIAS ENTRE EDIFÍCIOS/FUNÇÕES	2. NÚMERO DE ANDARES/NÍVEIS	3. ORIENTAÇÃO DE EDIFÍCIOS/FUNÇÕES (entradas, portas, janelas)	4. RELAÇÃO ENTRE AS ATIVIDADES DE MOVIMENTAÇÃO E PERMANÊNCIA DOS PEDESTRES
concentrar - sistema compacto de pedestres - atrações mais próximas - fachadas estreitas dispersar - atrações muito distantes entre si	concentrar - um nível dispersar - vários níveis	concentrar - orientação em direção aos espaços públicos dispersar - orientação para longe dos espaços públicos	concentrar - mesmos espaços para movimentar-se e para permanência dispersar - espaços separados

PROJETANDO OS ESPAÇOS
PROJETANDO OS ESPAÇOS DE TRANSIÇÃO

1. DIMENSÕES (comprimento, largura, áreas)	2. ESTRUTURA/FORMA	1. INTERFACE ENTRE ESPAÇOS PÚBLICOS & PRIVADOS	2. GRAU DE TRANSPARÊNCIA ENTRE PÚBLICO E PRIVADO
- projetando em relação aos sentidos humanos / número de pessoas - pequenas dimensões	- sequências espaciais - vistas fechadas	concentrar - espaços de transição suaves / superposições - áreas frontais semipúblicas - acessibilidade física e psíquica dispersar	concentrar - janelas - distâncias pequenas dispersar - longas distâncias

PROJETANDO/DETALHANDO OS ESPAÇOS PÚBLICOS
(a paisagem do pedestre)

OS 12 CRITÉRIOS

1. PROTEÇÃO CONTRA TRÁFEGO E ACIDENTES	2. PROTEÇÃO CONTRA CRIME E VIOLÊNCIA	3. PROTEÇÃO CONTRA CLIMAS DESAGRADÁVEIS	4. PROTEÇÃO CONTRA EXPERIÊNCIAS SENSORIAIS DESAGRADÁVEIS
- acidentes de trânsito - medo do tráfego - outros acidentes	- lived in / vida nas ruas - vigilância nas ruas - estrutura social e identidade - coesão/superposição no tempo e no espaço - iluminação (quando escuro)	- vento - chuva, neve - frio / calor - rajadas de vento	- ruído - poluição - mau cheiro - sujeira - poeira - cegueira

5. POSSIBILIDADE DE CAMINHAR	6. POSSIBILIDADE DE FICAR EM PÉ	7. POSSIBILIDADE DE SENTAR-SE	8. POSSIBILIDADE DE VER
- espaço para caminhar - linhas de caminhadas (organizadas) - distância de caminhadas (metros) - distância da caminhada (experimental) - superfície (materiais) - condições da superfície (neve, etc.)	- mudança de nível - zonas para se ficar em pé - pontos específicos para se ficar em pé - apoios pra se ficar em pé	- zonas para sentar-se - maximizando as vantagens - possibilidade principal para sentar-se; possibilidade secundária; - bancos para descanso	- visão à distância - linhas de visão desobstruídas - vistas - iluminação (no escuro)

9. POSSIBILIDADES DE FALAR/OUVIR	10. POSSIBILIDADES DE BRINCAR/RELAXAR	11. POSSIBILIDADES PARA OUTRAS ATIVIDADES	12. POSSIBILIDADES PARA ISOLAMENTO/PAZ/PASSIVIDADE
- nível de ruído - distâncias de caminhadas - disposição dos bancos	- brincar - dançar - música - teatro - lugares para discursos para diferentes grupos de diversas faixas etárias	- espaço/área - permissão/aceitação - desafios - "gerações" - verão/inverno/dia/noite	

13. NECESSIDADES FISIOLÓGICAS	14. SERVIÇOS DE PEQUENA ESCALA (GENTILEZAS)	15. PROJETAR PARA APROVEITAR OS ELEMENTOS POSITIVOS DO CLIMA	16. PROJETAR PARA DESFRUTAR EXPERIÊNCIAS SENSORIAIS POSITIVAS
- comer/beber - descansar - correr/pular/brincar - sanitários públicos!	- placas - cabines telefônicas - quadro de avisos - mapas da cidade - carrinhos de mão/de criança - cestos de lixo	- sol - calor/frescor - brisa/ventilação	- qualidades estéticas - vistas - natureza: plantas, árvores, flores, animais.

C. MANUTENÇÃO/MUDANÇA

1. MANUTENÇÃO DIÁRIA	2. MANUTENÇÃO/REPAROS	3. CAPACIDADE INTRÍNSECA DE MUDANÇA - FLEXIBILIDADE	4. UMA POLÍTICA PARA TOMADAS DE DECISÕES PÚBLICAS - SOBRE AS MUDANÇAS
possibilidades intrínsecas razoáveis para: - limpeza - remoção de neve - derretimento do gelo, etc	(solidez intrínseca) - consertos - pintura - replantio, etc.	- diariamente - dia a dia - verão/inverno - de vez em quando	

JAN GEHL OCT. 17PM

SENTIDOS E ESCALA NA PRÁTICA
Vivenciando Distâncias Num Contexto Comum

Quem: Jan Gehl et al.
Onde: Copenhague
Quando: 1987-2010
Método: teste de teoria, medição, fotografias, coleta de exemplos
Publicação: Jan Gehl, Cities for People, Washington: Island Press, 2010 (trad. bras. *Cidades Para Pessoas*, São Paulo: Perspectiva, 2013)[33]

Para enfocar mais detalhadamente a vida na cidade e sua interação com o espaço público, é essencial aprender mais sobre os sentidos humanos. Precisamos de tal conhecimento para, com cuidado, adaptar a cidade à escala humana. O antropólogo americano Edward T. Hall e o psicólogo ambiental Robert Sommer, entre outros, escreveram sobre o assunto[34]. Entretanto, uma coisa é ler sobre os sentidos humanos em relação à escala da cidade e o espaço público, outra coisa bem diferente é testá-los na prática.

A distância é um aspecto significativo do trabalho com os sentidos humanos em relação ao espaço público. Muitas vezes, a escala do espaço da cidade é muito grande em relação às possibilidades de movimento e sentidos dos humanos. Apesar do desenvolvimento tecnológico e social, ainda somos animais pedestres com uma altura média de 1m75 e com um campo de visão predominantemente horizontal, com claras limitações sobre o que podemos ver, a que distância e em quais ângulos.

Nossa visão nos permite detectar movimentos humanos a uma distância de cem metros, mas só podemos interagir socialmente e determinar detalhes a uma distância muito menor. Isso influencia a forma como organizamos nosso entorno – seja no espaço público, no teatro, na sala de aula ou em casa, na mesa de jantar.

Sem dúvida, a melhor forma de testar é ir ao teatro ou outro espaço público e sentir, em relação ao seu próprio corpo, se os espaços parecem muito grandes, muito pequenos ou, talvez, do tamanho correto. Vivenciar, pessoalmente, escalas e relações espaciais terá, sempre, o impacto mais útil.

Uma vez que começamos a medir, a coletar e a sistematizar nossas próprias observações e exemplos, conceitos como escala humana, sentidos e necessidades humanas adquirem um significado mais concreto. Não são mais incorporados como um apêndice no final de um projeto, mas podem, naturalmente, formar o ponto de partida para o projeto de cidades, edifícios e espaços públicos para pessoas.

O crescente uso de simulações computadorizadas para projetar cidades, espaços públicos e edificações aumenta a importância de vivenciar, pessoalmente, a interação entre espaço público e vida na cidade.

A página ao lado traz um exemplo de nosso conhecimento, testado na prática, a respeito da distância, escala e sentidos humanos. A ideia implícita é o observador sair e vivenciar o modo como as situações existentes funcionam, realizando pequenos testes que transformam o conhecimento abstrato em situações do dia-a-dia, para melhor entender as consequências práticas, assim como comunicar melhor essas informações para leigos e profissionais. Como método de ensino, recomenda-se também, vivamente, testar as escalas.

Do livro Cidade Para Pessoas (2010), de Jan Gehl, ilustrando um exemplo das teorias sobre os sentidos humanos, testadas na prática. O diagrama e as fotografias mostram um teste de contato entre pessoas no térreo e pessoas em vários andares superiores em um edifício. O contato já é perdido a partir do quinto andar[35].

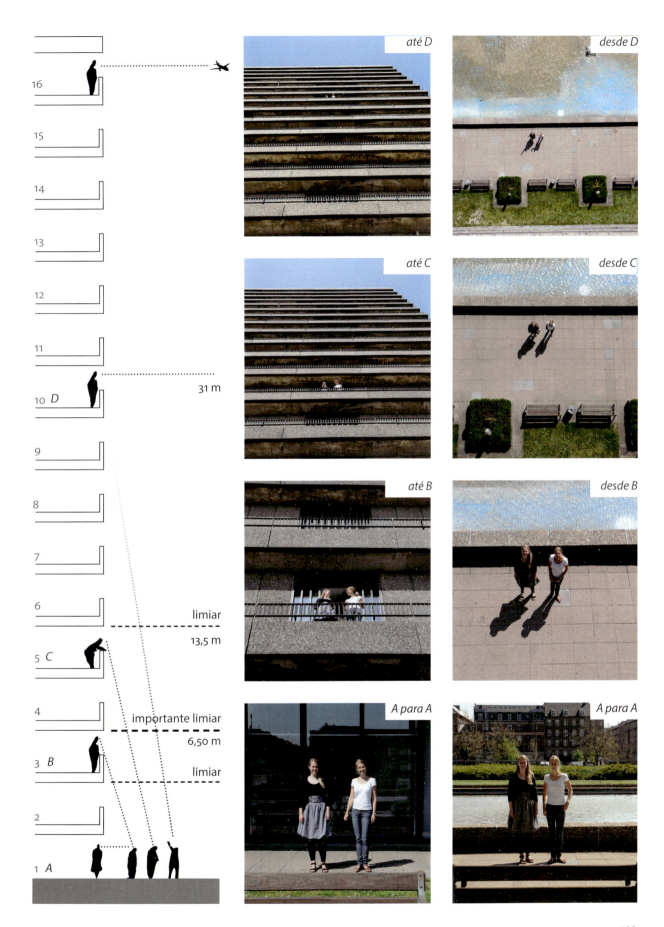

ESPAÇOS URBANOS ANIMADOS
As Estatísticas Novaiorquinas de William H. Whyte Testadas Numa Pequena Cidade da Noruega

Quem: Camilla Richter-Frills van Deurs, Gehl Architects e participantes do workshop
Onde: Arendal, Noruega
Quando: segunda-feira à tarde, 23 de janeiro 2012, frio e neve
Método: teste de teorias sobre como a vida na cidade e o espaço público são vivenciados
Publicação: não publicado

Quantas pessoas são necessárias para animar um espaço público, e é possível gerar vida na cidade em pequenas comunidades? A teoria de William H. Whyte, de que é preciso algo como 16,6 pedestres dentro do campo visual humano para tornar um espaço público urbano e estimulante, foi apresentada a urbanistas de pequenas cidades norueguesas[36]. Num *workshop* que incluiu estudos sobre a vida na cidade, a tese de Whyte foi testada enviando-se os participantes a um espaço público central: primeiro dois deles, depois quatro, depois dez, depois quatorze e, finalmente, vinte. Solicitou-se, então, aos participantes remanescentes que avaliassem se a praça parecia estimulante e urbana. Com duas a dez pessoas na praça eles opinaram que não, mas concordaram que a visão de cerca de quatorze a vinte pessoas na praça dava a impressão de um espaço público urbano e estimulante[37].

Os dados de uma pequena cidade norueguesa foram a base do teste que Whyte realizou em Manhattan, nos anos 1970. Na cidade norueguesa, catorze pessoas foram suficientes para fazer a praça parecer vibrante. O experimento e os dados de Whyte enfatizam a importância de reunir funções, e assim também pessoas, para que os lugares fiquem animados, vibrantes – tanto em pequenas como em grandes cidades. Mas uma coisa é ouvir falar disso em teoria e outra é testar na prática.

Em seguida, pediu-se à maioria dos vinte participantes para ficar ao longo da borda da praça, onde as pessoas ficam, no mais das vezes, e pediu-se aos outros para avaliar o efeito que isso teria sobre a tal vibração. Sem nenhuma surpresa, mas de forma rápida e certeira, eles acharam a praça bem menos animada. Esse exercício ilustra a importância da escala, para que o espaço público não acabe sem ninguém, já que muito da vida e atividade pública nas cidades ocorre ao longo dos espaços de transição.

No meio

Na borda

Participantes de um workshop ocupam a praça Sam Eydes em Arendal, Noruega (710 m²), enquanto os demais participantes avaliam se a praça parece animada ou não. A foto mostra vinte participantes, o que foi caracterizado como urbano e estimulante, no contexto.

O EFEITO DE MAIS LUGARES PARA SE SENTAR

Será Que Mais Pessoas se Sentam, Quando se Dobra o Número de Assentos?

Quem: Gehl Architects
Onde: Aker Brygge em Oslo, na Noruega
Quando: agosto de 1998 e agosto de 2000
Método: registro da quantidade de lugares para se sentar e a quantidade de pessoas sentadas antes e depois da renovação da área
Publicado: Jan Gehl, *Cities for People*, Washington: Island Press 2010 (trad. bras. *Cidades Para Pessoas*, São Paulo: Perspectiva, 2013) [38]

"As pessoas tendem mais a se sentar onde houver lugares para tal.", concluiu William H. Whyte em seu livro *The Social Life of Small Urban Spaces*, com base em vários estudos em Manhattan. Sobre essa conclusão, ele afirma: "Isso pode não ser uma bomba intelectual, mas, agora que reexamino nosso estudo, fico pensando se não deveria estar mais claro para nós, desde o início."[39] Certamente, parece óbvio, mas será que é assim mesmo? A teoria de Whyte foi testada em Oslo, no final da década de 1990.

Em 1999, os espaços públicos do bairro Aker Brygge, no porto de Oslo, foram renovados com base em um estudo sobre a atividade pública daquela área. No verão de 1998, o espaço público, o mobiliário, os detalhes, mais a forma como eram utilizados pelos muitos visitantes, foram estudados com apuro. Determinou-se que, aparentemente, havia poucas oportunidades para se sentar na área e a qualidade dessas opções era ruim[40]. Como parte de um projeto de renovação, os bancos antigos foram substituídos por bancos duplos de parque, ao estilo parisiense, colocados no mesmo local onde antes estavam os antigos bancos. No total, as mudanças significaram mais do que o dobro (+129%) de opções de lugares para se sentar.

Exatamente dois anos depois do primeiro estudo, e também num dia de verão com bom tempo, o uso dos bancos da área foi registrado novamente. Quatro contagens foram feitas entre o meio dia e as quatro da tarde e concluiu-se que o número médio de pessoas sentadas em Aker Brygge aumentara em 122%[41]. Sobretudo, a conclusão foi que dobrar o número de assentos significou dobrar o número de pessoas sentadas.

Dobrar o número de assentos, em Aker Brygge em Oslo, na Noruega, dobrou o número de pessoas sentadas.

Acima, marcado em branco – rua de 100 metros; Østergade, Copenhague, na Dinamarca.
Abaixo, em vermelho, a extensão direta da Østergade: praça de 100 metros; Amagertorv.

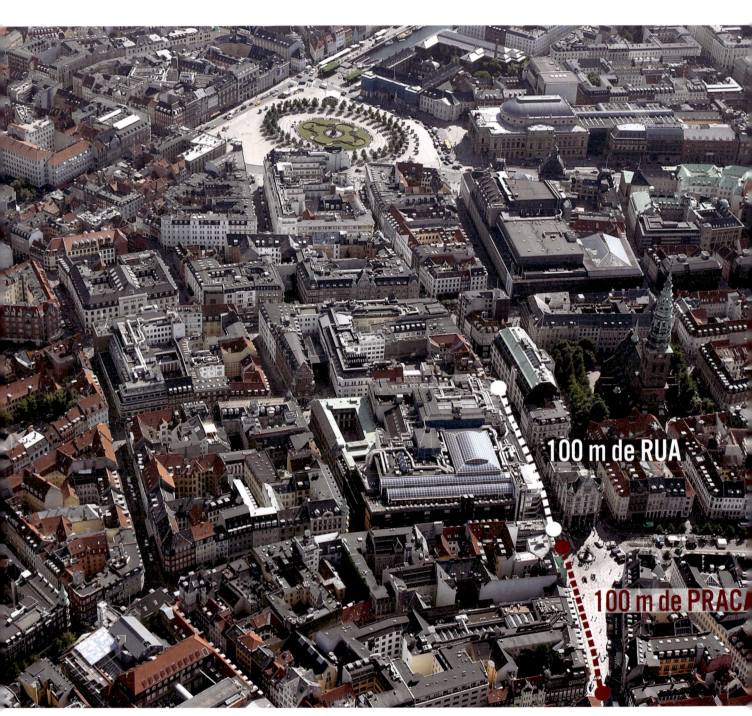

RUA DE CEM METROS PRAÇA DE CEM METROS
Estudo da Velocidade ao Caminhar

Quem: Kristian Skaarup e Birgitte Svarre
Onde: trecho de cem metros da Strøget (rua de pedestres) e a praça Amagertorv, Copenhague, Dinamarca
Quando: dias úteis, dezembro de 2011
Método: rastreamento
Publicação: não publicado

Em termos gerais, as cidades são feitas de espaços para deslocamento e espaços para permanência: ruas e praças. A questão para ser respondida nesse pequeno estudo era básica: com que velocidade nos movemos em ruas e praças, respectivamente? O pressuposto era de que os pedestres andariam mais lentamente em praças do que nas ruas, devido ao caráter e a indicação psicológica das praças como locais para vivenciar e permanecer. Esse pressuposto foi testado ao se estudar a velocidade dos pedestres em uma rua, que mudava de natureza ao entrar numa praça. Será que a velocidade de caminhar na praça seria menor do que a velocidade ao longo da rua?

Registrar a movimentação em várias praças conectadas a ruas de Copenhague serviu de teste para escolher o melhor ponto para a observação. O local mais adequado foi a praça Amagertorv na rua de pedestres Strøget. As construções do entorno e funções da área tinham a mesma natureza, o que diminui a probabilidade de que outros fatores influenciem a velocidade do caminhar. Locais potenciais para estudo foram rejeitados se houvesse obstáculos que diminuíssem a velocidade ou grandes diferenças no grau de interesse das fachadas para os passantes.

O estudo foi realizado medindo-se cem metros tanto na praça como na rua. Em campo, o observador acionava o cronômetro quando alguém passava pela linha de partida e o parava quando o pedestre cruzava a linha de chegada, cem metros adiante. Outro cronômetro era acionado no momento em que alguém entrava na praça, e era parado quando a pessoa tivesse percorrido os cem metros.

Para obter uma amostragem significativa, o observador seguia uma em cada três pessoas que passavam pela linha de partida. As medidas de velocidade foram feitas com um total de duzentas pessoas. Várias observações foram, inicialmente, feitas na rua, com o observador seguindo o objeto de estudo, mas depois o observador encontrou um bom posto de observação – uma loja com salas no segundo andar, de onde tinha uma visão livre de todo o percurso em estudo.

Os estudos de velocidade confirmaram a tese de que os pedestres reduzem sua velocidade quando passam de uma rua para uma praça. A redução da velocidade, porém, foi modesta: de 4,93 km/hora na rua para 4,73 km/hora na praça, ou seja, 5%. Entretanto, a maior parte dos pedestres reduziu sua velocidade. Eles andavam mais devagar apesar do tempo relativamente frio durante o qual foram realizados os estudos – cerca de 5º C em dias nublados de inverno, não exatamente um bom clima para passeios.

Como a diferença de velocidade era relativamente pequena, os cálculos levaram em consideração se havia muitos pedestres rápidos ou lentos, indo para um lado ou para outro. As velocidades que pareciam suspeitas em relação aos resultados médios eram, então, removidas dos cálculos. Entretanto, ficou claro que esses registros não tiveram influência significativa nos resultados.

Quando os observadores vão à cidade para estudar a velocidade de caminhada, pode ser difícil calcular exatamente qual é a rapidez. Foi o caso também nesses estudos, quando não foi possível determinar, a olho nu, a diferença na velocidade dos pedestres na rua ou na praça. Mas quando se mediu quanto tempo leva para percorrer cem metros na rua e cem metros na praça, foi possível documentar que havia uma diferença.

Foi preciso muita paciência para fazer um número suficiente de registros porque, na verdade, poucas pessoas iam diretamente do ponto A ao B – outra conclusão bem conhecida que o observador pode tirar do estudo.

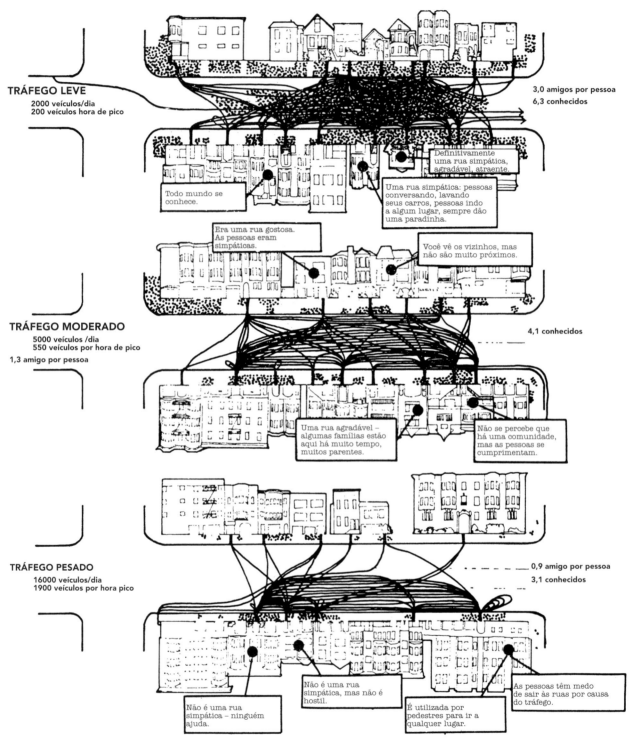

FIGURA 6 *Interação social*
As linhas mostram onde as pessoas disseram ter amigos ou conhecidos. Os pontos mostram os lugares onde as pessoas se reúnem.

CORREDORES DE TRÁFEGO OU RUAS URBANAS ANIMADAS
Relações Sociais e Tráfego

Quem: Donald Appleyard e Mark Lintell
Onde: ruas paralelas: ruas Franklin, Gough e Octavia, São Francisco, Califórnia
Quando: 1969
Método: mapeamento e entrevistas
Publicação: Donald Appleyard; Mark Lintell, The Environmental Quality of City Streets: The Residents' Viewpoint, *Journal of the American Institute of Planners*, mar. 1972[42]

O crescente aumento do tráfego, nos anos 1960, foi o que desencadeou em Donald Appleyard e Mark Lintell a decisão de estudar os efeitos do tráfego de automóveis na vida nas ruas residenciais. Até então, as consequências sociais do tráfego haviam sido, de modo geral, negligenciadas: "Os estudos sobre ruas urbanas [...] haviam se concentrado quase que exclusivamente no aumento da capacidade de tráfego, através de alargamento de ruas, sinalização e ruas de mão única, sem levar em conta os custos sociais e ambientais dessas alternativas."[43]

Appleyard e Lintell selecionaram três ruas residenciais em São Francisco, de idênticas características, mas com diferentes intensidades de tráfego. As três tinham 23 metros de largura, eram ocupadas por casas de dois ou três andares e uma mescla de apartamentos próprios e para aluguel. A grande diferença era o tráfego. Em um período de 24 horas, 2.000 carros passavam pela rua com menos tráfego; a segunda rua mais movimentada registrava 8.700 e a rua com tráfego mais pesado, 15.750 carros por dia. Para estudar o efeito do tráfego no padrão de atividade nas três ruas, Appleyard e Lintell plotaram suas observações num mapa viário. Também anotaram quais grupos etários usavam os vários espaços públicos.

Eles complementaram suas observações, entrevistando os moradores sobre os locais da rua onde eles se reuniam e sobre seus conhecidos no bairro. Amizades e conhecidos eram marcados com linhas entre as várias residências, enquanto pontos marcavam pontos de encontro nas ruas.

Os registros mostraram claramente que havia bem menos relações sociais na rua com tráfego mais pesado, em comparação com a que tinha menos tráfego. A conclusão era, graficamente, fácil de ser observada, já que as relações entre conhecidos na rua eram desenhadas como linhas de conexão e não como desenhos ou diagramas mais abstratos.

Em termos de atividades de permanência, também ficou claro que havia bem mais lugares para ficar (pontos) nas ruas com menos tráfego e as permanências atingiam mais áreas. As crianças brincavam na rua com menos tráfego e muitas pessoas ficavam nas soleiras e entradas das casas. Na rua com quantidade moderada de tráfego havia menos atividades e estas aconteciam nas calçadas. E na rua com tráfego mais pesado, que também tinha calçadas mais estreitas, as atividades eram restritas à entrada das edificações.

Para elucidar as consequências das diferentes quantidades de tráfego, o estudo não focou tópicos óbvios como estatísticas de segurança e acidentes de trânsito. Em vez disso, os observadores estudaram a influência do tráfego sobre a vida social dos moradores.

Appleyard realizou posteriormente pesquisas semelhantes em ruas com vários níveis de renda e uma mescla de moradores. Tais pesquisas confirmam as conclusões do estudo-piloto sobre a influência do tráfego na vida social. O trabalho de Appleyard é considerado um clássico no campo dos estudos sobre vida na cidade. Um dos motivos de ser tão conhecido é que as conclusões foram comunicadas de forma gráfica, clara e com visual forte. Qualquer um que olhasse poderia ver que havia algo terrivelmente errado com a rua com tráfego pesado.

O diagrama mostra três ruas, respectivamente, com trânsito pesado, moderado e leve. As linhas mostram onde as pessoas têm amigos ou conhecidos nos dois lados das ruas e os pontos onde se reúnem. Com clareza gráfica, a ilustração mostra a conclusão do estudo: quanto mais tráfego, menos vida e menos interação social[44].

Bosselmann compara as relações espaciais criando mapas das plantas de catorze das áreas de estudo: campus de Berkeley, Universidade da Califórnia; 2. centro de San Francisco, Califórnia; 3. Chinatown em San Francisco, Califórnia; 4. Times Square, Nova York; 5. rua Strøget, Copenhague, Dinamarca; 6. avenida Pensilvânia, Washington DC; 7. Old Quarter, Toronto, Canada; 8. parte velha de Kioto, Japão; 9. piazza Navona, Roma, Itália; 10. Trafalgar Square, London, Inglaterra; 11. Marais, Paris, França; 12. La Rambla, Barcelona, Espanha; 13. condomínio fechado Laguna Niguel, em Orange County, Califórnia; 14. Stanford Shopping Center, Palo Alto, Califórnia. As linhas marcam rotas de 350 metros.

LONGOS OU BREVES MINUTOS
Estudos Sobre Vivência do Espaço Público Durante Deslocamentos

Quem: Peter Bosselmann
Onde: vários locais
Quando: 1982-1989
Método: caminhada de quatro minutos
Publicação: Peter Bosselmann, *Representation of Places*, Berkeley: University of California Press, 1998[45]

Após desenhar sequências numa tentativa de reproduzir uma caminhada de quatro minutos, rica de impressões, em Veneza, Bosselmann quis estudar outras rotas de 350 metros que, em princípio, levariam o mesmo tempo para ser percorridas que a rota em Veneza, mas talvez fossem vivenciadas de forma diferente em termos de tempo.

Ele selecionou catorze diferentes percursos em várias partes do mundo, com estruturas urbanas bem diversas. Para comparar as características espaciais, ele trabalhou com mapas com segregação figura/fundo das áreas estudadas. Os mapas, graficamente claros, mostravam as características espaciais diferentes das várias rotas: as densas e tradicionais estruturas urbanas em Barcelona, na Espanha; a área aberta de um campus em Berkeley, na Califórnia; um condomínio fechado com ruas residenciais cheias de curvas em Orange County, na Califórnia; e as grandes áreas de um *shopping center* e espaços abertos em Palo Alto, na Califórnia.

Os mapas são acompanhados de textos curtos que descrevem a experiência de Bosselmann no percurso, tendo a caminhada em Veneza como ponto de referência. Ele pergunta se os percursos eram vivenciados como mais longos ou mais curtos do que os 350 metros em Veneza. Uma caminhada de quatro minutos pode ser usada como ferramenta para comparar a experiência de vários percursos.

Peter Bosselmann comenta sua experiência de caminhar ao longo de todas as rotas e compará-las com uma caminhada de quatro minutos em Veneza. Veja o que ele diz sobre a caminhada pela piazza Navona, em Roma (à esquerda): "Para minha grande surpresa, a caminhada em Veneza se iguala ao passeio pela piazza Navona em Roma. Embora eu acredite que a conheço bem, subestimei seu tamanho, assumindo que levaria apenas metade do tempo da caminhada em Veneza; mas, na verdade, cruzar toda a praça leva 4 minutos."[46]

BALÉS DE RUA EM FILME
Estudos Com Fotografia Com Lapso de Tempo de Pequenas Cenas no Espaço Público

Quem: William H. Whyte
Onde: projeto Street Life, Nova York, Estados Unidos
Quando: 1971-1980
Método: fotografia com lapso de tempo
Publicação: William H. Whyte, *The Social Life of Small Urban Spaces*, New York: Project for Public Spaces, 1980[47]

A vida no espaço público consiste em diversas situações pequenas, comuns; mas como registrar e ilustrar esses pequenos eventos do cotidiano?

Qualquer um que já tenha tentado fotografar situações demonstrativas num espaço público sabe quanta paciência é necessária para capturar o momento narrativo testemunhado, se é que isso é possível. Muitos momentos são exatamente isso: momentos. Ou talvez as situações não possam ser reduzidas a uma única fotografia, porque apesar de as situações poderem se desenrolar numa fração de segundo, no decorrer do tempo são sequências que não podem ser congeladas num único instantâneo.

William H. Whyte era capaz de perceber como as pequenas situações do cotidiano propiciam muita informação sobre o modo de as pessoas usarem o espaço público. Ele usou fotografias com lapso de tempo para reproduzir o que Jane Jacobs chamou de pequenos balés de rua, que se desenvolvem nas ruas, praças e calçadas e, principalmente, nas esquinas das cidades.

Nessa página e na próxima, mostramos uma das cenas que Whyte capturou numa esquina de Manhattan nos anos 1970: um homem de negócios mostra a outro como fazer uma tacada de golfe. O primeiro ajusta a posição do braço do segundo, o taco invisível balança no ar e o golfista termina a tacada com o ajuste final de sua perna de trás. Whyte estava na cidade para capturar e descrever situações que ocorrem e para entender por que foi precisamente nessa esquina e não no meio do quarteirão que os dois homens pararam para conversar.

O argumento de Whyte é que esse tipo de situação não ocorre em qualquer lugar e, então, ele descreve o que caracteriza a melhor esquina: "Uma das melhores esquinas é a esquina da rua 49 com a avenida das Américas, junto ao prédio da editora McGraw-Hill. Essa esquina tem todos os requisitos básicos: espaço para sentar, um vendedor de comida e um grande fluxo de pedestres e o meio de tudo isso é um lugar favorito para conversas."[48]

A sequência superior das fotografias mostra outro exemplo, também com fotografia com lapso de tempo, de uma mulher deslocando um pouco sua cadeira – não na direção do sol ou para sair dele, mas para dominar o espaço ou mostrar quem manda. Ela tem a oportunidade de marcar onde quer se sentar. É mais forte ilustrar o desejo de alguém de demarcar seu território com uma pequena sequência de fotografias do que com uma descrição verbal – apesar de a vívida descrição escrita de Whyte complementar as imagens com uma interpretação que orienta o leitor.

Desde que ele realizou esses estudos, nos anos 1970, houve um avanço tecnológico na fotografia com lapso de tempo. Mesmo assim, as descrições aprofundadas de Whyte sobre o uso desse tipo de fotografia, no final de seu livro *The Social Life of Small Urban Spaces*, continuam a ser úteis e instrutivas.

Whyte, por exemplo, escreve sobre posicionar a câmera de modo a não ser visível da rua, sobre o que o lapso de tempo não consegue capturar e sobre a interpretação do material: "Devo enfatizar novamente que você precisa saber o que olhar ou não vai ver. A observação direta é um pré-requisito."[49] Para ele, as observações diretas são um pré-requisito porque podem permitir uma análise qualificada do material fotográfico.

Legendas do livro The Social Life of Small Urban Spaces.
Série superior: "O impulso de movimentar as cadeiras, ainda que seja apenas quinze a vinte centímetros, é muito forte. Mesmo sem qualquer motivo, o exercício da escolha é gratificante. Talvez seja por isso que a mulher acima movimentou a cadeira – nem para ficar ao sol, nem para fugir dele"[50]
Série inferior: "Uma esquina em Wall Street é um grande local para conversas de negócios"[51]

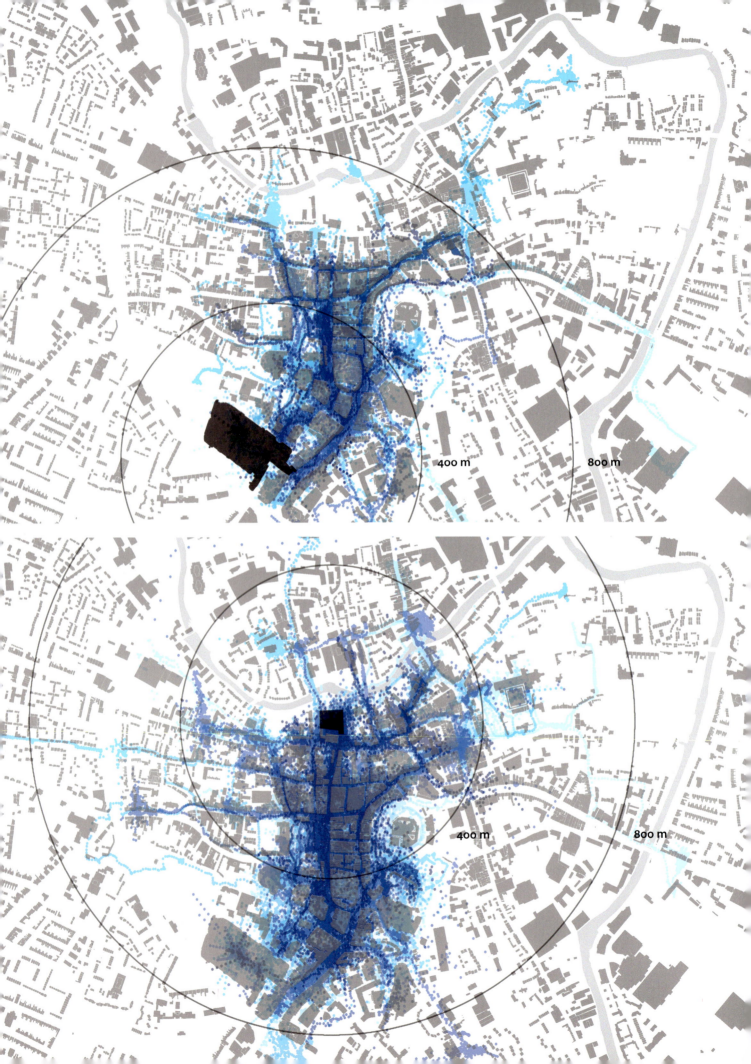

MOTORISTAS TAMBÉM SÃO PEDESTRES

Estudos Com GPS Sobre Percursos de Pedestres em Três Centros Europeus

Quem: Stefan van der Spek com equipe da Universidade de Tecnologia de Delft
Onde: centros das cidades de Norwich, na Inglaterra; Rouen, na França; e Koblenz, na Alemanha
Quando: Norwich, junho de 2007; Rouen e Koblenz em outubro de 2007
Método: registro por GPS e questionários
Publicação: Stefan van der Spek, Tracking Pedestrians in Historic City Centers Using GPS, *Street-Level Desires: Discovering the City on Foot*, Hoeven: Smit and Spek, 2008[52]

Em 2007, o arquiteto Stefan van der Speck da Universidade de Tecnologia de Delft, na Holanda, estudou a movimentação de pedestres em três centros urbanos da Europa. Equipou os pedestres com aparelhos de GPS para mapear quais ruas frequentavam e quais não. O objetivo era orientar melhor as oportunidades recreativas e de compras.

Os aparelhos GPS foram fornecidos a visitantes que deixavam seus carros em estacionamentos, no entorno dos centros urbanos. Em cada uma das três cidades, Norwich, Rouen e Koblenz, foram escolhidas duas garagens em cada lado do centro da cidade – era necessário que os estacionamentos fossem localizados em locais com acesso direto ao centro. O motivo de selecionar os estacionamentos era garantir que os participantes devolvessem os GPS.

Os participantes foram selecionados ao se perguntar o que iriam fazer no centro, já que compras e recreação eram os critérios de seleção. Se atendessem aos critérios, recebiam os equipamentos de GPS assim como um folheto sobre o objetivo e o formato do estudo. Quando retornassem ao estacionamento, preenchiam um questionário com informações pessoais.

Como se vê na página ao lado, a informação do GPS era ilustrada por pontos num mapa da área estudada. Os pontos marcam as posições dos participantes a cada cinco segundos e com uma precisão de três a cinco metros – a precisão que os aparelhos de GPS tinham em 2007. Cada linha representa uma pessoa ou grupo e o objetivo era tornar legíveis as linhas gerais de movimentação.

Nas três cidades, os motoristas selecionados foram a grande parte do centro. Algumas zonas não foram visitadas, talvez devido a algum tipo de barreira, mas o quadro geral era claro: aqueles pedestres dos estacionamentos caminhavam por todo o centro da cidade[53]. O estudo confirma uma questão óbvia, mas importante: motoristas também são pedestres.

Hoje, os estudos por GPS estão se desenvolvendo rapidamente e em muitos contextos diferentes e acreditamos que esse método se torne bastante popular no futuro.

Acima: quando os participantes voltam de uma caminhada na cidade, um entrevistador preenche um questionário com informações básicas.

Ao lado, à esquerda: mapa de Norwich, Inglaterra. Acima: edifício-garagem Capelfield no limite da área central de Norwich, onde os aparelhos de GPS foram distribuídos. Abaixo: edifício-garagem St. Andrews, o outro ponto de acesso para o centro da cidade, onde os participantes também receberam aparelhos de GPS. Os pontos mostram onde os participantes pararam e onde se movimentaram no centro de Norwich.

ESTUDOS DA VIDA NA CIDADE NA PRÁTICA

6

Este capítulo apresenta estudos sobre "espaço público-vida na cidade" realizados em diferentes tipos de cidade – grandes e pequenas, modernas e tradicionais. Alguns estudos cobrem vários anos, outros um intervalo menor. Todos os exemplos foram realizados por Jan Gehl e a Gehl Architects, respectivamente.

Como o nome sugere, estudos sobre espaço público-vida na cidade trazem conhecimentos sobre as estruturas físicas da cidade e o modo como as pessoas as utilizam. O objetivo desses estudos é melhorar as condições físicas para as pessoas nas cidades, adquirindo conhecimento específico sobre espaços públicos individuais e como e quando são utilizados.

Os estudos podem fundamentar os processos de decisão em debates políticos sobre planos e estratégias, ou serem usados mais concretamente para avaliar o efeito de ações já realizadas, comparando-se registros feitos antes e depois dessas ações. A aquisição de conhecimentos mais tangíveis e sistematizados sobre a interação entre o espaço público e a vida na cidade tem se mostrado útil no sentido de qualificar e orientar a discussão – principalmente, através de linhas de disciplinas e departamentos administrativos. Ao passo que os estudos sobre a vida na cidade, em geral, podem propiciar uma plataforma para o debate profissional e político, as informações também contribuem para o debate público mais amplo.

Muitos realizaram estudos da vida na cidade na prática, como Allan Jacobs e Peter Bosselmann em São Francisco, só para citar dois exemplos[1]. O especial nos estudos já realizados por Jan Gehl e a Gehl Architects é que foram realizados em muitas cidades de diferentes países e culturas no decorrer de décadas, permitindo comparações além-fronteiras e ao longo do tempo. Isso resulta em interessantes perspectivas de pesquisa e permite que as cidades sigam seu próprio desenvolvimento e se comparem com outras.

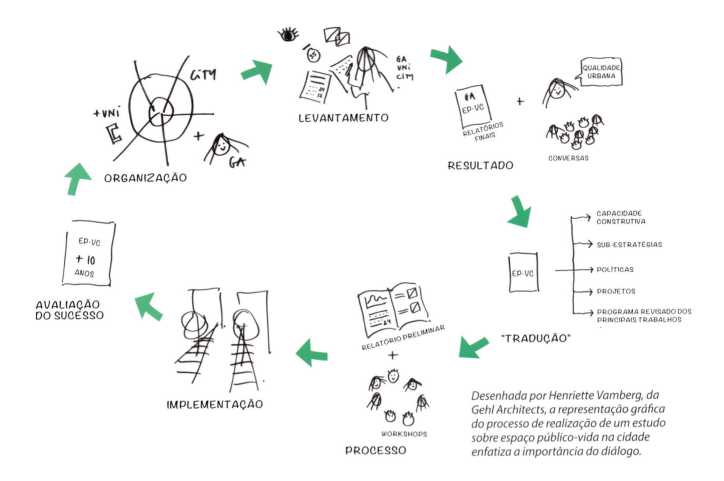

Desenhada por Henriette Vamberg, da Gehl Architects, a representação gráfica do processo de realização de um estudo sobre espaço público-vida na cidade enfatiza a importância do diálogo.

Estudos Sobre
Espaço Público-Vida na Cidade

O conteúdo dos estudos sobre espaço público-vida na cidade de Jan Gehl e, posteriormente, da Gehl Architects, varia de estudo para estudo e de lugar para lugar. Entretanto, alguns elementos são constantes, tais como a contagem de pedestres e o registro de atividades estacionárias. Os resultados são apresentados junto com recomendações para melhorias na forma de um relatório ao cliente, que é, na maioria dos casos, uma cidade.

O primeiro grande estudo da vida urbana foi realizado em Copenhague em 1968, como um projeto de pesquisa. O estudo de Copenhague de 1986 também tinha um objetivo de pesquisa. O primeiro estudo realmente voltado para a prática – chamado de estudo sobre espaço público-vida na cidade – foi realizado em 1996, tendo como sólida plataforma os estudos anteriores sobre a vida na cidade[2].

Os estudos posteriores sobre espaço público-vida na cidade foram realizados através de um diálogo próximo com os parceiros locais: uma cidade, uma região urbana, ONGs, empresários locais, uma universidade local e outros interessados no desenvolvimento urbano.

Se uma universidade local fornecer os observadores, geralmente, os estudos farão parte de um curso. O treinamento dos observadores envolve mais do que dar instruções sobre uma tarefa. O objetivo é inspirar os alunos sobre seu trabalho futuro – em termos de método, mas também em termos mais gerais, com relação a priorizar as pessoas nos processos de planejamento e de projetos específicos.

Mesmo quando aquilo que estiver sendo medido for tangível – registros aqui-e-agora de onde, quando e como muitas pessoas estão na cidade e o que estão fazendo – o objetivo de longo prazo desses estudos sempre é fazer das pessoas uma parte mais visível do planejamento. Trata-se, essencialmente, de uma forma de pensar e trabalhar com as cidades que considera as pessoas antes da infraestrutura, das edificações, do calçamento e assim por diante.

Estudos de Área
ou Acupuntura Urbana

Na fase de planejamento, o tamanho da cidade ou área focalizada determina, em grande medida, como será feita a pesquisa. Se a área de estudo se restringir a um espaço público ou rua, o local para registro é óbvio. Frequentemente, abordar as conexões "para" e "do" espaço público é bastante útil.

Se o foco for uma área maior, como um bairro, ainda assim é possível entender todo o contexto e apontar os locais mais interessantes para registro. A maior parte dos estudos

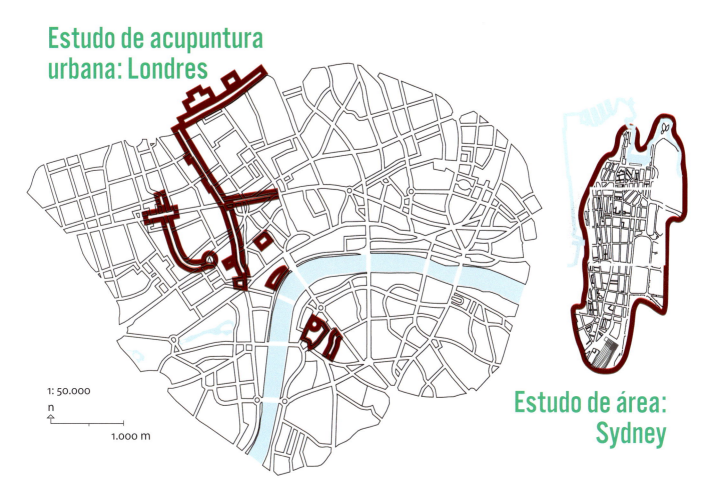

Estudo de acupuntura urbana: Londres

1: 50.000

1.000 m

Estudo de área: Sydney

sobre espaço público-vivência urbana foi feita desse modo, tratando de uma área coesa mais ampla, tal como o centro da cidade.

Nesse contexto, muitos dos centros de cidades mostraram-se, surpreendentemente, uniformes em área: tipicamente 1 x 1km (ou um pouco mais) com uma área de 1-1,5 km², mesmo que a população varie de 500.000 a muitos milhões. Uma explicação óbvia para esse tamanho bastante uniforme dos centros das cidades é que 1 X 1km corresponde a uma distância aceitável de caminhada, ou seja, todas as partes do centro da cidade podem ser alcançadas a pé. Podemos dizer que isso é um tamanho padrão ditado pela biologia.

O fato de tantos centros de cidades terem 1-1,5 km² de área simplifica a comparação. O tamanho também torna a área do estudo mais simples e viável, e todo o centro da cidade pode ser examinado no que se chama de "estudo de área". Estudos de área foram realizados em Copenhague, Estocolmo, Roterdã, Riga, Sydney e Melbourne, entre outras, assim como em todas as localidades menores nas quais foram desenvolvidos estudos sobre espaço público-vida na cidade.

Estudos de área são extensos demais para áreas centrais ou distritos bem maiores do que 1 km², de modo que, nesses casos, emprega-se o método da "acupuntura". Isso significa

Como a área-alvo em Sydney cobre apenas 2,2 km², foi possível realizar um estudo de área de todo o centro da cidade. Entretanto, na região do centro de Londres onde há a cobrança por congestionamento (pedágio urbano), que é de 24,7 km², o método de acupuntura foi escolhido: 5,5 km de ruas, 53.800 km² de parques e 61.200 km² de praças e largos[3].

que ruas, praças, parques e áreas locais representativas são selecionadas. Ao se estudar elementos típicos de uma cidade maior, é possível construir um quadro dos problemas e oportunidades que geralmente caracterizam a cidade em estudo. O método utilizado para realizar estudos em Londres, Nova York e Moscou foi acupuntura urbana[4].

40 anos: Copenhage

A rua comercial Strøget torna-se, de forma experimental, uma rua de pedestres, 1962

Mennesker til Fods
(Pessoas a pé. Em dinamarquês apenas)
(1968)

Byliv
(Vida na Cidade. Em dinamarquês apenas)
(1986)

Espaço público – vida na cidade: Copenhague
(1996)

Nova vida na Cidade
(2006)

10 anos: Melbourne

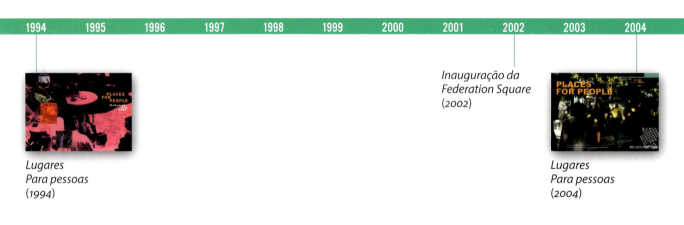

Lugares Para pessoas
(1994)

Inauguração da Federation Square
(2002)

Lugares Para pessoas
(2004)

2 anos: Nova York

O prefeito Michael Bloomberg publica a visão da cidade para 2030: PlaNYC
(Abril de 2007)

Estudo sobre vida na cidade - Ruas de Classe Mundial
(novembro 2008)

Fechamento da Broadway na altura da Times Square e Herald Square entre as ruas 42ª e 47ª.
(maio 2009)

Os Efeitos dos Estudos Sobre Espaço Público-Vida na Cidade

Em sua tese de doutoramento, *Rediscovering Urban Design Through Walkability: An Assessment of the Contribution of Jan Gehl* (2011, Redescobrindo o Desenho Urbano Através da Caminhabilidade: Uma Avaliação da Contribuição de Jan Gehl), apresentada no Instituto de Políticas de Sustentabilidade da Universidade de Curtin, na Austrália Ocidental, Anne Matan entrevistou vários dos urbanistas que empregaram os estudos sobre espaço público-vida na cidade realizados por Jan Gehl e pela Gehl Architects[5].

Uma das respostas mais frequentes à pergunta feita pela autora – sobre para que poderiam ser usados os estudos sobre espaço público-vida na cidade – era que eles trazem estatísticas e não suposições sobre o que está realmente acontecendo. Os estudos também possibilitam que o espaço público e seus usos sejam vistos num contexto mais amplo. Ao proporcionar uma visão holística da cidade, os estudos ilustram como os vários espaços públicos podem ser vistos, um em relação ao outro, em diferentes momentos do dia, da semana ou do ano, e não como projetos urbanos individuais. Um urbanista envolvido no estudo afirmou: "Antes tínhamos algumas ideias gerais, mas (através dos levantamentos de espaço público-vida na cidade) pudemos ver os padrões mais claramente."[6] Assim, os estudos podem originar conhecimento sobre um padrão mais geral e colocar os padrões num contexto maior.

Além de servir como ferramenta analítica para avaliar a situação existente, os estudos sobre espaço público-vida e atividade nas cidades possibilitam estabelecer metas específicas, fáceis de acompanhar e utilizar, para corrigir iniciativas e ações para que funcionem da melhor maneira possível. Com base em suas entrevistas com participantes dos estudos da cidade sobre espaço público-vida e atividade urbanas, a conclusão de Anne Matan é que os estudos permitem que as cidades implementem mudanças simples, efetivas e lógicas. Mas também se mostraram importantes para que elas tenham a oportunidade de se comparar a outras.

Desde 1962 tem havido um aumento das áreas fechadas aos veículos. O gráfico à direita ilustra a extensão das atividades estacionárias no centro da cidade em 1968, 1986 e 1995. Os dados apresentados são uma média de quatro registros entre 11h00 e 16h00, em dias de semana, no verão. As atividades estacionárias quadruplicaram durante o período acompanhando, praticamente, um aumento igual ao da área vedada aos automóveis[7].

A comunicação clara dos resultados do estudo é crucial para dar aos políticos e ao público uma compreensão das atuais condições de sua cidade e da direção futura mais desejável para ela.

Este capítulo contém vários exemplos de cidades onde os estudos sobre espaço pública-vida na cidade foram realizados e empregados para melhorar a qualidade urbana.

O Longo Percurso - Copenhague

Em 1996, Copenhague tornou-se a primeira cidade na qual um estudo sobre espaço público-vida na cidade foi realizado. Antes disso, vários estudos sobre vida urbana já haviam sido realizados, ao longo de décadas, como projetos de pesquisa na Escola de Arquitetura da Academia Real de Belas Artes da Dinamarca.

Nenhuma mudança radical foi feita no padrão de ruas de Copenhague, que se origina da Idade Média. Entretanto, pequenas, porém marcantes, alterações foram realizadas durante um período mais longo, tais como a conversão de 2-3% das áreas de estacionamento da cidade em espaços para pessoas e ciclovias. Essas alterações ajudaram a criar a reputação de Copenhague como uma cidade que tem, consistentemente, se esforçado para melhorar as condições para pedestres e ciclistas.

As alterações foram feitas ao longo de muitos anos e os principais estudos sobre a vida urbana realizados, aproximadamente um a cada década, documentaram os efeitos de tais ações. Uma

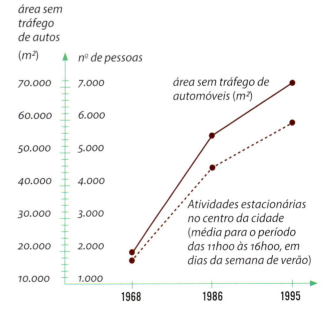

Intenso crescimento no número de domicílios e cafés em Melbourne em vinte anos

1982: 204 unidades domiciliares, dois cafés ao ar livre

1992: 736 unidades domiciliares, 95 cafés ao ar livre

2002: 6.958 unidades domiciliares, 356 cafés ao ar livre

O estudo de 2004 documenta que, em uma década, foi feito o trabalho de base para que muito mais pessoas permanecessem no espaço público e um número ainda maior ainda passasse a morar no centro. O número de habitantes aumentou de cerca de 1.000 em 1992 para quase 9.400 em 2002.

O número de cadeiras nos cafés aumentou de 1.940 em 1992 para 5.380 em 2002. O aumento reflete as mudanças na cultura da cidade e também mostra, numericamente, quanto tempo as pessoas passavam no centro de Melbourne[8].

- ● *Residência oficial (um ponto=cinco unidades)*
- ● *Apartamentos (um ponto=cinco unidades)*
- ● *Residência estudantil (um ponto=cinco unidades)*
- ● *Café com serviço ao ar livre*
- ▲ *Em construção*

conexão direta entre o número de metros quadrados sem carros, por exemplo, e a extensão das atividades de permanência na cidade foi documentada. Quanto mais espaço, mais vida!

Ao repetir os estudos usando exatamente os mesmos métodos sob as mesmas condições a cada dois, cinco ou dez anos, pode-se documentar as mudanças na forma como a cidade é usada. Os estudos sobre espaço público-vida na cidade tornaram-se um banco de conhecimentos que pode ser continuamente atualizado. Estudos sobre espaço público-vida na cidade recorrentes foram realizados em muitas outras cidades, incluindo Oslo, Estocolmo, Perth, Adelaide e Melbourne.

Grandes Resultados Numa Década – Melbourne

Em 1994, quando Jan Gehl realizou o primeiro estudo sobre espaço público-vida na cidade em Melbourne, o ponto de partida foi um centro de cidade totalmente dominado por atividades comerciais e escritórios, e muito poucos moradores.

O estudo inicial serviu como base de comparação para as ações posteriores. Foi uma ferramenta para documentar os efeitos das mudanças implementadas pela cidade entre os estudos. Várias iniciativas foram adotadas entre 1994 e 2004. Por exemplo, estreitas vielas entre blocos de edifícios foram convertidas em espaços atraentes para ficar ou passear. Uma praça central e um novo largo da prefeitura foram criados. Projetos artísticos embelezaram o espaço público. Essas e muitas outras ações fizeram do centro de Melbourne um local mais atraente para morar e visitar – dia e noite.

De 1994 a 2004, foram criados 71% de metros quadrados a mais de espaços públicos, com opção de permanência. Em outras palavras, a cidade fez tremendos esforços para atrair os moradores e visitantes não somente para caminhar mais por ela, mas para ficar um pouco mais no espaço público.

O relatório de 2004 documenta que os esforços valeram a pena. O tráfego de pedestres no centro à noite aumentou em 98% e, no geral, o número de pessoas que paravam alguns minutos quase triplicou[9].

Não foram os estudos sobre espaço público-vida na cidade que ocasionaram as mudanças em Melbourne, mas vários agentes: políticos, urbanistas, empresários e moradores. Entretanto, ter um estudo sobre espaço público-vida na cidade como ferramenta nesse processo aumentou a compreensão sobre a importância de propiciar um espaço público de qualidade "projetado e gerenciado para as pessoas", como disse um dos urbanistas da cidade[10].

Hoje, Melbourne considera fundamental conhecer mais sobre como o espaço público é usado ou não, para fazê-lo funcionar bem. São feitos estudos contínuos sobre a vida urbana; a permanência no espaço e outras atividades sociais são registradas de modo habitual. Priorizar as pessoas e torná-las visíveis no planejamento tornou-se parte integral do trabalho diário de planejar a cidade.

Os relatórios foram preparados através de uma colaboração entre a cidade de Melbourne e Jan Gehl, em 1994, e a Gehl Architects, em 2004. A colaboração foi uma forma da cidade se apropriar do estudo desde o início, para concluir com um relatório que fosse parte integral de um grande projeto de planejamento, e não um documento externo isolado. O Conselho da Cidade aprovou os objetivos e recomendações, que foram incorporados em projetos concretos, assim como no plano estratégico. Segundo o arquiteto local Rob Adams, que chefiou os estudos tanto em 1994 como em 2004, a colaboração explica bastante o sucesso do estudo de Melbourne[11].

Abaixo, fotos das típicas vielas de Melbourne, muitas das quais foram transformadas em vibrantes espaços urbanos. Esquerda: viela tradicional de Melbourne. Direita: viela de Melbourne revitalizada.

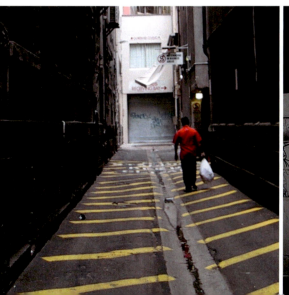

Mudanças Dramáticas em Poucos Anos – Nova York

Em Nova York, houve uma forte vontade política para implementar mudanças e tornar a cidade mais sustentável. Em 2007, o prefeito Michael Bloomberg lançou um plano ambicioso, PlaNYC 2030, A Greener, Greater New York (Uma Nova York Maior e Mais Verde)[12]. O plano descrevia como Nova York poderia ser uma cidade mais sustentável e melhor para seus muitos moradores, e previa que um milhão de novos habitantes se mudariam para a cidade entre 2007 e 2030. O objetivo era propiciar mais qualidade de vida para todos os nova-iorquinos e grande parte do trabalho era melhorar as ruas da cidade, reduzir a circulação de automóveis particulares e repensar o espaço público. A Gehl Architects contribuiu com um amplo estudo sobre espaço público-vivência na cidade.

Normalmente, um estudo desses termina quando o relatório é publicado, mas o estudo de Nova York não foi publicado na íntegra. Em vez disso, uma parte substancial dos resultados foi incorporada na visão World Class Streets (Ruas de Classe Mundial), preparada pelo Departamento de Transportes da Cidade de Nova York em 2008[13].

A Broadway, perto de Times Square, foi um dos lugares escolhidos para concretizar a visão de uma Nova York melhor para todos. Outro trabalho foi feito também em projetos de Manhattan e áreas adjacentes, mas Times Square tornou-se o retrato mais dramático das mudanças.

Por muitos anos, na passagem do ano, os noticiários mostravam ao mundo a multidão de pessoas reunidas na rua. Entretanto, no resto do ano, a Times Square era, basicamente, um lugar para o tráfego de veículos.

A proporção exata ficou clara ao se calcular a área da Times Square dedicada aos carros e o quanto sobrava para as pessoas. Esse cálculo simples levou a um resultado instigante: 89% da Times Square era para os carros, deixando apenas 11% da área para os pedestres. Essa área acanhada consistia, em grande parte, de calçadas e estreitas ilhas para pedestres, onde as pessoas se refugiavam quando os taxis amarelos passavam. Registrou-se um grande número de pedestres no mínimo espaço disponível. Esses números foram o ponto focal no debate sobre que tipo de cidade Nova York seria no século XXI.

Considerar a Times Square como um possível espaço público era controverso. Nova York é conhecida como uma das cidades mais modernas do mundo, tendo como símbolo a velocidade e os táxis amarelos (o fato de o tráfego ter se tornado mais rápido e fluido depois das mudanças é outra história)[14]. Foi preciso uma intensa campanha de comunicação, por parte da cidade, antes que a Times Square e outras praças ao longo da Broadway pudessem ser convertidas em espaços públicos sem carros.

Nova York agiu, rapidamente, transformando ruas com tráfego em ruas favoráveis aos pedestres, e ao criar 322 km de ciclovias apenas nos primeiros dois anos, entre junho de 2007 e novembro de 2009. Na Times Square as mudanças ocorreram, literalmente, da noite para o dia: a área foi isolada, o asfalto pintado, barreiras e outras medidas temporárias foram instaladas – incluindo novas oportunidades para sentar em cadeiras simples, de dobrar, compradas às pressas, colocadas perto de floreiras temporárias.

Foram efetuadas contagens antes e depois das mudanças, para aferir o efeito das medidas temporárias. Os números poderiam ser usados para apoiar os projetos, já que documentavam claramente o fato de que muitas pessoas se beneficiaram com as novas ações. A documentação serviu como ferramenta de avaliação no processo de ajustar as medidas temporárias com relação a um melhor posicionamento e assim por diante.

Pedestres na rua

Pedestres caminhando no espaço destinado aos carros na 7ª avenida, entre as ruas 45 e 46, ou seja, em Times Square, antes e depois da área ser fechada ao tráfego de passagem. As contagens foram feitas entre 8h30 e 13h00.

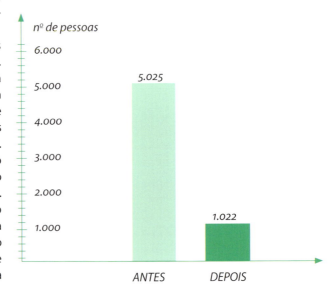

Os estudos fazem parte das rápidas mudanças feitas em Nova York e foram usados para aferir os projetos-piloto individuais, assim como as mudanças na cidade em geral. A Comissária do Departamento de Transportes de Nova York, Janette Sadik-Khan, descreve-os como uma forma completamente nova de se ver as ruas da cidade: "Até alguns anos atrás, nossas ruas [em Nova York] pareciam iguais ao que eram há cinquenta anos. Isso não é bom [...] Estamos atualizando nossas ruas para refletir o modo como as pessoas vivem hoje. E estamos projetando uma cidade para as pessoas, não uma cidade para veículos."[15]

Documentar a vida na cidade no espaço público deu sustentação à vontade política de mudar a cultura urbana da cidade de Nova York – ou, talvez, seja mais correto dizer que deu apoio à mudança cultural ao atualizar a estrutura física da cidade.

Os estudos sobre espaço público-vida na cidade começam com as condições existentes. Como Annie Matan concluiu em sua tese de doutorado: "Discussões sobre cidades muitas vezes se centram no que elas deveriam ser, não no que são hoje e como funcionam hoje. Levantamentos [sobre espaço público-vida na cidade] oferecem uma oportunidade para ver a cidade como é – examinar sua vida cotidiana e colocar o foco no presente, não no futuro."[16]

Enquanto as mudanças em Nova York foram feitas em um ritmo de tirar o fôlego, cidades com outras normas de planejamento e outras lideranças políticas seguem um ritmo mais lento. Entretanto, as mudanças em Nova York tiveram amplas implicações como inspiração para cidades do resto dos Estados Unidos e do mundo. Nesse contexto, a documentação fotográfica e estatísticas antes-e-depois são essenciais para comunicar os resultados.

A Broadway foi fechada ao tráfego na Times Square e na Herald Square como um teste, mas a mudança agora é permanente, graças aos estudos feitos antes e depois e graças à imediata popularidade dos novos espaços públicos. Um total de 35.771 m² de espaço público foi devolvido às pessoas, ao passo que o tempo de transporte para o tráfego de veículos melhorou em 17%. Há bem menos pedestres caminhando na rua e o número de pedestres feridos no tráfego caiu 35%.

As contagens feitas antes e depois da mudança mostram que Times Square tornou-se um lugar para atividades estacionárias na cidade. Já o aumento no número de pedestres é discreto, 11%, houve um aumento de 84% no número de pessoas em pé ou sentadas na Times Square.[17]

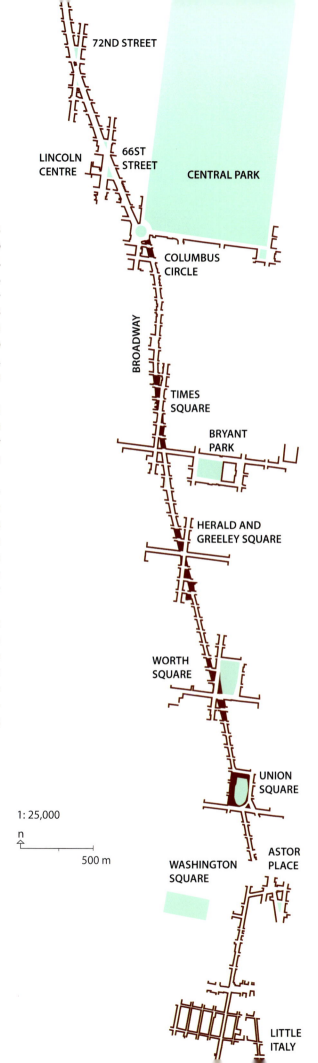

Times Square, primavera de 2009

Times Square, verão de 2009

Do Relatório a Ruas e Praças – Sydney

Em 2007, realizou-se um estudo sobre espaço público-vida na cidade em Sydney, Austrália. Uma das conclusões mostrava a necessidade urgente de uma rede de vias para pedestres, para fazer dela uma cidade melhor para se caminhar. Também foi considerado crucial definir uma rua como espinha dorsal da cidade, além de selecionar três praças, ao longo dessa espinha dorsal, para ajudar a criar uma identidade mais forte para a cidade[18]. A rua George foi selecionada como espinha dorsal possível. O relatório foi publicado em 2007 e o trabalho na melhoria da rua George foi iniciado.

Em 2013, decidiu-se fechar a rua George para carros e ônibus, e introduzir um novo sistema de veículos leves sobre trilhos na rua de pedestres.

Um estudo sobre espaço público-vida na cidade foi realizado em Sydney em 2007. Desde então, as recomendações transformaram-se em diretrizes de projeto para algumas ruas selecionadas, citadas no relatório. Isso inclui a rua George, a principal conexão norte-sul. A ilustração abaixo mostra uma estratégia de projeto detalhada para a rua George e largos limítrofes, feita em 2013.

"Projeto conceitual para rua George

"Cidade de Sydney com Gehl Architects.

"Este documento estabelece os princípios que irão guiar o projeto detalhado da rua George. Ele delineia estratégias e conceitos para melhorar o ambiente público, em conjunto com o projeto de veículo leve sobre trilhos do governo do estado.

"As ideias e imagens neste documento foram testados para garantir o uso correto do investimento de $180 milhões do município e assim atingir os benefícios públicos buscados."

6 anos: Sydney, George Street

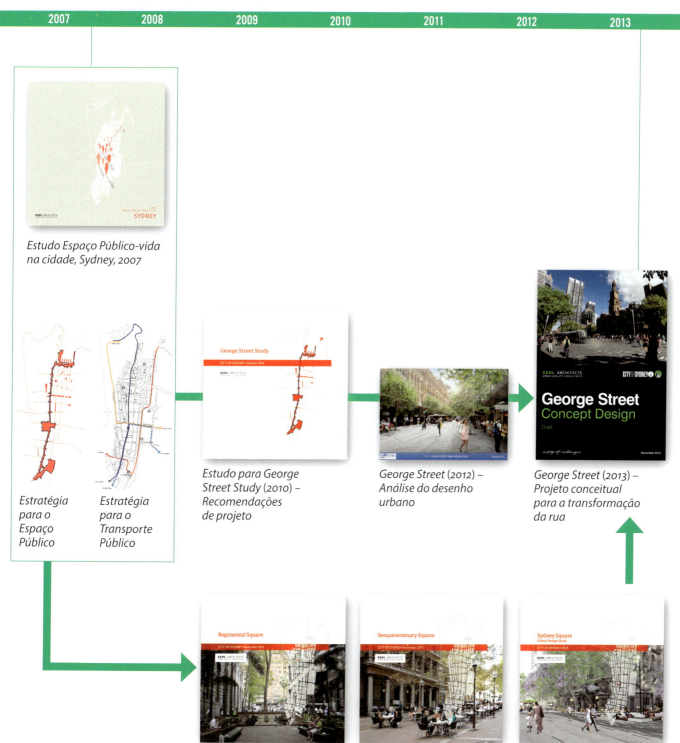

Uma Importante Contribuição Para o Debate – Londres

Às vezes, é difícil perceber os efeitos diretos de um estudo sobre espaço público-vida na cidade. Um motivo é que implementar as ações leva tempo, e outro é que o estudo é somente um dentre vários elementos de mudança. Não é possível comparar recomendações e projetos subsequentes, e o efeito mais importante de um estudo não é necessariamente visível. Sua mais importante contribuição pode ser o fato de ele mudar a forma como o futuro da cidade é discutido por profissionais, políticos e pelo público em geral.

Em 2004, um estudo sobre espaço público-vida na cidade foi realizado em Londres[14]. Posteriormente, Patricia Brown, diretora do Central London Partnership, comentou que, pela primeira vez, as pessoas falavam sobre "ruas para as pessoas", na cidade. O estudo propiciou um processo de pensamento e forma de acesso à cidade que constituiria uma plataforma concreta sobre a qual a cidade pôde se desenvolver[20].

O relatório de 2004 destacou várias áreas específicas como pontos de partida. Havia várias calçadas tão lotadas que o número de pedestres excedia em muito as condições para um caminhar confortável. Em outras palavras, pode haver um excesso de vida urbana em lugares que não foram projetados para isso! O estudo sobre espaço público-vida na cidade em Londres usou documentação fotográfica, assim como contagem para o grande fluxo de pedestres. O número e a localização dos pedestres foram analisados em relação ao desenho do espaço público que eles atravessavam, ou seja, largura da calçada, posição das entradas para as estações do metrô, instalações e outros obstáculos[21].

Em Londres, os resultados não foram visíveis tão rapidamente quanto em Nova York. Embora a melhoria das

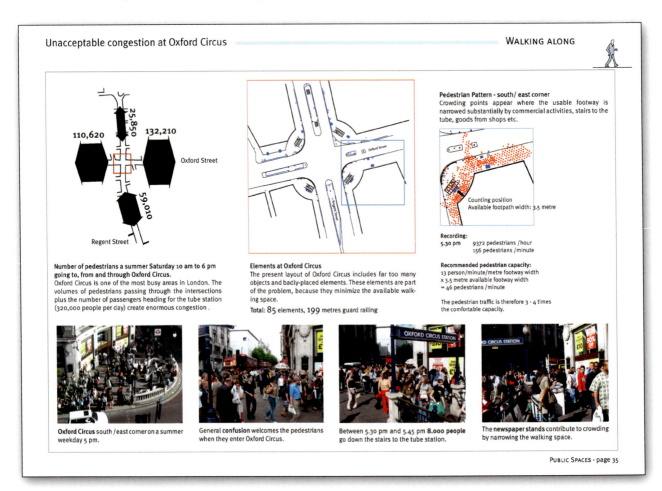

condições em esquinas específicas fosse por certo uma preocupação, os urbanistas também lidavam com novas agendas políticas e formas de garantir ruas para as pessoas.

Entretanto, nos anos seguintes, o processo de pensamento e vários projetos brotaram das recomendações do estudo de 2004. No verão de 2013, o plano é testar várias opções para fechar grandes ruas comerciais, como a Regent, ao tráfego de passagem – talvez inspirado pelo audacioso e simbólico fechamento de partes da Broadway ao tráfego de automóveis. Outros projetos, grandes e pequenos, foram implantados para melhorar a situação dos pedestres.

A reformulação do Oxford Circus em 2010 é um exemplo bem-sucedido de um dos novos projetos de melhorias.

Ao lado: uma página do relatório Towards a Fine City for People: Public Spaces and Public Life – London 2004, que ilustra o congestionamento nas calçadas no centro de Londres em torno do Oxford Circus[22].

Em 2010, o Oxford Circus foi alterado para que os pedestres pudessem atravessar diagonalmente em vez de serem redirecionados para trás de grades de proteção e outras barreiras que impediam que tomassem uma rota direta. Como fica claro no relatório de 2004 e em estudos posteriores realizados por Atkins, autor do novo plano, antes da mudança muitos pedestres tomavam atalhos de qualquer modo, saltando a barreira[23]. As pessoas tendem a fazer o caminho mais curto, mesmo quando há barreiras e questões de segurança indicando o contrário[24].

Abaixo: foto de Oxford Circus após a alteração em 2010.

Quando a Oportunidade Bate à Porta – Cidade do Cabo

A vontade política de melhorar as condições para caminhar, para a atividade pública e para os ciclistas é bastante comum nas cidades que realizaram estudos sobre espaço público-vida na cidade. Os estudos são uma ferramenta útil para trazer as pessoas a uma posição mais proeminente no planejamento urbano. Entretanto, apesar da boa vontade, há exemplos de estudos que foram engavetados por motivos políticos, econômicos ou outros. A gaveta pode pertencer aos urbanistas ou a um novo prefeito que não quer levar adiante os projetos do seu antecessor.

Às vezes, após vários anos, um desses estudos engavetados é salvo do esquecimento. Talvez o clima político tenha mudado, ou haja algum incentivo para trabalhar um elemento individual ou mesmo as recomendações feitas pelo estudo como um todo.

A Gehl Architects realizou um estudo sobre espaço público-vida na cidade na Cidade do Cabo, na África do Sul, em 2005[25]. Nada de mais aconteceu até que a Cidade do Cabo foi nomeada uma das cidades-sede da Copa do Mundo de futebol da FIFA, em 2010, que daria à cidade o impulso para trabalhar em partes escolhidas das conclusões e das recomendações do estudo.

O Fan Walk (caminho dos torcedores), na Cidade do Cabo na África do Sul, durante a Copa do Mundo de Futebol de 2010. Construída para o campeonato de 2010, a rua de pedestres conecta o novo estádio ao centro da cidade. A rua foi concebida como um meio de transportar multidões a pé durante os jogos e de não precisar fornecer outros meios de transporte. Além disso, serve como uma necessária conexão e ponto de encontro para os moradores da Cidade do Cabo. A Copa do Mundo de 2010 foi o catalisador para a realização de grandes projetos como a Fan Walk, inspirada a partir das recomendações dos estudos sobre espaço público-vida na cidade, realizados em 2005.

Possibilidade de Comparação

Fazer um balanço pode ser útil em nível local. Entretanto, visto de uma perspectiva mais ampla – em relação à prática assim como em termos de pesquisa – é importante poder comparar os estudos de vários lugares do mundo ou ao longo do tempo. As comparações podem ser feitas com a mesma cidade, no decorrer dos anos, entre cidades ou entre linhas divisórias nacionais. As ruas principais podem ser comparadas, por exemplo, para se obter uma ideia de quão visitada é uma rua principal em relação a outras ruas de cidades do mesmo tamanho ou característica. Há muitas formas de fazer comparações.

Para fins de pesquisa, pode ser melhor, verificar como os estudos sobre espaço público-vida na cidade podem ser realizados ao longo de um período mais longo, que permita chegar a conclusões gerais sobre o desenvolvimento histórico da vida na cidade. Entretanto, na prática, os urbanistas muitas vezes querem uma perspectiva de tempo mais curta, para poder mostrar os resultados.

Uma abordagem sistemática é necessária para permitir comparações ao longo do tempo e cruzando os limites geográficos. Isso significa, basicamente, que toda vez que um estudo é feito, é importante documentar condições climáticas, horários, dias da semana e do ano, método de registro e demais fatores significativos para as comparações com outros estudos e cidades.

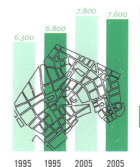

Número de janelas acesas numa noite de inverno
O número total de janelas acesas no centro de Copenhague numa noite de inverno às 23h00 em 1995 e 2005, respectivamente.

Número de habitantes do centro.
O total de habitantes no Centro de Copenhague.

No estudo de 1996 sobre Copenhague, registrou-se janelas acesas à noite como indicador da vida no centro da cidade. Naquela ocasião, era um problema o fato de tantos centros de cidades serem desabitados e, portanto, ficarem vazios uma vez terminado o horário comercial. Observadores andaram de bicicleta pelas ruas do centro de Copenhague registrando o número de janelas acesas e compararam suas informações com dados estatísticos sobre o número de habitantes. O resultado foi uma forma muito concreta de registrar um dos benefícios de haver moradias no centro da cidade, ou seja, a sensação de segurança. Uma década mais tarde, o crescente número de habitantes no coração de Copenhague se refletiu no maior número de janelas acesas à noite[26].

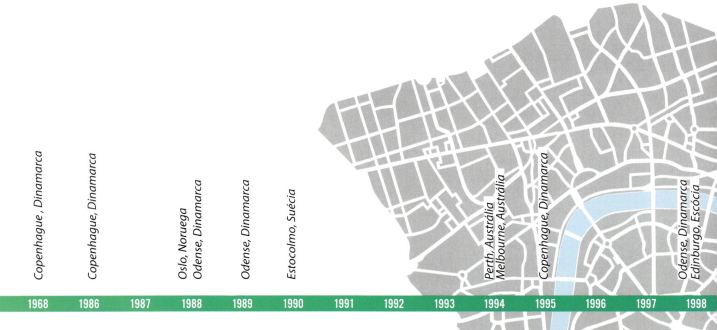

Estudos Sobre Espaço Público-Vida na Cidade

Mapas dos lugares onde foram realizados estudos sobre espaço público-vida na cidade, por Jan Gehl e a Gehl Architects. Os inúmeros estudos possibilitam comparações ao longo do tempo e entre lugares diferentes.

Londres, Grã-Bretanha
2004

Copenhague, Dinamarca
1968, 1986, 1996, 2006

Oslo, Noruega
1988, 2013

Odense, Dinamarca
1988, 1998, 2008

Estocolmo, Suécia
1990, 2005

Edimburgo, Escócia
1998

Perth, Austália
1994, 2009

Melbourne, Austália
1994, 2004

Wellington, Nova Zelândia
2003

Cidade do Cabo, África do Sul
2005

Sydney, Austrália
2007

Vejle, Dinamarca
2002

1: 50,000

1,000 m

142

Dias de semana no verão

 Noites entre 18h00 e 22h00

 Dias entre 10h00 e 18h00

　　＊ *Nova York entre 8h00 e 18h00*

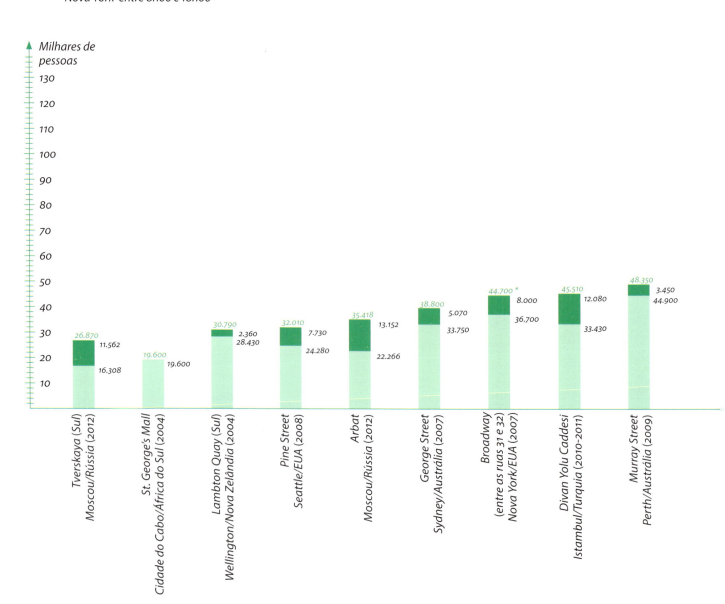

Estudos Sobre Espaço Público e Vida na Cidade – Além Dos Limites Geográficos

Quanto é muito e quanto é pouco? Para sentir o que os números representam para uma dada cidade, a comparação com outras cidades pode mostrar a quantidade relativa de atividade numa praça ou o número de pedestres numa rua.

Com base nos seus registros feitos em várias cidades, Jan Gehl e a Gehl Architects reuniram um material que possibilita comparar cidades além das linhas divisórias. Pode parecer óbvio comparar cidades do mesmo tamanho e de mesma população, mas, como mostramos nesta página, quando estudamos os números das principais ruas comerciais, por exemplo, vemos que não são necessariamente as ruas principais das maiores cidades aquelas que atraem mais pedestres. Por exemplo, a rua comercial de Oslo atrai mais gente num sábado do que Regent Street de Londres, entre as ruas nas quais foram feitas contagens. Moscou, com seus milhões de habitantes, está bem abaixo na listagem.

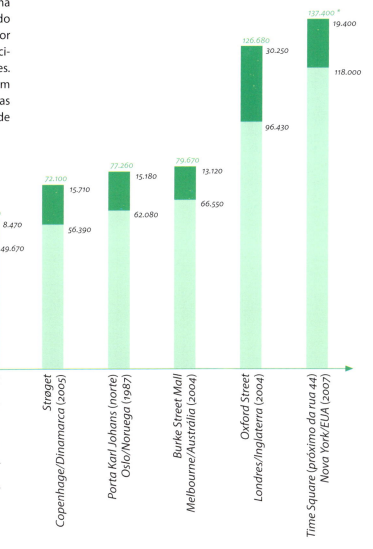

Estudos Sobre Espaço Público-Vida na Cidade – Ao Longo do Tempo

É interessante observar os estudos ao longo do tempo, em determinadas cidades, numa perspectiva local. Conforme mais e mais estudos desse tipo são realizados, é possível chegar a mais conclusões gerais sobre o desenvolvimento da vida urbana no decorrer dos anos, junto com outras mudanças na sociedade.

Os estudos sobre espaço público-vida na cidade são realizados em Copenhague desde 1968, usando os mesmos métodos, o que possibilita observar décadas de vida da cidade em uma perspectiva histórica. Copenhague teve um aumento significativo no número de atividades recreativas opcionais, por exemplo. O desenvolvimento histórico de atividades necessárias para opcionais – produto das mudanças na sociedade em geral – tem impacto em como o espaço público é usado. Ao se registrar os tipos de atividades, essas mudanças podem ser documentadas e, portanto, os espaços urbanos podem ser adaptados.

Quando não for mais absolutamente essencial para as pessoas passar algum tempo em espaços públicos, é preciso fazer algo mais para que elas venham até esses espaços, em vez de ficar dentro de casa. As quatro décadas de estudos de Copenhague documentam que convidar as pessoas a permanecer no ambiente urbano, criando espaços públicos de qualidade, traz resultados. Quanto mais metros quadrados disponíveis para a permanência, mais pessoas permanecerão no espaço público – quer dizer, se o espaço for projetado para atender às necessidades humanas.

O estudo mais recente, de 2006, mostra como ocorre uma vida na cidade mais ativa. Para mapear novos tipos de atividades, as ferramentas e as categorias devem ser ajustadas no processo, de modo que identifiquem novos padrões de atividade e outras mudanças referentes a como e para qual propósito o espaço público é usado[27].

A fotografia do porto de Copenhague (2010) mostra as mudanças feitas com a transformação de galpões industriais em moradias e áreas recreativas. Durante muitos anos, o porto foi poluído demais para que se pudesse nadar. Próximo à piscina do porto, que abriu em 2002, há um balneário público, existente graças aos esforços dos cidadãos locais, que lutaram contra planos de construir edifícios de vários andares desse lado do porto, que recebe do oeste o bem-vindo sol da tarde. Aqui, somente a um quilômetro do centro da cidade e da prefeitura, há um local para uma vida na cidade recreativa e versátil, dia após dia, durante todo o verão.

Desenvolvimento da vida na cidade de 1880 a 2005

ATIVIDADES OPCIONAIS
Recreação urbana

ATIVIDADES NECESSÁRIAS

1880 1900 1910 1920 1930 1940 1950 1960 1970 1980 1990 2000

ATIVIDADES NECESSÁRIAS DESCONSIDERAM A QUALIDADE DO ESPAÇO PÚBLICO

ATIVIDADES OPCIONAIS EXIGEM UM ESPAÇO PÚBLICO DE BOA QUALIDADE

INVASÃO DE AUTOMÓVEIS

PESQUISA E PLANEJAMENTO VISANDO À RECUPERAÇÃO DO ESPAÇO PÚBLICO
- *ruas de pedestres*
- *vida na cidade e atividades urbanas*
- *reaparecimento das bicicletas*
- *medidas moderadoras de tráfego*

Um diagrama no livro New City Life resume a história da vida urbana de 1880 até 2005. No início do século XX, muitas atividades ocorriam no espaço público por serem indispensáveis. Isso foi antes de furgões e caminhões entrarem nas cidades, de modo que as mercadorias eram transportadas pela cidade a pé ou a cavalo e a maior parte do tráfego era de pedestres. Muitas pessoas também usavam as ruas como seu local de trabalho. Mas no decorrer do século XX, as mercadorias passaram a ser transportadas por outros meios e o espaço urbano, gradualmente, tornou-se uma arena para atividades recreativas e de lazer. Nesse contexto, a qualidade do espaço público torna-se fundamental[28].

ESTUDOS SOBRE A VIDA NA CIDADE E POLÍTICA URBANA

7

Copenhague, Dinamarca.

A primeira cidade do mundo onde, durante décadas e de forma sistemática, foram realizados estudos abrangentes sobre a vida na cidade. A cidade onde estes estudos fizeram uma diferença decisiva em como as políticas urbanas relacionadas à vida na cidade foram pensadas e qualificadas por mais de quarenta anos. A cidade onde a comunidade empresarial e o governo local, gradualmente, começaram a ver os estudos sobre a vida na cidade como uma ferramenta valiosa para um desenvolvimento urbano favorável ao usuário, de tal forma que esses estudos há tempos deixaram as pesquisas da Escola de Arquitetura e passaram a ser realizados sob os auspícios do município. Na cidade de Copenhague, tornou-se natural que a vida na cidade fosse documentada e acompanhada, assim como outros elementos que constituem as políticas combinadas da cidade. Foi assim que isso aconteceu.

Uma Rua de Pedestres Desde 1962

Em novembro de 1962, a rua Strøget, a principal de Copenhague, deixou de ser uma via com trânsito de veículos para se tornar uma via de pedestres. Isso só aconteceu depois de muita luta e debates acirrados: "Somos dinamarqueses, não italianos, e um espaço sem automóveis nunca vai funcionar com a cultura e o clima escandinavos."[1] Mas a rua foi fechada aos carros mesmo assim. Nesse primeiro momento, nada foi renovado; ainda era uma rua comum, com pistas de asfalto, calçadas e meios-fios, só que sem os carros, como um teste.

O fechamento da Strøget ao tráfego em 1962 representou, de vários modos, um esforço pioneiro. Não foi a primeira rua fechada ao trânsito de veículos na Europa, mas foi uma das primeiras ruas importantes a marcar a disposição de reduzir a pressão dos carros sobre o centro da cidade.

A inspiração veio, principalmente, de várias cidades alemãs que haviam implantado ruas para pedestres em função da reconstrução após a Segunda Guerra Mundial. Nelas, assim como em Copenhague, a motivação principal era fortalecer o comércio e dar, aos clientes das áreas centrais, mais espaço e melhores condições para suas compras. À medida que, de fato, isso era bom para os clientes, também mostrou ser benéfico para as zonas centrais das cidades, já que o centro se via cada vez mais forçado a competir com os novos *shopping centers*, de inspiração americana, que começaram a surgir nos arredores das cidades nos anos 1960.

A transformação da Strøget abrangia a rua inteira – 11 m de largura e 1,1 km de comprimento – entrecortada por várias praças pequenas. Apesar das tenebrosas profecias sobre a impossibilidade de ruas sem carros poderem funcionar no ambiente dinamarquês, a nova rua de pedestres popularizou-se rapidamente. A circulação de pedestres cresceu 35% já no primeiro ano. Em 1965, a categoria de "rua de pedestres" era permanente e, em 1968, a cidade de Copenhague estava pronta para trocar a pavimentação da rua e das praças. Strøget tornou-se uma história definitiva de sucesso[2].

Acima: Amagertorv, Copenhague, vista a partir do Sul, 1953
Abaixo: Amagertorv, Copenhague, mesma perspectiva, 2013

Estudos Sobre a Vida na Cidade em Copenhague

1960   1970   1980   1990   2000   2010

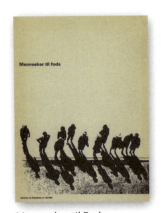

Mennesker til Fods
Separata de Arkitekten, n. 20, 1968.

Byliv
(*City Life*; em dinamarquês, somente), Separata de Arkitekten, 1986.

Public Spaces, Public Life
Livro, The Danish Architectural Press and the School of Architecture, The Royal Danish Academy of Fine Arts, 1996.

New City Life
Livro, The Danish Architectural Press, 2006.

Principais estudos sobre vida pública realizados em Copenhague, com cerca de dez anos de intervalo entre um e outro, no decorrer de quarenta anos. Começando como artigos, os estudos cresceram até se transformarem em sólidas publicações.

Estudos Sobre a Vida na Cidade na Escola de Arquitetura – Primeiros Estudos 1966-1971

Em 1966, Jan Gehl recebeu uma proposta para ser pesquisador na Escola de Arquitetura da Academia Real de Belas Artes da Dinamarca em Copenhague, tendo como tema de pesquisa "O Uso do Espaço ao Ar Livre Pelas Pessoas em Cidades e Bairros Residenciais". Gehl havia realizado vários estudos na Itália com o mesmo tema e ele e sua esposa, a psicóloga Ingrid Gehl, escreveram vários artigos, sobre suas descobertas, publicados em 1966 na *Arkitekten*, revista dinamarquesa de arquitetura. Os artigos descreviam como os italianos usam as praças e os espaços públicos no dia-a-dia e os estudos tiveram grande repercussão, já que o tópico não havia sido examinado anteriormente. Era um novo território a ser mapeado[3].

Em seguida, veio o convite para continuar a pesquisa na Escola de Arquitetura por um período de quatro anos. A ocasião parecia indicar o uso da Strøget, a rua recentemente aberta aos pedestres, como grande laboratório ao ar livre, onde o uso do espaço público podia ser estudado.

Os estudos de Copenhague eram, certamente, pesquisa básica. Pouco se conhecia sobre o assunto e todos os tipos de questões de uma pesquisa precisavam ser respondidos. Assim, em 1967 e nos anos seguintes, os estudos sobre a Strøget tornaram-se um amplo projeto, com dados básicos como o número de pedestres e a duração de várias atividades correspondendo, apenas, a uma pequena parte do material coletado.

Os estudos foram realizados analisando-se a vida ao longo de vários trechos da rua de pedestres, toda terça-feira durante o ano, complementando-se os dados com outros coletados em semanas e fins de semana escolhidos, e durante festas e feriados. Como a rua funcionava quando sua majestade, a rainha Margarida II, seguia pela rua em sua carruagem puxada por cavalos no dia de seu aniversário? Como a estreita rua se comportava com a movimentação de Natal? Foram mapeados ritmos diários, semanais e anuais, foram estudadas as diferenças entre o comportamento no inverno e no verão, assim como questões como: com que velocidade as pessoas caminham na rua?

Como são usados os bancos? Qual o banco favorito? Qual é a temperatura acima da qual as pessoas efetivamente usam bancos? Qual o impacto da chuva, do vento e do frio, e quanto ao sol e à sombra? Qual a influência da escuridão e da luz? E o quanto os vários grupos de usuários são influenciados pela mudança das condições? Quem volta para casa primeiro e quem permanece lá por mais tempo?

No final, foi reunida uma enorme massa de material, formando a base do livro *Life Between Buildings*, publicado em 1971, incorporando basicamente os estudos feitos na Itália e em Copenhague[4]. Antes do livro, os estudos de Copenhague também haviam sido publicados em artigos de revistas técnicas da Dinamarca, e atraíram bastante atenção de urbanistas, de políticos e da comunidade empresarial da cidade. Ali havia dados detalhados descrevendo como o centro da cidade era utilizado no decorrer do ano e quais condições atraiam pedestres para ir e passar algum tempo na cidade.

O diálogo permanente entre os pesquisadores sobre a vida na cidade da Escola de Arquitetura e os urbanistas, políticos e empresários da cidade, havia começado.

Estudos Sobre a Vida na Cidade em Copenhague, 1986

Enquanto isso, outra série de alterações havia sido feita no centro da cidade. Novas ruas para pedestres e largos livres de carros foram acrescentados ao espaço público que já havia sido transformado. Na primeira fase, em 1962, o espaço fechado aos carros atingia 15.800 m². Em 1974, o espaço sem automóveis havia chegado a 49.000 m² e com a inclusão da rua do canal Nyhavn, junto ao porto, a área de pedestres chegara a mais de 66.000 m² em 1980.

Outro extenso estudo sobre a vida na cidade foi realizado em Copenhague, em 1986 – novamente como um projeto de pesquisa sob os auspícios da Escola de Arquitetura da Academia Real de Belas Artes da Dinamarca[5]. Os resultados concisos dos estudos de 1967-1968 possibilitaram um estudo de acompanhamento em 1986, para elucidar as mudanças na vida na cidade ocorridas no intervalo de dezoito anos. O estudo de 1967-1968 havia estabelecido uma base que mostrava como a cidade funcionava naquele momento. Ao se seguir, cuidadosamente, os métodos e pré-requisitos estabelecidos em 1967, foi possível, dezoito anos mais tarde, ter uma perspectiva de como a vida na cidade havia mudado, assim como ver o efeito das áreas sem automóveis que haviam sido implantadas.

Num contexto internacional, o estudo de 1986 marcou a primeira vez em que um estudo de base foi realizado numa cidade, um estudo que podia proclamar: "Eis a situação desta cidade neste momento." Agora era possível documentar o desenvolvimento da vida na cidade dentro de um período de tempo mais longo.

Assim como aquele primeiro estudo sobre a vida na cidade, este realizado em 1986 foi publicado na forma de artigo na revista *Arkitekten* e, mais uma vez, os resultados atraíram grande interesse dos urbanistas, políticos e da comunidade empresarial. O estudo não somente forneceu boa documentação sobre a situação da vida na cidade na época, como também possibilitou uma visão geral sobre o que havia mudado desde 1968. Resumindo, foi possível concluir que havia bem mais pessoas e atividades na cidade em 1986, como também pôde-se demonstrar, de forma clara, que o novo espaço público implicou um apreciável reforço na vida

De uma rua na Dinamarca... a recomendações universais.

Desde sua publicação em 1971, *Life Between Buildings* foi, várias vezes, reeditado em inglês e em dinamarquês e traduzido para muitas outras línguas, do farsi ao bengali ao coreano. Apesar do fato de os exemplos do livro terem vindo, em grande parte, da Dinamarca e de outros países ocidentais, seu grande apelo deve-se ao fato de as observações e princípios lá descritos serem universais. Independentemente do continente e da cultura, todos, em certo grau, são pedestres.

As capas dos livros mudaram no decorrer dos anos, acompanhando as mudanças culturais e o fato de ter adquirido um *status* mais internacional. A imagem à esquerda mostra a capa original da primeira edição dinamarquesa publicada em 1971. A foto com o tema "festa de rua" foi tirada, em torno de 1970, na rua Sjællandsgade em Århus, a segunda maior cidade da Dinamarca, e captura a disposição de estar junto da época. Quase parece uma imagem da vida *hippie* entre as edificações. A capa da edição de 1980 mostra uma vida pública mais calma, no clássico ambiente de uma pequena cidade escandinava, enquanto a capa de 1996 e das edições seguintes é quase atemporal e sem lugar específico, graças ao projeto gráfico. Também em termos das capas, o livro tornou-se um clássico que atravessa as linhas do tempo e da geografia.

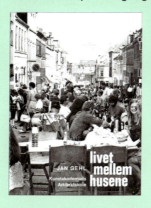  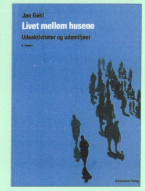

da cidade. Pôde-se perceber que um espaço melhor na cidade equivalia à ocorrência de mais atividades.

O estudo de 1986 foi o ponto de partida para o que ficou conhecido como estudos sobre espaço público-vida na cidade. Os estudos compreendiam (e ainda compreendem) o registro de inúmeras relações espaciais (espaço público) complementado pelo estudo da vivência e atividade pública na cidade (vida na cidade) que, juntos, documentam como a cidade funciona no seu todo e em espaços individuais.

O estudo de 1986 foi o catalisador de uma cooperação mais próxima entre pesquisadores da Escola de Arquitetura e os urbanistas da prefeitura. Foram realizados seminários e reuniões, onde se apresentava o desenvolvimento da vida nas cidade e se discutia os planos para o seu futuro Os estudos sobre espaço público-vida na cidade de Copenhague também atraíram a atenção das capitais escandinavas vizinhas. Pouco depois, estudos equivalentes foram realizados em Oslo, na Noruega, e em Estocolmo, na Suécia, com auxílio da Escola de Arquitetura em Copenhague.

Acima: Gammeltorv/Nytorv, Copenhague, 1954
Abaixo: Gammeltorv/Nytorv, Copenhague, 2006

Estudos em Copenhague em 1996 e 2006

Uma década mais tarde, em 1996, Copenhague era escolhida como Cidade Europeia da Cultura daquele ano e várias atividades foram planejadas para marcar o evento. A Escola de Arquitetura decidiu que uma de suas contribuições para as festividades seria realizar outro estudo abrangente sobre espaço público-vida na cidade[6]. Aos poucos, esses estudos se transformaram numa especialidade de Copenhague. A vida na cidade havia sido documentada em 1968 e 1986 e agora, 28 anos depois do primeiro estudo, o desenvolvimento do espaço público e da vida na cidade seria registrado, uma vez mais.

O estudo de 1996 era ambicioso e bastante extenso. Além das múltiplas contagens e observações, incluía entrevistas que buscavam respostas a perguntas que os estudos anteriores não haviam podido responder: quem visita o centro da cidade? De onde vêm os visitantes? Que meios de transporte usam para suas idas à cidade? De onde, por que, por quanto tempo e com que frequência, assim como perguntas referentes a experiências positivas e negativas dos visitantes da cidade. Essas perguntas seriam feitas ao usuário e acrescentariam mais um valioso conjunto de informações aos estudos de observação.

Apesar de os pesquisadores da Escola de Arquitetura serem também os impulsionadores dos estudos de 1996, o projeto não era mais uma atividade estritamente acadêmica, mas um projeto apoiado por várias fundações, pela prefeitura de Copenhague, por instituições culturais e turísticas e pela comunidade empresarial. Os estudos sobre espaço público-vida na cidade tinham, definitivamente, superado seu *status* de pesquisa básica para se tornar um meio amplamente reconhecido de obter conhecimentos para gerenciar o desenvolvimento do centro da cidade.

Os estudos de 1996 foram publicados na forma de livro, *Public Spaces, Public Life* tendo como coautores Jan Gehl e Lars Gemzøe. Além dos resultados dos estudos de vários anos, a publicação também apresentava uma perspectiva combinada do desenvolvimento do centro de Copenhague, de 1962 a 1996, e uma descrição das transformações de uma cidade lotada de carros para uma cidade que levava a sério os interesses dos pedestres e da vida na cidade. O livro foi publicado em dinamarquês e em inglês, a primeira vez em que os estudos sobre o tema foram apresentados em versão inglesa.

No decorrer dos anos, os estudos sobre espaço público-vida nas cidade de Copenhague e o enfoque dado à vida urbana no desenvolvimento da capital dinamarquesa, de modo geral, foram reconhecidos internacionalmente e as informações sobre a história de sucesso de Copenhague correram o mundo. Em 2005, foi publicada uma versão chinesa de *Public Spaces, Public Life*.

Em 2006, pela quarta ocasião, um extenso estudo foi realizado pela Escola de Arquitetura. O recém-criado Centro de Pesquisas sobre a vida na cidade da escola era a estrutura de apoio e, agora, o objetivo era elucidar o desenvolvimento do espaço público e da vida nas cidade não somente no seu núcleo central, mas em todas as partes da cidade: do centro à periferia, do coração medieval da cidade até seus novos acréscimos. O município de Copenhague financiou a coleta de dados, enquanto os pesquisadores da Escola de Arquitetura realizavam a análise e cuidavam da publicação. O volumoso resultado foi intitulado *New City Life,* que tinha como coautores Jan Gehl, Lars Gemzøe, Sia Kirknæs and Britt Søndergaard[7].

O título da obra resume a conclusão principal do estudo: que mais tempo de lazer, mais recursos e mudanças sociais, gradualmente, produziram uma "nova vida urbana", onde muito do que ocorre no centro é radicado em atividades recreativas e culturais. Enquanto, no espaço urbano, há duas ou três gerações predominavam atividades necessárias, voltadas a um objetivo, hoje a cidade se orgulha de ter uma gama muito mais ampla de atividades. No início do século XXI, a "vida urbana recreativa" estava no cerne de como o espaço urbano era utilizado.

Enfoque no Espaço Público e na Vida na Cidade Como Política Urbana

Entre os anos 1960 e 1990, Copenhague se desenvolveu em duas frentes. A Escola de Arquitetura da Academia Real de Belas Artes da Dinamarca desenvolveu uma pesquisa de campo especial com foco no espaço público e na vida e atividade públicas, enquanto a cidade continuava a transformar ruas, praças e largos em espaços fechados ou quase fechados aos automóveis, convidando as pessoas a usar o espaço público. Em princípio, as duas frentes eram separadas – pesquisa de um lado, a transformação urbana do outro. Copenhague, porém – e, aliás, toda a Dinamarca – é uma sociedade relativamente pequena, com linhas de comunicação curtas entre os vários ambientes. Pessoas da Prefeitura de Copenhague, urbanistas e políticos de toda a Dinamarca acompanhavam o que acontecia na Escola de Arquitetura e, por sua vez, os pesquisadores da escola estavam atentos ao que ocorria nas cidades.

Ao longo dos anos, muitos contatos foram feitos e, gradativamente, foi ficando claro que a forma de pensar a cidade e o desenvolvimento urbano na Dinamarca estava cada vez mais influenciada pelas muitas publicações, estudos e debates nos meios de comunicação, fomentados pela pesquisa sobre a vida na cidade realizada em Copenhague. A importância de tópicos como espaço público e vida na cidade para a capacidade de atração e para a competição entre cidades tornou-se cada vez mais clara.

A mudança de foco tomou corpo quando o trabalho com a vida urbana se deslocou do mundo da pesquisa para a política urbana concreta. Os estudos sobre espaço público-vida nas cidade tornaram-se uma parte instituída do planejamento urbano, da mesma forma como os estudos de desenvolvimento de tráfego haviam servido de base, por décadas, para o planejamento de tráfego.

Foi possível ver que documentar o desenvolvimento da atividade pública e conhecer a conexão entre qualidade urbana e vida urbana serviam como ferramentas úteis nos debates sobre as transformações da cidade, avaliando planos já executados e estabelecendo objetivos para desenvolvimento futuro.

Ao longo dos anos e gradualmente, Copenhague assumiu a posição de uma cidade muito atraente e convidativa, do ponto de vista internacional. A preocupação com os pedestres, com a vida na cidade e com os ciclistas, tem um papel-chave nessa imagem. Em muitas ocasiões, políticos e urbanistas locais apontaram a interessante vinculação

Nos anos posteriores, a Cidade de Copenhague, consistentemente, criou publicações que incorporam a vida na cidade no planejamento urbano. Em A Metropolis for People (Uma Metrópole para as Pessoas), de 2009, o Conselho da cidade descreve sua nova estratégia para fazer de Copenhague a melhor cidade do mundo para as pessoas[8].

Acima: Nyhavn, Copenhague, 1979
Abaixo: Nyhavn, Copenhague, 2007

entre a pesquisa sobre a vida na cidade desenvolvida em Copenhague e o empenho da cidade pelo espaço público e pela vida na cidade. "Sem os muitos estudos da Escola de Arquitetura, nós, políticos não teríamos tido a coragem de levar adiante os muitos projetos para aumentar a atratividade de nossa cidade", diz Bente Frost, responsável pelo planejamento urbano, em 1996[9]. É importante que Copenhague, num processo contínuo, tenha se tornado cada vez mais voltada para o espaço público e para a vivência pública, como fatores cruciais para a qualidade geral e boa imagem internacional da cidade.

As experiências obtidas com a documentação sistemática da vida nas cidade e com o uso de resultados para formatar políticas públicas não se restringiram a Copenhague. Logo, cidades de outras partes do mundo se seguiram. O termo "copenhaguização" é usado com frequência para descrever os resultados desenvolvidos a partir de melhorias urbanas impulsionadas por dados. O verbo "copenhaguizar" tornou-se a descrição de um processo, assim como um termo para expor uma forma especial de pensar e planejar, levando em conta as pessoas e a vida na cidade.

Já em 1988 e em 1990, respectivamente, Oslo, na Noruega e Estocolmo, na Suécia, começaram a realizar seus próprios estudos sobre o espaço público. Em 1993-1994, Perth e Melbourne na Austrália introduziram estudos sobre espaço público-vida nas cidade tendo Copenhague como modelo. Depois disso, os métodos começaram a se espalhar a um ritmo galopante e, nos anos entre 2000 e 2012, Adelaide, Londres, Sydney, Riga, Roterdã, Auckland, Wellington, Christchurch, Nova York, Seattle e Moscou acrescentaram seus nomes ao círculo de cidades que usam estudos sobre espaço público-vida na cidade como ponto de partida para o desenvolvimento da qualidade urbana.

As cidades realizam estudos básicos, principalmente para obter uma visão de como as pessoas a utilizam na vida cotidiana. Depois disso, são feitos os planos de desenvolvimento e alterações.

Assim como em Copenhague, aos poucos, mais e mais cidades utilizam novos estudos de acompanhamento para mapear como a vida se desenvolveu desde a elaboração de seus registros originais básicos. Oslo, Estocolmo, Perth, Adelaide e Melbourne utilizaram o acompanhamento dos estudos de espaço público-vida nas cidade como ferramentas de uma política urbana, dez a quinze anos após os primeiros estudos. Os estudos de acompanhamento em Melbourne, em 2004, são um exemplo claro de como foi possível mostrar o incrível desenvolvimento na vida urbana como resultado direto de uma política orientada para esse objetivo. Os resultados positivos de Melbourne, à época, novamente criaram a base para o estabelecimento de novos objetivos, a serem estudados no futuro.

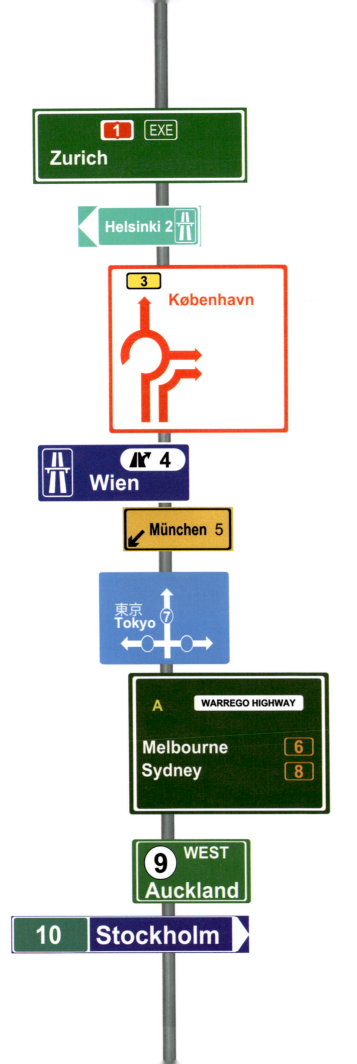

Reflexão

Nos cinquenta anos desde que, em 1961, Jane Jacobs escreveu sobre a perspectiva de haver cidade mortas e vazias, houve um considerável desenvolvimento em relação ao espaço público e à vida na cidade, e aos métodos para estudá-los. À época, não havia, basicamente, conhecimento formalizado sobre como influenciar a vida na cidade. Ao longo da história, a vida na cidade foi sustentada pela tradição e pela experiência.

De fato, as cidades eram construídas, em grande medida, tendo como ponto de partida a vivência pública. Mas a partir de 1960, aproximadamente, no que se tornara cidades dominadas por automóveis, e em rápida expansão, a profissão ligada ao planejamento não tinha nem experiência nem tradição em que se basear. De início, os problemas das cidades sem vida precisavam ser descritos e, depois, era preciso coletar informações sobre o assunto.

Os primeiros esforços foram tentativas tímidas e intuitivas, por fim reforçadas por um certo grau de perspectiva e continuidade. Agora, cinquenta anos mais tarde, podemos ver que não somente se criou uma ampla base de conhecimentos, como também se desenvolveram ferramentas e métodos práticos de modo que as políticas públicas e o planejamento podem, sistematicamente, ser empregados para convidar as pessoas a usar o espaço público.

Através de um longo processo, os estudos sobre espaço público-vida na cidade tornaram os usuários das cidades visíveis aos políticos e aos responsáveis pelo planejamento. Agora é possível planejar, ativamente, de modo a revigorar a vida na cidade, ou, no mínimo, garantir que o espaço público seja utilizável e agradável para os habitantes. A vida na cidade, antes negligenciada, é agora um campo constituído e reconhecido como de grande impacto na atratividade das cidades. Tornou-se um campo legítimo que pode ser ensinado e estudado, de forma sistemática, bem como um setor considerado no mesmo nível de outros do campo do planejamento urbano.

O planejamento urbano humanístico tornou-se um campo acadêmico com teorias, conhecimentos, métodos e muitos resultados visíveis. Os exemplos de Copenhague e Melbourne mostram como a pesquisa, os estudos de espaço público-vida na cidade as visões, a ação e a vontade política podem colocar as cidades num mapa de classe mundial – não por causa de seus perfis ou monumentos, mas pelos bons espaços públicos e pela vida na cidade versátil. Concentrar-se nas pessoas em nossas cidades garante que estas sejam, de fato, boas cidades para se visitar, viver e trabalhar. Não é coincidência que, nas listas das cidades mais agradáveis de se viver (*World's Most Livable Cities*) do século XXI, ano após ano, Melbourne e Copenhague continuem a figurar entre as melhores.

Boas cidades são cidades para pessoas.

Podemos discutir o que se pode aprender com as várias listas das cidades mais agradáveis para se viver. Entretanto, um número crescente dessas listas tem sido publicado nos últimos anos. A revista Monocle começou a publicar a sua em 2007.

Em 2012, as dez primeiras cidades da lista da Monocle eram: 1. Zurique, 2. Helsinque, 3. Copenhague, 4. Viena, 5. Munique, 6. Melbourne, 7. Tóquio, 8. Sydney, 9. Auckland, 10. Estocolmo[10].

O notável na lista da Monocle com as dez melhores cidade de 2012 é que estudos sobre espaço público-vida na cidade foram realizados em seis das dez cidades listadas. Essas cidades fizeram um esforço para tornar-se mais favoráveis às pessoas, ao estudar espaço e vida públicos, entre outros: Zurique, Copenhague, Melbourne, Sydney, Auckland e Estocolmo.

NOTAS, BIBLIOGRAFIA E CRÉDITOS DAS FOTOS E ILUSTRAÇÕES

NOTAS

Capítulo 1

1. Entre outros: J. Jacobs, *The Death and Life of Great American Cities*; J. Gehl, *Life Between Buildings*; W.H. Whyte, *The Social Life of Small Urban Spaces*.
2. Georges Perec (1936-1982) foi um escritor, documentarista, cineasta e ensaísta francês. Seu primeiro romance *Les Choses* (*As Coisas: Uma História dos Anos 60*, São Paulo: Companhia das Letras, 2012), foi escrito em 1965. Seu trabalho mais célebre é *La Vie – mode d'emploi* (*A Vida – Modo de Usar*, São Paulo: Companhia das Letras, 2009), de 1978. Seus outros trabalhos menores com interesse cultural urbano são: *Espèces d'espaces* (*Espécies de Espaços e Outras Peças*), 1974, e *Tentative d'epuisement d'un lieu parisien* (*Tentativa deEsgotamento de um Local Parisiense*, São Paulo: Gustavo Gilli, 2016), 1975.
3. G. Perec, *Species of Spaces and Other Pieces*.
4. Ibidem, p. 50.
5. Jane Jacobs, op. cit., xxiv.
6. De acordo com o dicionário online *Macmillan*, observar significa "olhar ou estudar alguém ou alguma coisa com cuidado e atenção a fim de descobrir algo"
7. The Danish Union of Journalists, *Fotografering og Privatlivets Fred*.
8. J. Jacobs, op. cit., sem paginação.
9. Para "balé das calçadas", ver Jane Jacobs, op. cit., entre outros.
10. Jan Gehl, Mennesker til fods, *Arkitekten*, n. 20, p. 444.
11. Ibidem, p. 444.

Capítulo 2

1. J. Gehl; L. Gemzøe, *New City Spaces*, p. 72-77.
2. Ibidem, capítulo 1, nota 14.
3. Clare Cooper Marcus, pioneira nos estudos da vida na cidade, sempre enfatizou a necessidade de se concentrar nas mulheres, crianças e nos idosos. Ver C.C. Marcus; C. Francis, *People Places: Design Guidelines for Urban Open Spaces*.
4. Apresentação de Dan Biederman, presidente da Bryant Park Corporation (BPC), para Gehl Architects, out. 2011, em Bryant Park. Embora público, o parque é gerido de forma privada e financiado pela BPC (Bryant Park Corporation).
5. Material enviado pela Bryant Park mais a apresentação feita pelo seu presidente Dan Biederman, out. 2011, em Bryant Park.
6. J. Gehl, Mennesker til Fods, *Arkitekten*, n. 20, p. 432.
7. J. Gehl; L. Gemzøe, et al., *New City Life*.
8. Ibidem, p. 9.
9. J. Gehl, *Cidades Para Pessoas*, p. 32.
10. W.H. Whyte, *The Social Life of Small Urban Spaces*, p. 94-97.
11. J. Gehl, Mennesker til Fods, op. cit., p. 435.
12. Ibidem, p. 435.
13. Estudos correlacionando tipos de atividade e sua duração. J. Gehl, *Cidades Para Pessoas*, p. 92-95.

Capítulo 3

1. Um fluxo estável de pessoas é pré-requisito para um processo de contagem, por dez minutos. A contagem deve ser feita com intervalos mais longos se houver pouca gente. Contagens de dez minutos baseiam-se em inúmeros estudos realizados por Jan Gehl desde o início dos anos 1960.
2. Gehl Architects, *Chongqing Public Space Public Life Study and Pedestrian Network Recommendations*.
3. J. Gehl, Mennesker i Byer, *Arkitekten*, n. 20, p. 425-443.
4. A observação através de rastreamento foi feita em dezembro de 2011, na Strøget, a principal rua de pedestres de Copenhague, pelo paisagista Kristian Skaarup juntamente com Birgitte Bundesen Svarre, da Gehl Architects.
5. J. Gehl; S. Thornton; F. Brack, *The Interface between Public and Private Territories in Residential Areas*, p. 63.
6. Ibidem, observações junto com o estudo de Melbourne foram publicadas aqui.
7. J. Gehl, *Public Spaces and Public Life in Perth*. Embora o tempo de espera dos pedestres tenha sido reduzido no período até o estudo seguinte sobre a vida na cidade, realizado em 2009, o segundo estudo apontou que os pedestres no centro de Perth ainda tinham que apertar um botão para acionar a luz verde e tinham que esperar um bom tempo: Gehl Architects, *Public Spaces and Public Life Perth 2009*, p. 39. O relatório de Sydney: Gehl Architects, *Public Spaces Public Life Sydney 2007*.
8. Gehl Architects, *Public Spaces, Public Life, Sydney 2007*, p. 56.

Capítulo 4

1. G. Cullen, *The Concise Townscape*.
2. A Dinamarca adotou sua primeira legislação urbanística em 1925. Ver A. Gaardmand, *Dansk Byplanlagning 1938-1992*, p. 11.
3. C. Sitte, *The Art of Building Cities*.
4. Le Corbusier, *Por uma Arquitetura*.
5. Ibidem. A Carta de Atenas foi criada no Congresso Internacional de Arquitetura Moderna (CIAM), em Atenas em 1933. Le Corbusier foi cofundador dos congressos CIAM.
6. Dados importantes relacionando carros por domicílio: Statistics Denmark, *Nyt fra Danmarks Statistik*, n. 168. (Última versão, em dinamarquês)
7. Dados importantes no diagrama sobre as dimensões do domicílio: *Statistics Denmark, Danmark i Tal 2012*, p. 7.
8. National Institute of Public Health, *Folkesundhedsrapporten*, p. 159-166. Ibidem, "*Dødeligheden i Danmark Gennem 100 År*, 2004, p. 58. *Sundheds- Og Sygelighedsundersogelserne*, p. 73-98.
9. O princípio Radburn recebeu esse nome a partir de um plano de 1928 para a criação de uma nova comunidade, Radburn, em Nova Jersey. Ver M. Southworth; E. Ben-Joseph, *Streets and the Shaping of Towns and Cities*, p. 70-76.
10. O movimento das cidades-jardim teve início na Inglaterra e seus princípios foram declarados, pelo seu fundador, sob a forma de um manifesto: E. Howard, *Garden Cities of To-Morrow*.
11. Por exemplo, em 1967, Jan Gehl criticou o então recém-construído conjunto Høje Gladsaxe, na periferia de Copenhague, pela sua "pobreza de experiência" e assim falta de inspiração para a criatividade humana: J. Gehl, Vore fædre i det høje!, *Havekunst*, n. 48, p. 136-143.
12. Informações sobre as horas trabalhadas (em dinamarquês): < http://www.denstoredanske.dk/Samfund,_jura_og_politik/%C3%98konomi/L%C3%B8nteorier_og_-systemer/arbejdstid > (08.04.2013). Informações sobre a duração das férias (em dinamarquês): <www.denstoredanske.dk/Samfund,_jura_og_politik/%C3%98konomi/L%C3%B8nteorier_og_-systemer/arbejdstid >(04-08-2013).
13. City of Copenhagen, *Copenhagen City of Cyclists. Bicycle Account 2010*.
14. J. Jacobs, *The Death and Life of Great American Cities*, p. 3.
15. Ibidem, quarta capa.
16. O livro de Gordon Cullen é a base escrita do movimento Townscape, iniciado na Inglaterra. O livro trata de conexão e riqueza das experiências dos pedestres entre as edificações, nas ruas e no espaço urbano. G. Cullen, *The Concise Townscape*.
17. A. Rossi, *L'Architettura della citta*.
18. J. Jacobs, op. cit.
19. Ibidem, p. 21-34.
20. A.S. Alexiou, *Jane Jacobs: Urban Visionary*, p. 9-26, p. 57-67. J. Gehl, "For you, Jane", em S.A. Goldsmith; L. Elizabeth (eds.), *What We See*, p. 235.
21. J. Jacobs, Downtown is for People, *Fortune*, 18 Sept., 2011. Publicado, originalmente, em 1958; escrito a partir de um discurso de Jane Jacobs na Universidade de Harvard, em 1956. William H. Whyte convidou Jacobs a transformar seu discurso em artigo para a revista.
22. A citação é de Paul Goldberger, crítico de arquitetura do *The New York Times*, no prefácio do livro A. LaFarge (ed.), *The Essential William H. Whyte*, p. vii.

23. O Projeto "Street Life" recebeu apoio financeiro da Comissão de Planejamento de Nova York e também de um grande número de fundações.
24. W.H. Whyte, *The Social Life of Small Urban Spaces*.
25. W.H. Whyte, *The Social Life of Small Urban Spaces*, filme produzido pela The Municipal Art Society.
26. W.H. Whyte, op. cit.
27. K. Lynch, *The Image of the City*.
28. C. Alexander, *A Pattern Language*.
29. C. Alexander, *The Timeless Way of Building*.
30. C. Alexander, The Timeless Way, em M. Larice; E. Macdonald (eds.), *The Urban Design Reader*, p. 93-97.
31. C. Alexander, *The Timeless Way of Building*, p. 754.
32. C. Alexander, *A Pattern Language*, p. 600.
33. C.C. Marcus; W. Sarkissian, *Housing as if People Mattered*, p. 43.
34. C.C. Markus; C. Francis, *People Places*, p. 6.
35. C.C. Markus; M. Barnes, *Healing Gardens*.
36. C.C. Marcus; W. Sarkissian, *Housing as if People Mattered*, p. vii-viii.
37. Os estudos foram publicados em um livro sobre a experiência do motorista, em movimento, ao ver a cidade: D. Appleyard; K. Lynch; J.R. Myer, *A View from the Road*.
38. Resumo de *Livable Streets* (1980) no livro de D. Appleyard, Livable Streets: Protected Neighborhoods?, *Annals*, AAPSS, 451, Sept. 1980, p. 106. Ironicamente, Appleyard foi atropelado e morto por um carro.
39. O estudo foi realizado no final da década de 1960, mas primeiro publicado no livro: D. Appleyard, *Livable Streets*, p. 16-24.
40. J. Jacobs, *The Death and Life of Great American Cities*.
41. D. Appleyard, *Livable Streets*.
42. Peter Bosselmann cursou Arquitetura na Alemanha e em Los Angeles e é professor de Urban Design na Universidade da Califórnia em Berkeley, desde 1984.
43. P. Bosselmann, *Representation of Places*, p. xiii.
44. P. Bosselmann et al., *Sun, Wind, and Comfort*.
45. P. Bosselmann, Philosophy, perfil no site da Universidade da Califórnia – Berkeley: <www.ced.berkeley.edu/ced/people/query.php?id=24> (06-15-2011).
46. P. Bosselmann et al., op. cit.
47. J. Gehl, *Cidades Para Pessoas*, p. 183-184.
48. P. Bosselmann, *Representation of Places*.
49. P. Bosselmann, *Urban Transformations*.
50. A. Jacobs, *Great Streets*, p. 15.
51. A citação "Gostamos de cidades" vem do manifesto conjunto de A. Jacobs; D. Appleyard, Toward an Urban Design Manifesto, em M. Larice; E. Macdonald (eds.), op. cit., p. 108.
52. A. Jacobs, Conclusion: Great Streets and City Planning, em M. Larice; E. Macdonald (eds.), op. cit., p. 387-390.
53. A. Jacobs; D. Appleyard, op. cit., p. 98-108.
54. Ibidem, títulos e pontos principais: p. 102-104.
55. Ibidem, p. 104-108.
56. Ibidem, p. 108.
57. A. Jacobs, *Looking at Cities*.
58. A. Jacobs, *Great Streets*.
59. Ibidem, p. 170.
60. Referência ao livro do mesmo nome de Jan Gehl, que se tornou um clássico nos estudos da vida urbana. J. Gehl, *Life Between Buildings*.
61. I. Exner; J. Exner, Amtsstuegården at Hillerød, 1962 (projeto não realizado). Ver T. Bo Jensen, *Exner*.
62. Ver crítica dos novos edifícios modernistas construídos nos subúrbios de Copenhague em: J. Gehl, "Our Fathers on High!", op. cit., p. 136-143.
63. J. Gehl; I. Gehl, Torve og Pladser, *Arkitekten*, n. 16, p. 317-329; J. Gehl; I. Gehl, Mennesker i Byer, *Arkitekten*, n. 21, p. 425-443; J. Gehl; I. Gehl, Fire Italienske Torve, *Arkitekten*, n. 23, p. 474-485.
64. Estudo da Piazza del Popolo, J. Gehl; Ingrid Gehl, Mennesker i byer, *Arkitekten*, p. 436.
65. J. Gehl; I. Gehl, Fire Italienske Torve, *Arkitekten*, n. 23,p. 477.
66. Ibidem, p. 474.
67. J. Gehl; I. Gehl, Mennesker i Byer, *Arkitekten*, n. 21, p. 425.
68. Ibidem, p. 425-427.
69. J. Gehl; I. Gehl, Fire Italienske Torve, *Arkitekten*, n. 23 p. 484.
70. J. Gehl, *Life Between Buildings*.
71. J. Gehl, *Life Between Buildings* foi publicado em dinamarquês (1971), holandês (1978), norueguês (1980), inglês (1a. edição , Van Nostrand Reinhold, 1987), japonês (1990), italiano (1991), chinês (1991), taiwanês (1996), dinamarquês (3rd edition, The Danish Architectural Press, 1996), inglês (3ª edição, The Danish Architectural Press, 1996), tcheco (2000), coreano (2002), espanhol (2006), bengali (2008), vietnamita (2008), polonês (2010), sérvio (2010), romeno (2010), inglês (2010, nova edição, Island Press) German (2012), japonês (reimpresso 2012), italiano (reissued, 2012), russo (2012), tailandês (2013) e grego (2013).
72. J. Gehl, Foreword, *Life Between Buildings*.
73. I. Gehl, *Bo-Miljo*.
74. Ver J. Gehl, Soft Edges in Residential Streets, *Scandinavian Housing and Planning Research*, n. 2, p. 89-102.
75. J. Gehl, Foreword, *Life Between Buildings*, p. 82.
76. C.G. Guinchard, *Bilden av Fororten;* D. De Jonge, Seating Preferences in Restaurants And Cafés; D. De Jonge, Applied Hodology, *Landscape,* 17, n. 2, p. 10-11. Desde 1972, Rolf Monheim estuda as ruas de pedestre em muitas cidades alemãs, contando o número de pedestres, registrando atividades estacionárias, etc. Para um resumo ver: R. Monheim, Methodological Aspects of Surveying the Volume, Structure, Activities and Perceptions of City Centre Visitors, *Geo-Journal*, n. 46, p. 273-287.
77. Para estudos da vida na cidade e desenho urbano, ver: A. Matan, *Rediscovering Urban Design Through Walkability: An Assessment of the Contribution of Jan Gehl*.
78. Como mostrado pelas amplas coleções de jornais publicados junto com as conferências anuais da EDRA. Para mais exemplos, ver: D. Mittleman; D.A. Middleton, *Edra 42 Chicago, Conference Proceedings*.
79. M. Sorkin (ed.), *Variations on a Theme Park*.
80. Sobre as condições do modernismo tardio ou do pós-modernismo para a sociedade e o surgimento da sociedade conectada, ver, por exemplo: M. Castells, *The Rise of the Network Society, v.1*; F. Jameson, *Postmodernism*; E. Soja, *Thirdspace*.
81. J. Gehl; Lars Gemzøe, et al., *New City Life*, p. 18.
82. Ibidem, p. 29.
83. A Gehl Architects continua a tradição de colaborar com instituições de ensino superior; frequentemente, os estudos são realizados em conjunto com uma universidade local e contêm um elemento didático para os observadores.

84. Por exemplo, este é o caso de Jan Gehl da Gehl Architects, Allan Jacobs como consultor independente e o Projeto para Espaços Públicos (PPS) em New York.
85. Estudo de 1968: J. Gehl, Mennesker til fods, *Arkitekten*, n. 20, p. 429-446; estudo de 1986: J. Gehl; K. Bergdahl; A. Steensen, Byliv 1986. Brugsmønstre og Udviklingstendenser 1968-1986, *Arkitekten*, n. 12, p. 285-300; estudo de 1996: J. Gehl; L. Gemzøe, *Public Spaces, Public Life*; estudo de 2006: J. Gehl; L. Gemzøe et al., *New City Life*.
86. J. Gehl; K. Bergdahl; A. Steensen, Byliv 1986, *Arkitekten*, p. 294-95; J. Gehl; L. Gemzøe, *Public Spaces, Public Life*; J. Gehl; L. Gemzøe et al., op.cit.
87. J. Gehl, *Stadsrum og Stadsliv i Stockholms City*; Gehl Architects, *Stockholmsforsoket og Stadslivet i Stockholms Innerstad;* City of Melbourne; J. Gehl, *Places for People*; City of Melbourne; Gehl Architects, *Places for People*; J. Gehl; Government of Western Australia og City of Perth, *Public Spaces & Public Life in Perth*; Gehl Architects, *Public Spaces and Public Life*; Gehl Architects, *Byens Rum og Byens Liv Odense 1998*; Gehl Architects, *Odense Byliv og Byrum*.
88. Project for Public Spaces, Inc., *How to Turn a Place Around*, p. 35.
89. Ibidem.
90. J. Walljaspar, *The Great Neighborhood Book*.
91. Project for Public Spaces, Inc., op. cit.
92. L. Krier, *New European Quarters*, plano para os novos bairros europeus. A. Rossi, op. cit.
93. D. Appleyard, *Livable Streets*; C.C. Marcus, *Housing as if People Mattered*; A. Jacobs, *Looking at Cities*; P. Bosselmann, *Representation of Places*; P. Bosselmann et al., *Sun, Wind, and Comfort*.
94. A. Rossi, op. cit.
95. R. Rogers; P. Gumuchdjian, *Cities for a Small Planet*.
96. Congresso para o Novo Urbanismo, *Charter of the New Urbanism*, 2001, ver www.cnu.org (04.19.2012). Embora a carta seja formulada em termos gerais, o trabalho dos novos urbanistas concentra-se em diretrizes de projeto precisamente formuladas.
97. J. Gehl, *Life Between Buildings*; C.C. Marcus, *Housing as if People Mattered*.
98. J. Gehl, *Life Between Buildings*, p. 77-120.
99. C.C. Marcus, op. cit.
100. J. Gehl; L. Gemzøe, et al. op. cit., p. 34-39.
101. Por exemplo, ver capítulo 6 em Jan Gehl, *Cidades Para Pessoas*, p. 222-238.
102. O termo *livable* pode ser usado para referir-se a lugares que são apenas toleráveis para se viver; mas também é usado de forma positiva quando se refere a cidades e lugares. Aqui é expressão de atratividade e qualidade de vida.
103. O resultados dos estudos podem ser consultados no livro de D. Appleyard, *Livable Streets*.
104. As revistas *Monocle*, *The Economist* e *Mercer*, entre outras.
105. O Departamento de Transportes dos Estados Unidos sobre habitabilidade, estratégias e iniciativas: <www.dot.gov/livability> (04-19-2012).
106. Ray LaHood, Ministro dos Transportes dos Estados Unidos, citado em: <www.dot.gov/livability> (04-19-2012).
107. City of Copenhagen, *Metropolis for People*.
108. S.A. Goldsmith; L. Elizabeth, op. cit.
109. J. Gehl, *Cidades Para Pessoas*.
110. U. Beck, *Risk Society*; United Nations, *Our Common Future*; H. Barton; C. Tsourou, *Healthy Urban Planning*; A revista *Monocle* lançou sua lista de habitabilidade em 2007, que foi chamada "The Most Livable City Index" de 2009 (Índice das cidades mais habitáveis ou com melhores condições para se viver). As estatísticas referentes à porcentagem da população que vive nas cidades, na Dinamarca é da Statistics Denmark, *Befolkningen i 150 ar* : 39% em 1900; mais de dois-terços em 1950 e 85% em 1999.
111. J. Gehl, *Cidades Para Pessoas*, p. 239.
112. E. Bronner, Bahrain Tears Down Monument as Protesters Seethe, *The New York Times,* 18 Mar. 2011, ver: <www.nytimes.com/2011/03/19/world/middleeast/19bahrain.html?_r=2&> (04-08-2013).
113. R. Shiffman (ed.), *Beyond Zucotti Park*.
114. Jane Jacobs escreveu sobre a importância da rua para a questão da segurança, em especial para o fato de que há pessoas na rua que atuam naturalmente como um sistema de monitoramento, que ela chamava de "olhos da rua". J. Jacobs, *Vida e Morte das Grandes Cidades*, p. 35.
115. O. Newman, *Defensible Space*.
116. M. Davis, *City of Quartz*; Ulrich Beck, op. cit.
117. E. Bronner, op. cit.
118. A Realdania Foundation financiou inúmeros centros junto com Center for Public Space Research e o Center for Strategic Urban Research (2004-2009), Center for Housing and Welfare (2004-2009), e Center for Management Studies of the Building Process (2004-2010). Durante esse período, a Realdania investiu aproximadamente 150 milhões de coroas dinamarquesas (DKK 150 million) ou US$ 22,5 milhões em ambientes interdisciplinares buscando estudar, sobretudo, os elementos nos campos da arquitetura e urbanismo que não são necessariamente trabalhos arquitetônicos, como estratégias, bem-estar e vida entre as edificações: o espaço público. Ver: <www.realdania.dk> (04-19-2012).
119. Citação de Jan Gehl sobre o propósito do Center for Public Space Research em um informativo da Realdania juntamente com a inauguração do Centro: <http://www.realdania.dk/Presse/Nyheder/2003/Nyt+center+for+byrumsforskning+30,-d-,10,-d,03.aspx>(12-20-2011).
120. J. Gehl; L. Gemzøe et al., op. cit.
121. H. Harder, *Diverse Urban Spaces*, projeto de pesquisa baseado em GPS na Universidade Aalborg: <www.detmangfoldigebyrum.dk> (04-08-2013).
122. Google Street View foi introduzido em 2007 (e veio para a Dinamarca em 2010). <http://da.wikipedia.org/wiki/Google_Street_View> (04-19-2012).
123. N. Shoval, The GPS Revolution in Spatial Research, em J. van Schaick; S. van der Spek (eds.), *Urbanism on Track*, p. 17-23.
124. B. Hillier; J. Hanson, *The Social Logic of Space*.
125. B. Hillier, *Space as the Machine*, p. vi.
126. <www.spacesyntax.com >(09-13-2012).
127. B. Hillier; J. Hanson, op. cit.
128. J. Jacobs, *The Death and Life of Great American Cities*, p. 6.

Capítulo 5

1. J. Gehl; I. Gehl, Mennesker i byer, *Arkitekten*, n. 21, p. 425-443.
2. Sobre o efeito do espaço de transição, ver J. Gehl, *Life Between Buildings*, p. 141, com referência ao sociólogo holandês Derk de Jonge, que estudou a ordem de utilização das áreas recreacionais. Espaços de transição de bosques, praias, conjuntos de árvores e clareiras são preferencialmente escolhidas em relação a campos abertos e áreas costeiras: Derk de Jonge, Applied Hodology, *Landscape*, v. 17, n. 2, p. 10-11. Há também uma referência a Edward T. Hall pela sua explicação do efeito do espaço de transição como uma tendência da humanidade de ser capaz de supervisionar o espaço com as costas protegidas e a uma distância adequada dos outros: E.T. Hall, *The Hidden Dimension*.
3. Planta, fotos e legendas de J. Gehl; I. Gehl, "People in Cities.", p. 436-437.
4. Fotos, diagrama e legendas nesta página são de J. Gehl, Mennesker til Fods, *Arkitekten*, n. 20, p. 430, 435.
5. Ibidem, p. 429-446.
6. Ibidem, p. 442.
7. Ibidem.
8. J. Gehl; I. Gehl, op. cit., "People in Cities.", p. 427-428.
9. Ibidem.
10. J. Gehl, En gennemgang af Albertslund, *Landskab*, n. 2, p. 33-39.
11. Ibidem, p. 33-39 (fotos e texto original na página oposta).
12. Ibidem, p. 34.
13. T. Dahl; J. Gehl et al., SPAS 4. *Konstruktionen i Hoje Gladsaxe*.
14. J. Gehl, "Vore fædre i det høje!", *Havekunst*, n. 48, p. 136-143.
15. T. Dahl; J. Gehl et al., *Konstruktionen i Hoje Gladsaxe*, p. 4-16.
16. J. Gehl; S. Thornton; F. Brack, *The Interface Between Public and Private Territories in Residential Areas*, p. 77.
17. Ibidem.
18. A importância dos espaços de transição é um tema recorrente nos estudos de Jan Gehl. Para um resumo na seção sobre espaços de transição suave em áreas residenciais, ver J. Gehl, *Cidades Para as Pessoas*, p. 84-98.
19. Mapa e legendas de J. Gehl; S. Thornton; F. Brack, *The Interface Between Public and Private Territories in Residential Areas*, p. 63, p. 67.
20. O estudo das ruas residenciais canadenses foi publicado, inicialmente na primeira edição em inglês do trabalho seminal: J. Gehl, *Life Between Buildings*.
21. Ibidem, p. 174.
22. Publicado pela primeira vez em: Ibidem, p. 164.
23. Ibidem.
24. J. Gehl; S. Reigstad; Lotte Kaefer, Close Encounters with Buildings, *Arkitekten*, n. 9.
25. Ibidem, p. 6-21.
26. J. Gehl, *Life Between Buildings*, p. 139-145.
27. Fotos e texto da versão mais recente das ferramentas de avaliação de fachadas em J. Gehl, *Cidades Para Pessoas*, p. 250-251.
28. J. Gehl, *Stadsrum og Stadsliv i Stockholms City*.
29. A versão reduzida dos critérios de qualidade, com doze pontos, foi publicada em J. Gehl et al., *New City Life*, p. 106-107. Os doze pontos foram usados naquele livro para avaliar os inúmeros espaços públicos de Copenhague. A versão mais recente publicada em formato de livro está em J. Gehl, *Cidades Para Pessoas*, p. 238-239.
30. J. Gehl et al., *New City Life*, p. 106-107.
31. Para necessidades e sentidos humanos relacionados ao espaço público, ver J. Gehl, *Life Between Buildings*, inspirado por, dentre outros: R. Sommer, *Personal Space*; e o antropólogo E.T. Hall, *The Hidden Dimension*.
32. Ver a mais recente versão publicada em J. Gehl, *Cidades Para Pessoas*, p. 238-239.
33. Ibidem, p. 50 (diagrama). Encontrado em versões anteriores: na primeira edição em inglês do trabalho seminal de J. Gehl, *Life Between Buildings*.
34. Ver entre outros: R. Sommer, op. cit.; E.T. Hall, *The Silent Language*; E.T. Hall, *The Hidden Dimension*.
35. J. Gehl, *Cidades Para Pessoas*, p. 50.
36. W.H. Whyte, *The Social Life of Small Urban Spaces*, p. 72-73.
37. Camilla Richter-Friis van Deurs da Gehl Architects realizou o experimento com participantes de Vest- and Aust-Agder County em Arendal, Noruega, 23 de janeiro de 2012.
38. J. Gehl, *Cidades Para Pessoas*, p. 27.
39. W.H. Whyte, op. cit., p. 28.
40. Gehl Architects, *Byrum og Byliv. Aker Brygge, Oslo 1998*.
41. J. Gehl, *Cidades Para Pessoas*, p. 27.
42. D. Appleyard; M. Lintell, The Environmental Quality of City Streets: The Residents' Viewpoint, *Journal of the American Institute of Planners*, n. 8, p. 84-101. Publicado posteriormente em D. Appleyard; M. Sue Gerson; M. Lintell, *Livable Streets*.
43. D. Appleyard; M. Lintell, *The Environmental Quality of City Streets*, p. 11-21.
44. Ilustração de J. Gehl, *Life Between Buildings*, p. 32.
45. P. Bosselmann, *Representation of Places*, p. 62-89.
46. Ibidem, p. 78.
47. W.H. Whyte, *The Social Life of Small Urban Spaces*, p. 36-37; p. 54-55.
48. Ibidem, p. 55.
49. Ibidem, p. 110.
50. Ibidem, p. 36.
51. Ibidem, p. 54.
52. S. van der Spek, Tracking Pedestrians in Historic City Centres Using GPS, em F.D. van der Hoeven; M.G.J. Smit; S.C. van der Spek (eds.), *Street-level Desires*, p. 86-111.
53. Ibidem.

Capítulo 6

1. Quando Allan Jacobs recebeu o prêmio Kevin Lynch em 1999, em grande parte, foi pelo seu trabalho em San Francisco, onde incorporou o desenho urbano no planejamento da cidade: "Como diretor da Comissão de Planejamento da Cidade de São Francisco, Allan Jacobs foi pioneiro na integração do desenho urbano com o planejamento da cidade, produzindo um plano que deu a San Francisco alguns de seus melhores lugares e, vinte anos depois, ainda permanece como modelo em sua categoria". (<http://www.pps.org/reference/ajacobs >). Peter Bosselmann também recebeu prêmios pelo seu trabalho em San Francisco e outras cidades americanas: Ver <http://ced.berkeley.edu/ced/faculty-staff /peter-bosselmann >.
2. J. Gehl; K. Bergdahl; A. Steensen, Byliv 1986. Brugsmønstre og Udviklingstendenser 1968-1986, *Arkitekten*, n. 12, p. 285-300. Os estudos de observação, em geral, são complementados por entrevistas nos estudos sobre espaço público-vida na cidade. Embora estejam fora do escopo deste livro, com certeza, entrevistas são outro método relevante para complementar os estudos de observação.
3. Gehl Architects, *Towards a Fine City for People*; Gehl Architects, *Public Spaces, Public Life*.
4. Gehl Architects, *Towards a Fine City for People*; New York City Department of Transportation, *World Class Streets*; Gehl Architects, *Moscow, Towards a Great City for People*.
5. A. Matan, *Rediscovering Urban Design Through Walkability: An Assessment of the Contribution of Jan Gehl*.
6. Ibidem, p. 278.
7. 1968: Área sem carros: 20.000 m². Área para atividades estacionárias: 12, 4 m². 1986: Área sem carros: 55.000 m². Área para atividades estacionárias: 14,2 m². 1995: Área sem carros: 71.000 m². Área para atividades estacionárias: 13,9 m². J. Gehl; L. Gemzøe, *Public Spaces, Public Life*, p. 59.
8. City of Melbourne and Gehl Architects, *Places for People*, p. 12-13; 32-33. Os dados foram coletados para o estudo com base em informações da cidade de Melbourne.
9. Ibidem, p. 30 e 50.
10. A. Matan, op. cit., p. 288.
11. Ibidem.
12. The City of New York and Mayor Michael R. Bloomberg, *PlaNYC*.
13. Os resultados do estudo foram incorporados no documento preparado pelo Departamento de Transportes de Nova York, *World Class Streets*.
14. The New York City Department of Transportation, *Green Light for Midtown Evaluation Report*, p. 1.
15. Artigo: L. Taddeo, The Brightest: 16 Geniuses Who Give Us Hope: Sadik-Khan: Urban Reengineer, *Esquire*, Hearst Digital Media: < http://www.esquire.com/features/brightest-2010/janettesadik--khan-1210> , acesso em 26 nov. 2010, citado em A. Matan, op. cit., p. 293.
16. A. Matan, op. cit., p. 294.
17. The New York City Department of Transportation, *Green Light for Midtown Evaluation Report*, p. 1.
18. Gehl Architects, *Public Spaces, Public Life Sydney*, p. 74-76.
19. Gehl Architects, *Towards a Fine City for People: London*.
20. Gehl Architects, Chief Executive of Central London Partnership Patricia Brown in a Letter to Jan Gehl, 29 jun. 2004.
21. Gehl Architects, *Towards a Fine City for People: London*, p. 34-35.
22. Ibidem, p. 35.
23. Atkins, *Delivering the New Oxford Circus*, p. 11.
24. Sobre a tendência de as pessoas escolherem a rota mais curta: J. Gehl, *Cidades Para Pessoas*, p. 135-137.
25. Gehl Architects, *Cape Town: A City for All 2005*.
26. J. Gehl; L. Gemzøe, *Public Spaces, Public Life*, p. 34-37.
27. J. Gehl, *Cidades Para Pessoas*.
28. Ibidem, p. 8-9.

Capítulo 7

1. J. Gehl; L. Gemzøe, *Public Spaces, Public Life*, p. 11.
2. Ibidem, p. 12.
3. J. Gehl; I. Gehl, Torve og Pladser, *Arkitekten*, n. 16, p. 317-329; J. Gehl; I. Gehl, Mennesker i Byer, *Arkitekten*, n. 21, p. 425-443; J. Gehl; I. Gehl, Fire Italienske Torve, *Arkitekten*, n. 23, p. 474-485.
4. J. Gehl, *Life Between Buildings*.
5. J. Gehl; K. Bergdahl; A. Steensen, Byliv 1986. Brugsmønstre og Udviklingstendenser 1968-1986, *Arkitekten*, n. 12, p. 285-300.
6. J. Gehl; L. Gemzøe, op. cit.
7. J. Gehl; L. Gemzøe; S. Kirknæs; B. Sternhagen, *New City Life*.
8. City of Copenhagen, *A Metropolis for People*.
9. Citação livre e ditada pela memória, de uma conversa entre Bente Frost e Jan Gehl, em 1996, por ocasião do lançamento de um estudo sobre o espaço público.
10. Quality of Life, Top 25 Cities: Map and Rankings, *Monocle*, n. 55, p. 34-56.

BIBLIOGRAFIA

ALEXANDER, Christopher. *A Pattern Language: Towns, Buildings, Construction*. New York: Oxford University Press, 1977.

____. *A Timeless Way of Building*. Oxford: Oxford University Press, 1979.

ALEXIOU, Alice Sparberg. *Jane Jacobs: Urban Visionary*. New Jersey: Rutgers University Press, 2006.

APPLEYARD, Donald; LYNCH, Kevin; MYER, John R. *A View from the Road*. Cambridge: MIT Press, 1965.

APPLEYARD, Donald. *Livable Streets*. Berkeley: University of California Press, 1981.

____. Livable Streets: Protected Neighborhoods? In: *Annals*, AAPSS, 451, Sept. 1980.

APPLEYARD, Donald; LINTELL, Mark. *The Environmental Quality of City Streets: The Residents' Viewpoint*. Berkeley: Department of City and Regional Planning, University of California: s./d.

ATKINS. *Delivering the New Oxford Circus*. London: Atkins August, 2010.

BARTON, Hugh; TSOUROU, Catherine. *Healthy Urban Planning*. London: Taylor & Francis, 2000.

BECK, Ulrich. [1986]. *Risk Society: Towards a New Modernity*. London: Sage, 1992.

BOSSELMANN, Peter. *Representation of Places: Reality and Realism in City Design*. Berkeley: University of California Press, 1998.

BOSSELMANN, Peter et al. *Sun, Wind, and Comfort: A Study of Open Spaces and Sidewalks in Four Downtown Areas*. Environmental Simulation Laboratory, Institute of Urban and Regional Development, College of Environmental Design, University of California, Berkeley, 1984.

BOSSELMANN, Peter. *Urban Transformation*. Washing ton DC: Island Press, 2008.

BRONNER, Ethan. *Bahrain Tears Down Monument as Protesters Seethe*. The New York Times, 18 Mars 2011. Disponível em: <www.nytimes.com/2011/03/19/world/middleeast/19bahrain.html?_r=2& > . Acesso em 4 ago 2013.

BURDETT, Ricky; SUDJIC, Deyan. *The Endless City: The Urban Age Project by the London School of Economics and Deutsche Bank's Alfred Herrhausen Society*. London: Phaidon, 2007.

CASTELLS, Manuel. Y. *The Information Age: Economy, Society and Culture, v. 1.The Rise of the Network Societ*. Cambridge / Oxford,: Blackwell, 1996.

CHARTER of New Urbanism: www.cnu.org.

CITY of Copenhagen, Copenhagen City of Cyclists. *Bicycle Account 2010*. Copenhagen: City of Copenhagen, 2011.

CITY of Copenhagen, *A Metropolis for People*. Copenhagen: City of Copenhagen, 2009.

CITY of Melbourne and GEHL Architects. *Places for People*. Melbourne: City of Melbourne, 2004.

CITY of New York, The; Mayor Michael R. Bloomberg. *PlaNYC: A Greener, Greater New York*. New York: The City of New York / Mayor Michael R. Bloomberg, 2007.

CULLEN, Gordon. *The Concise Townscape*. London: The Architectural Press, 1961.

DAHL, Torben; GEHL, Jan et al. SPAS 4. *Konstruktionen i Hoje Gladsaxe*. Copenhagen: Akademisk Forlag, 1969.

DANISH Dictionary: www.ordnet.dk

DANISH Encyclopedia: www.denstoredanske.dk

DINAMARQUESES, Sindicato de Jornalistas. *Fotografering og Privatlivets Fred* (Fotografia e Privacidade), Copenhague: Dansk Journalistforbund, mar. 1999. (Em dinamarquês.)

DAVIS, Mike. *City of Quartz: Excavating the Future in Los Angeles*. New York: Verso, 1990.

GAARDMAND, Arne. *Dansk Byplanlægning 1938-1992*. (Planejamento Urbano Dinamarquês). København: Arkitektens Forlag, 1993. (Em dinamarquês.)

GEHL Architects. *Byrum og Byliv. Aker Brygge, Oslo 1998*. (Espaço Público e Vida na Cidade. Aker Brygge, Oslo 1998). Oslo: Linstow ASA, 1998. (Em norueguês.)

____. *Cape Town: A City for All 2005*. Gehl Architects and Cape Town Partnership, 2005.

____. *Chongqing. Public Space, Public Life*. Chongqing: The Energy Foundation and The City of Chongqing, 2010.

____. *Moscow: Towards a Great City for People. Public Space, Public Life*. Moskva: City of Moscow, 2013.

____. *Odense Byrum og Byliv*. (Odense Vida na Cidade e Espaço Público) Odense: Odense Kommune, 2008.(Em dinamarquês.)

____. *Perth 2009. Public Spaces & Public Life*. Perth: City of Perth, 2009.

____. *Public Spaces, Public Life. Sydney 2007*. Sydney: City of Sydney, 2007.

____. *Stockholmsforsoket och Stadslivet i Stockholms Innerstad*. (Estudo de Estocolmo e Vida na Cidade no Centro). Stockholm: Stockholm Stad, 2006.(Em sueco.)

____. *Towards a Fine City for People. Public Spaces and Public Life: London 2004*. London: Transport for London, 2004.

GEHL, Ingrid. *Bo-Miljo*. (Ambiente de Habitação). København: SBi-report 71, 1971. (Em dinamarquês.)

GEHL, Jan. *Cities for People*, Washington: Island Press, 2010 (trad. bras. *Cidades Para Pessoas*, São Paulo: Perspectiva, 2013).

____. *Close Encounters with Buildings*. Urban Design International, n. 1, 2006. Special Issue.

____. En Gennemgang af Albertslund. (Caminhando Por Albertslund). *Landskab*, n. 2, 1969. (Em dinamarquês.)

____. For You, Jane. In: GOLDSMITH, Stephen A.; ELIZABETH, Lynne (ed.). *What We See: Advancing the Observations of Jane Jacobs*. Oakland: New Village, 2010.

____. *Life Between Buildings*. New York: Van Nostrand Reinhold, 1987 (reimpressão, Island Press, 2011).

____. Mennesker til Fods. *Arkitekten*, n. 20, 1968.

____. *Public Spaces and Public Life in Central Stockholm*. Stockholm: Stockholm Stad, 1990.

____. *Public Spaces and Public Life in Perth*. Perth: State of Western Australia, 1994.

____. Soft Edges in Residential Streets. *Scandinavian Housing and Planning Research*, n. 3, 1986.

____. *Stadsrum & Stadsliv i Stockholms City*. (Espaço Público e Vida na Cidade em Estocolmo). Stockholm: Stockholms Fastighetskontor / Stockholms Stadsbyggnadskontor, 1990. (Em sueco.)

____. Vore fædre i det høje! (Nossos Pais em Cima!). *Havekunst*, n. 48, 1967. (Em dinamarquês.)

GEHL, Jan; BERGDAHL, K.; STEENSEN, Aa. Byliv 1986. Bylivet i Københavns indre by Brugsmønstre og Udviklingsmønstre 1968-1986. (Vida na Cidade 1986. Padrões de Consumo e Tendências de Desenvolvimento 1968-1986). *Arkitekten*, n. 12, 1987. (Em dinamarquês.)

GEHL, Jan; BUNDGAARD, A.; SKOVEN, E. Bløde Kanter: Hvor bygning og byrum mødes. (Transições Suaves: Uma Interface Entre Edifícios e Espaço Público). *Arkitekten*, n. 21, 1982. (Em dinamarquês.)

GEHL, Jan; GEMZØE, L.; KIRKNÆS, S.; STERNHAGEN, B. *New City Life*. Copenhagen: The Danish Architectural Press, 2006.

GEHL, Jan; GEHL, Ingrid. Fire Italienske Torve (Quatro "Piazzas" Italianas). *Arkitekten*, n. 23, 1966. (Em dinamarquês.)

____. Mennesker i Byer. *Arkitekten*, n. 21, 1966. (Em dinamarquês.)

____. Torve og Pladser. (Praças Urbanas). *Arkitekten*, n. 16, 1966. (Em dinamarquês.)

GEHL, Jan; KAEFER, L.J.; REIGSTAD, S. Close Encounters with Buildings. *Arkitekten*, n. 9, 2004.

GEHL, Jan; GEMZØE, Lars. *Public Spaces, Public Life*. Copenhagen: The Danish Architectural Press / The Royal Danish Architecture School 1996.

____. *New City Spaces*. Copenhagen: The Danish Architectural Press 2001.

GEHL, Jan; THORNTON, Simon; BRACK, Freda. *The Interface Between Public and Private Territories in Residential Areas*. Melbourne: Department of Architecture and Building, 1977.

GUINCHARD, Claes Göran. *Bilden av Fororten* (Estudos de Parques Infantis). Stockholm: Kungl. Tekniska Högskolan, 1965. (Em sueco.)

HALL, Edward T. [1959]. *The Silent Language*. Garden City: Anchor /Doubleday, 1990.

____. *The Hidden Dimension*. Garden City: Doubleday, 1966.

HARDER, Henrik. *Diverse Urban Spaces*. Ålborg Universitet: < www.detmangfoldigebyrum.dk.>

HILLIER, Bill. *Space as the Machine: A Configuration Theory of Architecture*. (Cambridge: Press Syndicate of the University of Cambridge 1996.) London: Space Syntax, 2007.

HILLIER, Bill; HANSON, Julienne. *The Social Logic of Space*. Cambridge: Cambridge University Press, 1984.

HOWARD, Ebenezer. *Garden Cities of To-Morrow* (1898 ou 1902), Cambridge: MIT Press, 1965.

JACOBS, Allan. *Great Streets*. Cambridge: MIT Press, 1993.

____. *Looking at Cities*. Cambridge: Harvard University Press, 1985.

JACOBS, Allan; APPLEYARD, Donald. Toward an Urban Design Manifesto. In: LARICE, Michael; MACDONALD, Elizabeth (eds.). *The Urban Design Reader*. New York: Routledge, 2007.

JACOBS, Jane. Downtown is for People. *Fortune*, 8 Sept. 2011

JACOBS, Jane. [1961]. *The Death and Life of Great American Cities*. New York: Random House, 1993. (Trad. bras.: Morte e Vida de Grandes Cidades. São Paulo: WMF Martins Fontes, 2011.)

JAMESON, Frederic. *Postmodernism: The Cultural Logic of Late Capitalism*. Durham: Duke University Press, 1991.

JENSEN, Thomas Bo. *Exner*. Risskov: Ikaros Academic Press, 2012.

DE JONGE, Derk. Seating Preferences in Restaurants and Cafés. *Delft*, 1968.

DE JONGE, Derk. Applied Hodology. *Landscape*, v. 17, n. 2, 1967-68.

LAFARGE, Albert (ed.). *The Essential William H. Whyte*. Preface by Paul Goldberger. New York City: Fordham University Press, 2000

LE CORBUSIER. [1923]. *Vers une Architecture*. Paris: Flammarion, 2008. (trad. ingl.: *Towards a New Architecture*. London: The Architectural Press, 1927; trad. Bras.: *Por uma Arquitetura*. 7. ed. São Paulo: Perspectiva, 2014.)

LYNCH, Kevin. *The Image of the City*. Cambridge: MIT Press, 1960.

MARCUS, Clare Cooper; BARNES, Marni. *Healing Gardens, Therapeutic Benefits and Design Recommendations*. New York: Wiley, 1999.

MARCUS, Clare Cooper; SARKISSIAN, Wendy. *Housing as if People Mattered: Site Design Guidelines for Medium-Density Family Housing*. Berkeley: University of California Press, 1986.

MARCUS, Clare Cooper; FRANCIS, Carolyn. *People Places: Design Guidelines for Urban Open Spaces*. New York: Van Nostrand Reinhold, 1990.

MATAN, Anne. *Rediscovering Urban Design Through Walkability: An Assessment of the Contribution of Jan Gehl*. PhD Dissertation, Perth: Curtin University: Curtin University Sustainability Policy (CUSP) Institute, 2011.

MITTLEMAN, Daniel; MIDDLETON, Deborah A.. (eds.). Edra 42 Chicago, *Conference Proceedings*. The Environmental Design Research Association, 2011.

MONHEIM, Rolf. Methodological Aspects of Surveying the Volume, Structure, Activities and Perceptions of City Centre Visitors. *GeoJournal*, n. 46, 1998.

NIPH – National Institute of Public Health (Instituto Nacional de Saúde Pública). *Folkesundhedsrapporten* (Relatório de Saúde Pública). Mette Kjøller, Knud Juel; Finn Kamper-Jørgensen (orgs.). København: National Institute of Public Health, University of Southern Denmark, 2007. (Em dinamarquês.)

NEWMAN, Oscar. *Defensible Space: Crime Prevention through Urban Design*. New York: Macmillan, 1972.

NEW YORK City Department of Transportation. *Green Light for Midtown Evaluation Report*. New York: New York City Department of Transportation, 2010.

NEW YORK City Department of Transportation. *World Class Streets: Remaking New York City's Public Realm*. New York: New York City Department of Transportation, 2008.

PEREC, Georges. *An Attempt at Exhausting a Place in Paris*. Cambridge: Wakefield, 2010.

_____. *Life A User's Manual*. London: Vintage, 2003.

_____. *Species of Spaces and Other Pieces*. London: Penguin, 1997.

_____. *Tentative d'epuisement d'un lieu parisien*. Paris: Christian Bourgois, 1975.

_____. *Things: A Story of the Sixties*. London: Vintage, 1999.

PROJECT for Public Spaces, Inc. *How to Turn a Place Around: A Handbook for Creating Successful Public Spaces*. New York: Project for Public Spaces, Inc., 2000.

REALDANIA: www.realdania.dk.

ROGERS, Richard; Gumuchdjian, Philip. *Cities for a Small Planet*. London: Faber and Faber, 1997.

ROSSI, Aldo. *L'Architettura della citta*. Padova: Marsilio 1966 (reimpresso Macerata: Quodlibet, 2011; trad. Ingl. *The Architecture of the City*. Introdução de Peter Eisenman. Cambridge: MIT Press, 1984).

SITTE, Camillo. *The Art of Building Cities*. Westport: Hyperion, 1979 (reimpressão da versão de 1945). Originalmente publicado em alemão: Camillo Sitte, *Stadtebau nach seinen Kunstlerischen Grundsatzen*. Vienna: Verlag von Carl Graeser, 1889.

SHIFFMAN, Ron (ed.). *Beyond Zucotti Park: Freedom of Assembly and the Occupation of Public Space*. Oakland: New Village Press, 2012.

SHOVAL, Noam. The GPS Revolution in Spatial Research. In: VAN SCHAICK, Jeroen; VAN DER SPEK, Stefan (eds.). *Urbanism on Track. Application of Tracking Technologies in Urbanism*. Delft: Delft University Press 2008.

SOJA, Edward. *Thirdspace: Journeys to Los Angeles and Other Real-and-Imagined Places*. Oxford: Basil Blackwell, 1996.

SOMMER, Robert. *Personal Space: The Behavioral Basis of Design*. Englewood Cliff s: Prentice-Hall, 1969.

SOUTHWORTH, Michael; BEN-JOSEPH, Eran. *Streets and the Shaping of Towns and Cities*. Washington: Island Press, 1997.

SPACE Syntax: www.spacesyntax.com.

VAN DER SPEK, Stefan. Tracking Pedestrians in Historic City Centres Using GPS. In: VAN DER HOEVEN, F.D.; SMIT M.G.J.; VAN DER SPEK, S.C. (eds.) *Street-Level Desires: Discovering the City on Foot*. Delft, 2008.

STATISTICS Denmark. *Befolkningen i 150 Ar* (A População em 150 anos). København: Danmarks Statistik, 2000. (Em dinamarquês.)

STATISTIKS Denmark. *Danmark i tal 2012* (Anuário Estatístico 2012). København: Danmarks Statistik, 2012. (Em dinamarquês.)

STATISTICS Denmark. *Nyt fra Danmarks Statistik*, n. 168, mar. 2012.

TADDEO, Lisa. The Brightest: 16 Geniuses Who Give Us Hope: Sadik-Khan: Urban Reengineer. *Esquire*, Hearst Digital Media. Disponível em: < www.esquire.com/features/brightest-2010/janette-sadik-khan-1210 >. Acesso em 04 nov. 2013.

THE MOST Livable City Index. *Monocle*, issues 5 (2007), 15 (2008), 25 (2009), 35 (2010), 45 (2011), 55 (2012) e 65 (2013). London: Winkontent / Southern, 2007-2013.

LARICE, Michael; MACDONALD, Elizabeth (eds.). *The Urban Design Reader*. New York: Routledge, 2007.

UNITED Nations. *Our Common Future*. Oxford: Oxford University Press, 1987.

CRÉDITOS DAS FOTOS E ILUSTRAÇÕES

Shaw and Shaw, p. 12 superior e inferior

Gordon Cullen, The Concise Townscape (1961), p. 38

Michael Varming, p. 44 inferior

Project for Public Space, p. 52, 67

Peter Bosselmann, p. 54 superior, p. 57, 116-117.

Ahlam Oun, p. 72 inferior

Allan Jacobs, p. 58

Allan Jacobs, Great Streets, com permissão do autor e do The MIT Press, p. 59

Andrew Boraine, Cape Town Partnership, p. 140

Atkins London, Westminster City Council, Transport for London, The Crown Estate, p.143

City of Melbourne, p. 131 esquerda e direita

City of Sydney, p. 136

Donald Appleyard og Mark Lintell, p. 114

JW Foto, p. 112

Leon Krier, p. 68 superior e inferior

New York City, Department of Transportation, p. 134-135

Stefan van der Spek, TU Delft, p. 74, 122, 123

Space Syntax, p. 76, 77

Stadsarkivet, Cidade de Copenhague, p. 154 superior, p. 154 inferior

Ursula Bach, foto de Tina Saaby Madsen, p. 148

William H. Whyte, Project for Public Spaces, p. 118-119

Jan Gehl, Lars Gemzøe e Gehl Architects todas as outras fotos.

Camilla Richter-Friis van Deurs e Janne Bjørsted todas as outras ilustrações.

Este livro foi impresso em Guarulhos,
pela Lis Gráfica e Editora, em outubro de 2018,
para a Editora Perspectiva.